小学校社会科教育

社会認識教育学会　編
編集責任者：木村博一　永田忠道　渡邉巧

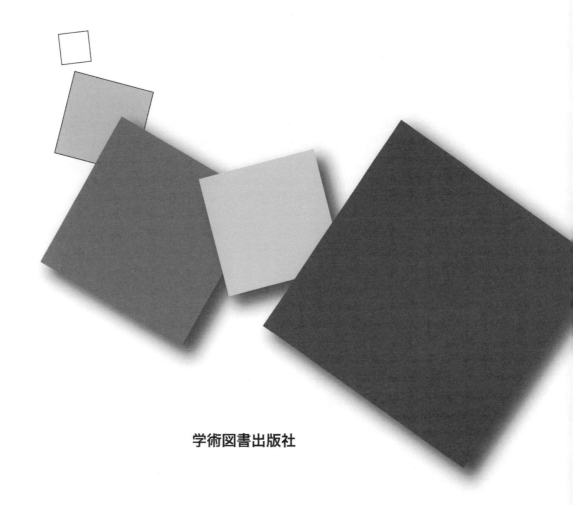

学術図書出版社

執筆者紹介（執筆順）

木村 博一（きむら ひろかず）	広島大学大学院人間社会科学研究科	はしがき
永田 忠道（ながた ただみち）	広島大学大学院人間社会科学研究科	第1章
小田 泰司（おだ やすじ）	福岡教育大学教育学部	第2章
溝口 和宏（みぞぐち かずひろ）	鹿児島大学大学院教育学研究科	第3章
南浦 涼介（みなみうら りょうすけ）	東京学芸大学教育学部	第4章
須本 良夫（すもと よしお）	岐阜大学教育学部	第5章
岡田 了祐（おかだ りょうすけ）	お茶の水女子大学教学IR・教育開発・学修支援センター	第6章
西川 京子（にしかわ きょうこ）	福山平成大学福祉健康学部	第7章
松岡 靖（まつおか やすし）	京都女子大学発達教育学部	第8章
橋本 康弘（はしもと やすひろ）	福井大学教育学部	第9章
峯 明秀（みね あきひで）	大阪教育大学教育学部	第10章
渡邉 巧（わたなべ たくみ）	広島大学大学院人間社会科学研究科	付録 年表
神野 幸隆（かみの ゆきたか）	香川大学教育学部	付録 年表
大野木 俊文（おおのき としふみ）	広島大学大学院教育学研究科博士課程後期	付録 年表

編者紹介

社会認識教育学会

〈事務局〉
　　東広島市鏡山一丁目1番1号
　　広島大学教育学部社会認識教育学講座内

〈出版物〉
『社会科教育研究資料』第一学習社，1974年
『社会認識教育の探求』第一学習社，1978年
『中等社会科教育学』第一学習社，1979年
『初等社会科教育学』学術図書出版社，1983年
『社会科教育の21世紀－これからどうなる・どうするか－』明治図書出版，1985年
『社会科教育の理論』ぎょうせい，1989年
『初等社会科教育学』学術図書出版社，1990年，改訂版
『中等社会科教育学』第一学習社，1990年，改訂版
『社会科教育学ハンドブック－新しい視座への基礎知識－』明治図書出版，1994年
『中学校社会科教育』学術図書出版社，1996年
『地理歴史科教育』学術図書出版社，1996年
『公民科教育』学術図書出版社，1996年
『初等社会科教育学』学術図書出版社，2000年，改訂新版
『中学校社会科教育』学術図書出版社，2000年，改訂新版
『地理歴史科教育』学術図書出版社，2000年，改訂新版
『公民科教育』学術図書出版社，2000年，改訂新版
『社会科教育のニュー・パースペクティブ－変革と提案－』明治図書出版，2003年
『社会認識教育の構造改革－ニュー・パースペクティブにもとづく授業開発－』明治図書出版，2006年
『小学校社会科教育』学術図書出版社，2010年
『中学校社会科教育』学術図書出版社，2010年
『地理歴史科教育』学術図書出版社，2010年
『公民科教育』学術図書出版社，2010年
『新社会科教育学ハンドブック』明治図書出版，2012年

はしがき

　本書は，小学校段階における社会認識教育についての研究の入門書として編集されたものである．

　本会では，1983年9月に『初等社会科教育学』を出版した．その後，1989年および1998年の小学校学習指導要領改訂に伴って，1990年4月に改訂版，2000年3月に改訂新版を出版した．2008年の小学校学習指導要領改訂に伴っては，それまでの内容を全面的に改め，『小学校社会科教育』と題して2010年9月に出版した．それから，ほぼ10年が経過し，2017年に小学校学習指導要領が改訂されたことを踏まえ，執筆者も若手を中心に大幅に交代し，再び内容を書き改めて世に問うものである．

　今回改訂された新しい学習指導要領の基本理念として注目されているのが，「カリキュラム・マネジメント」であり，「主体的・対話的で深い学び」である．そこで本書は，小学校社会科の学習指導計画づくり，評価，授業改善に向けての「教師の役割」に着目するように内容を改めた．それとともに，各章のタイトルに副題を設け，読者が主体的・対話的に学びながら，深い学びに到達できるように内容を構成した．新しい社会科学習指導要領が求めている「社会的な見方・考え方」を児童に育んでいく教師にとって大切な"社会科教育の見方・考え方"を多面的に修得することができるように工夫を凝らした．

　本書は，このような今日的課題を踏まえて内容を構成したが，「社会認識を通して市民的資質を育成する」教科について探求する社会認識教育学研究の成果に基づいて，わが国の小学校社会科教育について多面的・多角的に考察するという『初等社会科教育学』以来の基本理念は堅持している．

　以上から導かれる本書の編集上の特色は，大きく次の5点である．

1　全国各地の教員養成大学・学部で，社会認識教育学の研究をしながら小学校の社会科教育法の講義を担当してきた者たちが，相互に交流し話し合いながら，小学校における社会科学習指導法を教える大学の教職専門科目「初等社会科教育法」のテキストとして役立つように配慮して，できるだけ平易に執筆していること．

2　内外の最新の教科教育学等の学問的研究成果に基づくとともに，学校現場の実践的な課題に応える授業研究の成果を踏まえて執筆していること．

3　小学校社会科教育の意義と課題，歴史と構造，目標・学力，カリキュラム・マネジメント，学習指導計画づくりと教師の役割，学習指導・評価，授業改善について，原則的なことがらと基礎的・教養的なものを整理して提示していること．

4　小学校社会科の具体的な授業づくりや学習指導ができる実践的能力が養えるように配慮していること．とくに，第6～9章では小学校社会科における

授業構成の基本的な方法について詳述していること．

5　理念や理論だけに偏ることを避け，各学年の社会科学習指導の実証的研究に重点をおき，授業実践に役立つように実践事例を豊富に盛り込んでいること．

　このような特色をもつ本書は，テキストとして役立つだけでなく，実践に役立つ小学校社会科教育研究の入門書としての性格も備えている．その意味では，現職教育にも活用でき，初任者だけでなく経験豊富な教員の利用にも十分耐えうるものと考えられる．

　おわりに，本書を出版するに際しては，学術図書出版社の杉浦幹男氏に大変お世話になった．深く感謝申し上げたい．

　　2019 年 3 月

社会認識教育学会

も く じ

第1章 小学校社会科教育の意義と課題 ………………………………… 1
　　　　―なぜ小学校に社会科が必要なのか―
　　第1節　小学校の教育課程と社会科の過去と現在 ……………… 1
　　第2節　実践と理論から見た小学校社会科の展開 ……………… 3
　　第3節　地域プラン期の実践と理論 ……………………………… 5
　　第4節　民間教育団体期の実践と理論 …………………………… 6
　　第5節　実践研究・研究実践期の実践と理論 …………………… 10
　　第6節　小学校社会科の必要性と重要性 ………………………… 12

第2章 小学校社会科教育の歴史と構造 ………………………………… 13
　　　　―小学校社会科はどのような理念で構成され，
　　　　　　どのように他教科などと連携してきたのか―
　　第1節　小学校社会科はどのような理念で構成されてきたのか …… 13
　　第2節　小学校社会科はどのように他教科と連携してきたのか …… 17

第3章 小学校社会科教育の目標論・学力論 …………………………… 23
　　　　―児童が何を獲得し，何をできるようになることが求められるのか―
　　第1節　社会科の目標論 …………………………………………… 23
　　第2節　小学校学習指導要領社会科の目標構成 ………………… 26
　　第3節　平成29年版学習指導要領改訂の趣旨と背景 …………… 27
　　第4節　平成29年版小学校学習指導要領社会科の目標構成 …… 27
　　第5節　目標研究に向けて ………………………………………… 30

第4章 小学校社会科教育のカリキュラム・マネジメント …………… 32
　　　　―教科の目標を達成するために，教師はどのように社会科の運営をするか―
　　第1節　小学校教師の社会科のカリキュラム・マネジメント的悩み …… 32
　　第2節　社会科教育におけるカリキュラム・マネジメント …… 34
　　第3節　社会科教育におけるカリキュラム・マネジメントの具体的例 …… 35
　　第4節　社会科の実践とカリキュラム・マネジメント ………… 39

第5章 小学校社会科の学習指導計画づくりと教師の役割 …………… 42
　　　　―教師は様々な学習形態の社会科授業を見て，何を学び，
　　　　　　自らの社会科授業をどのように構成すればよいのか―
　　第1節　小学校に見られる社会科の学習指導計画づくりのスタンダード …… 42
　　第2節　社会科授業の実践と教師の役割 ………………………… 47

第3節　授業から学ぶ教師の役割 ……………………………………………… 50

第6章　小学校社会科第3学年の学習指導・評価 …………………………… 54
　　　　　－実際に授業を単元で構想してみよう－
第1節　第3学年社会科の学習指導 …………………………………………… 54
第2節　第3学年の学習指導事例 ……………………………………………… 58

第7章　小学校社会科第4学年の学習指導・評価 …………………………… 78
　　　　　－実際に授業を単元で構想してみよう－
第1節　第4学年社会科の学習指導 …………………………………………… 78
第2節　第4学年の学習指導事例 ……………………………………………… 87
第3節　第4学年の学習指導上の留意点 ……………………………………… 97

第8章　小学校社会科第5学年の学習指導・評価 …………………………… 101
　　　　　－実際に授業を単元で構想してみよう－
第1節　第5学年社会科の基本的性格 ………………………………………… 101
第2節　第5学年社会科の授業構想の方法 …………………………………… 112
第3節　第5学年社会科授業案の構想 ………………………………………… 115
第4節　第5学年社会科の授業開発事例 ……………………………………… 118
第5節　第5学年社会科の学習指導上の留意点 ……………………………… 122

第9章　小学校社会科第6学年の学習指導・評価 …………………………… 124
　　　　　－実際に授業を単元で構想してみよう－
第1節　第6学年の全体構成 …………………………………………………… 124
第2節　政治学習の授業例 ……………………………………………………… 129
第3節　歴史学習の事例－資料を根拠にした主張の吟味を目指した学習－ … 139
第4節　第6学年の課題 ………………………………………………………… 145

第10章　小学校社会科の評価と授業改善 …………………………………… 147
　　　　　－小学校社会科の評価はどのように行えばよいのか．
　　　　　　実践した授業をどのように反省し，授業改善に活かせばよいのか－
第1節　育成すべき資質・能力を育む観点からの学習評価の充実 ………… 147
第2節　社会科の授業研究と改善 ……………………………………………… 155

付録　1．小学校社会科教育関係年表 …………………………………………… 157
　　　2．小学校社会科学習指導要領（2017年告示） ………………………… 163

第1章
小学校社会科教育の意義と課題
―なぜ小学校に社会科が必要なのか―

第1節　小学校の教育課程と社会科の過去と現在

　小学校の教育活動の中心は，教科学習である．戦後の1947（昭和22）年以降，国語科・社会科・算数科・理科・音楽科・図画工作科・家庭科・体育科の8教科は現在まで，その教科名のままで70年以上にわたって，小学校の教育課程の中に位置付いている．低学年のみの生活科は1989（平成元）年告示，高学年のみの外国語科は2017（平成29）年告示の学習指導要領[*1]において，新たな教科として小学校の教育課程に設置された．

　表1-1のように，2017年告示の学習指導要領では，前述の10教科とともに特別の教科である道徳，中学年のみの外国語活動，中学年以降の総合的な学習の時間，そして特別活動をもって小学校の教育課程が編成されている．この中で社会科は，小学校の低学年に生活科が設置されて以降，小学校第3学年から始められる教科となり，第3学年では年間70時間（週2時間），第4学年・第5学年は年間90時間・100時間（週2時間から3時間弱），第6学年は年間105時間（週3時間）が配当されている．

　社会科は小学校の教育課程の中で現在では週2時間から3時間の割り当てとなっているが，これは同じく第3学年から始められる理科や，体育科の第3学年から第6学年までの授業時数の合計と比べても少なくなっている．小学校6年間の各教科の総授業時数を多い順に並べてみると，国語科・算数科・体育科・理科・社会科・音楽科・図画工作科・生活科・外国語科・家庭科となる．もちろん，授業時数の多い少ないという指標だけが，小学校の教育課程上での教科の位置や立場を表すものではない．しかしながら，歴史を振り返ると，1947年に示された学習指導要領[*2]では各教科の授業時数は現在とは異なり，表1-2のように設定されていた．

　第二次世界大戦後に，それまでとは異なる教育や学校の制度を構築する中において，新たな形態の教科として，社会科・家庭科・自由研究が誕生した．このうち，自由研究は教科として定着することはなかったが，社会科と家庭科は戦後の

*1　学習指導要領は，学校教育法等に基づき，各学校で教育課程を編成する際の基準として文部科学省より告示される．

*2　1947年に示された最初の学習指導要領は「試案」として作成され，1958（昭和33）年から現在のような「告示」の形で示されるようになった．

*3 学習指導要領の変遷
　（小学校の場合）
1947年：社会科の誕生
1951年：問題解決学習の広がり
1958年：道徳の時間の新設
1968年：教育内容の現代化
1977年：ゆとりある充実した
　　　　学校生活
1989年：生活科の新設
1998年：総合的な学習の時間
　　　　の新設
2008年：外国語活動の導入
2017年：外国語科の新設

日本の中で，非常に重要な位置付けを与えられようとしていたことを垣間見ることができる[*3]．家庭科は現在では週2時間弱の配当になっているが，いまから70年前の小学校では週3時間が割り当てられていた．社会科に至っては，第1学年と第2学年で週4時間，第3学年以降では週5時間以上の配当で，当時の小学校の教育課程の中では，国語科に次ぐ授業時数を割り当てられた教科として誕生した．

表 1-1　2017 年の学習指導要領での小学校の教育課程の編成と授業時数

		第1学年	第2学年	第3学年	第4学年	第5学年	第6学年
各教科	国語	306	315	245	245	175	175
	社会			70	90	100	105
	算数	136	175	175	175	175	175
	理科			90	105	105	105
	生活	102	105				
	音楽	68	70	60	60	50	50
	図画工作	68	70	60	60	50	50
	家庭					60	55
	体育	102	105	105	105	90	90
	外国語					70	70
特別の教科である道徳		34	35	35	35	35	35
外国語活動				35	35		
総合的な学習の時間				70	70	70	70
特別活動		34	35	35	35	35	35
総授業時数		850	910	980	1015	1015	1015

表 1-2　1947 年の学習指導要領一般編での小学校の教育課程の編成と授業時数

	第1学年	第2学年	第3学年	第4学年	第5学年	第6学年
国　語	175 (5)	210 (6)	210 (6)	245 (7)	210-245 (6-7)	210-280 (6-8)
社　会	140 (4)	140 (4)	175 (5)	175 (5)	175-210 (5-6)	175-210 (5-6)
算　数	105 (3)	140 (4)	140 (4)	140-175 (4-5)	140-175 (4-5)	140-175 (4-5)
理　科	70 (2)	70 (2)	70 (2)	105 (3)	105-140 (3-4)	105-140 (3-4)
音　楽	70 (2)	70 (2)	70 (2)	70-105 (2-3)	70-105 (2-3)	70-105 (2-3)
図画工作	105 (3)	105 (3)	105 (3)	70-105 (2-3)	70 (2)	70 (2)
家　庭					105 (3)	105 (3)
体　育	105 (3)	105 (3)	105 (3)	105 (3)	105 (3)	105 (3)
自由研究				70-140 (2-4)	70-140 (2-4)	70-140 (2-4)
総 時 間	770 (22)	840 (24)	875 (25)	980-1050 (28-30)	1050-1190 (30-34)	1050-1190 (30-34)

当時の小学校において，新たに社会科が教えられるようになった理由について，学習指導要領一般編の中では次のような説明がされていた[*4]．

*4 戦前には日本には公式な教科としての社会科はなく，修身・公民・地理・歴史などが別々の教科として位置付けられていた．

> この社会科は，従来の修身・公民・地理・歴史を，ただ一括して社会科という名をつけたというのではない．社会科は，今日のわが国民の生活から見て，社会生活についての良識と性格とを養うことが極めて必要であるので，そういうことを目的として，新たに設けられたのである．ただ，この目的を達成するには，これまでの修身・公民・地理・歴史などの教科の内容を融合して，一体として学ばれなくてはならないのでそれらの教科に代わって，社会科が設けられたわけである．

さらに，当時の学習指導要領社会科編には，次のような説明もある．

> 今度新しく設けられた社会科の任務は，青少年に社会生活を理解させ，その進展に力を致す態度や能力を養成することである．そして，そのために青少年の社会的経験を，今までよりも，もっと豊かにもっと深いものに発展させて行こうとすることがたいせつなのである．（中略）社会科は，民主主義社会の建設にふさわしい社会人を育て上げようとするのであるから，教師はわが国の伝統や国民生活の特質をよくわきまえていると同時に，民主主義社会とはいかなるものであるかということ，すなわち民主主義社会の基底に存する原理について十分な理解を持たなければならない．

戦後の混乱の中で，新たな社会を構築していこうとする時に，社会科は「民主主義社会の建設にふさわしい社会人を育て上げる」ための非常に重要な教科として，当時の小学校の教育課程の中に新設されたのである．

社会科が日本の小学校の教育課程の中に誕生してから70年以上がすぎた今，社会科は創設時の意図をしっかりと実現できているだろうか．また，現在まで社会科は，どのような意義のもとで実践され，そこには何か課題があるのだろうか．これまでの社会科の実践と理論の展開の経緯から考えてみる．

第2節　実践と理論から見た小学校社会科の展開

日本で社会科が成立してからの70年の間に蓄積された小学校社会科の実践や理論は膨大なものになる．その経緯を簡潔に整理して示したのが，表1-3である．この表からも明らかなように，実践と理論の点から小学校社会科の歴史を見渡すと，三つの時期区分が可能である．第1の時期は「地域プラン期」，第2期は「民間教育団体期」，第3期は「実践研究・研究実践期」である．この時期区分は，当該時期の実践や理論を主導した象徴的な書籍や出来事を主眼として策定したものである．

第1期である「地域プラン期」とは，戦後，学習指導要領によって社会科のあり方が示される前後に，全国各地で独自に社会科の開発と実践が様々に展開された時期を指す．この時期には，「川口プラン」，「桜田プラン」，「福沢プラン」，「奈良プラン」，「明石プラン」，「本郷プラン」等々と呼ばれる各地域や学校独自の社

会科教育実践が試行された．

　第2期の「民間教育団体期」とは，1948年のコア・カリキュラム連盟の発足以後，1949年の歴史教育者協議会，1951年の教育科学研究会の再建，1958年の社会科の初志をつらぬく会と，次々に社会科に関係する民間の教育団体が立ち上がった時期である．この時期は，各地域や学校の社会科プランの開発と実践が一定の役割を終えて批判にさらされた後に，学習指導要領が示す社会科のあり方とは，一線を画そうとする団体が活動を始めた時期にあたる．

表 1-3　小学校社会科の実践と理論の略年表

1946 年：埼玉県川口市新教育研究会社会科委員会の結成	「地域プラン期」
1947 年：桜田国民学校で社会科の実験授業を実施	
1947 年：中央教育研究所が全国集会で「川口プラン」を発表	
1947 年：広島県本郷町で地域教育計画の研究開始	
1947 年：中央教育研究所，川口市社会科委員会『社会科の構成と学習』金子書房	
1947 年：上田薫『社会科とその出発』同学社	
1948 年：梅根悟『新教育と社会科』河出書房	
1948 年：コア・カリキュラム連盟（コア連）の設立	「民間教育団体期」
1949 年：歴史教育者協議会の設立	
1951 年：無着成恭『山びこ学校』青銅社	
1951 年：樋浦辰治「用心溜」『カリキュラム』1951 年 11 月号	
1952 年：教育科学研究会の再建	
1952 年：勝田・梅根論争	
1953 年：コア連から日本生活教育連盟へと改称	
1954 年：谷川瑞子「福岡駅」を実践	
1954 年：永田時雄「西陣織」『カリキュラム』1954 年 2 月号	
1956 年：江口武正『村の五年生』新評論社	
1958 年：社会科の初志をつらぬく会の設立	
1962 年：大槻・上田論争	
1963 年：教育科学研究会社会科部会の発足	
1964 年：香川県社会科教育研究会『社会科における思考の構造』明治図書	
1965 年：川合章・上越教師の会『生産労働を軸にした社会科の授業過程』明治図書	
1966 年：教科研社会科部会『小学校社会科の授業』国土社	
1966 年：教科研社会科部会『社会科教育の理論』麦書房	
1972 年：長岡文雄『考えあう授業』黎明書房	「実践研究・研究実践期」
1978 年：鈴木正気『川口港から外港へ』草土文化	
1982 年：有田和正『子供の生きる社会科授業の創造』明治図書	
1984 年：有田和正と向山洋一の「立ち合い授業」を開催	
1992 年：小西正雄『提案する社会科』明治図書	
1993 年：谷川彰英『問題解決学習の理論と方法』明治図書	
1993 年：片上宗二『オープンエンド化による社会科授業の創造』明治図書	
2001 年：全国社会科教育学会『社会科教育学研究ハンドブック』明治図書	
2007 年：全国社会科教育学会『小学校の優れた社会科授業の条件』明治図書	
2008 年：日本社会科教育学会『社会科授業力の開発小学校編』明治図書	
2012 年：社会認識教育学会『新社会科教育学ハンドブック』明治図書	
2015 年：全国社会科教育学会『新社会科授業づくりハンドブック小学校編』明治図書	

第3期の「実践研究・研究実践期」とは，民間教育団体に属していながら，団体とは一定の距離をおき始めたり，実践者個人の独自の研究的な実践活動が活発化したりする一方で，社会科に関する学術的研究の進展により，研究者たちによる実践研究も多様に展開され始める時期になる．これはいまの小学校社会科にも継続されている動向であるが，現在においても各地域や学校独自の社会科とともに民間教育団体の社会科実践研究も堅実に行われている．しかしながら現在では，小学校社会科の実践や理論は，研究的な実践者や実践的な研究者が導いている側面が強くなりつつある．

第3節　地域プラン期の実践と理論

　日本の社会科は，1947年5月の『学習指導要領社会科編（I）（試案）』の発行後，同年9月より全国で授業が始められた．それまで長年にわたって，地理科や日本歴史科，そして修身科の伝統的な授業を継承してきた学校や教員にとって，新しい教科である社会科は授業実践の難しい存在であった．そのため，新教科である社会科に対して，地域や学校の単位で，そのカリキュラムや授業のあり方を具体化していこうとする動きが，全国各地でおこる．その代表的なものが，埼玉県川口市の川口市新教育研究会による「川口プラン」や，東京都桜田小学校の「桜田プラン」，神奈川県福沢小学校の「福沢プラン」，奈良女子高等師範学校附属小学校の「奈良プラン」，兵庫師範女子部附属小学校の「明石プラン」，広島県本郷町の「本郷プラン」等々である．ここでは，これらの代表的な社会科の地域プランの中から，「川口プラン」を取り上げる．

　「川口プラン」は，実は『学習指導要領社会科編（I）（試案）』の発行以前から研究が進められていた．わが国で最初の本格的な社会科の地域プランであるとも言える．社会科とは何か，その具体的なあり方が探られていた時代に，先駆的で実践的なカリキュラムや授業を示した意義は大きい．「川口プラン」として示されたカリキュラムの一例として，川口市内の新郷小学校が作成した社会科学習課題表が表1-4である．

　本プランにおいて貫かれた社会科カリキュラムの編成方針とは，郷土社会の現実からの構成であった．川口市の社会生活の実際を見極めることによって，社会がもっている課題をつかみ，それらの課題を中心としたカリキュラム編成が行われた．具体的には，川口市の現状と課題を明らかにするために，生活実態調査を実施して，その調査結果の分析から，各学校が実際にカリキュラム編成する際のもととなる「川口市社会科学習課題表」を作成した．この「川口市社会科学習課題表」は，縦軸にスコープ[*5]として，生産・消費・交通通信・健康・保全・政治・教養娯楽・家庭という八つの社会機能を据えている．横軸にはシークエンス[*6]として，子供の発達段階を小中学校の9年間と設定して，縦横軸の交差部分に解決

*5　スコープとは，カリキュラムを編成する際の教育内容の範囲・領域を指す．

*6　シークエンスとは，カリキュラムを編成する際の教育内容の配列・順次性を指す．

表 1-4　新郷小学校の社会科学習課題表

	1年	2年	3年	4年	5年	6年
4月	いろいろな遊び	文房具	お百姓の毎日	学校自治会委員会	学校自治会委員会	市役所と市会
5月	家の人たち みち	お掃除 家の人たち	トラホーム	家の衛生	寄生虫	農産物
6月	たんぼとはたけ たべもの	近所 畑でつくるもの	魚や	米麦のできるまで	鉄道と水運	結核と伝染病
7月	きれいでさっぱり	みち	近所	見沼用水	家の行事	副業と農産加工
9月	きもの いろいろな遊び	いろいろな遊び	選挙	雑貨屋	種子と肥料	住居
10月	たべもの（おどうぐ）	うち	お百姓の毎日	お祭り	自然の愛護	家庭生活
11月	たんぼとはたけ きれいでさっぱり	田畑でつくるもの（たべもの）	植木やさんの仕事	米麦ができるまで	農業と技術	農産物
12月	（よまわり）おまわりさん	お掃除 近所	電燈	消防団	塩配給所	駐在所と警察署
1月	きもの いろいろな遊び	ゆうびんやさん	私たちの学校	郵便局	読書と映画	新聞とラヂオ
2月	たべもの 家の人たち	たのしいおうち	自転車とリヤカー	家の行事	きものはきもの	学校公民館
3月	市長さん	ラヂオ	（楽しいおうち）	（きもの）	市役所と市会	地方自治

が迫られている地域の課題を，学習課題として位置付けた．表 1-4 に示した新郷小学校の社会科学習課題表は，この「川口市社会科学習課題表」の農業地帯版を基準としながらも，地域の農業生産活動や，地域や学校の諸行事等を中心にして，学年と月別に再配列したものとなっている．

この「川口プラン」の取り組みは，社会科創設以前の 1946（昭和 21）年 7 月より調査や検討が始動しており，後に続く各地の地域プランの先導的な役割を果たすことになった．しかし，このプランには「機能主義」や「適応主義」[*7]との批判が寄せられることになる．また，当時の文部省による学習指導要領の改訂などを通した教育の中央集権化の方向性も相まって，1950 年代に入ると「川口プラン」だけでなく，他の地域プランの実践化は衰退していくこととなった．

*7　この場合の「機能主義」や「適応主義」とは，既存の制度への肯定や適応のみにとどまる可能性への危惧を指す．

第 4 節　民間教育団体期の実践と理論

全国各地の地域プランが，一定の役割を終えようとする前後の時期に誕生するのが，社会科に関わる民間教育団体である．小学校社会科に関係する民間教育団体は幾つか存在するが，戦後に最も早く団体としての活動を始動させたのが，

1948（昭和23）年設立のコア・カリキュラム連盟（以下，コア連）である．

　この団体は，当初，現実の社会生活を切り開く主体的な人間の育成を目指して，社会的な生活問題を解決する中心課程と，それに必要な基礎的知識と能力を習得する周辺課程から構成されるコア・カリキュラムを主張していた．コア連の当初の主張を具体化したカリキュラムとは，実は先述の地域プランの中の神奈川県福沢小学校の「福沢プラン」や，兵庫師範女子部附属小学校の「明石プラン」であった．また，コア連の中心的な指導者となる梅根悟は，先述の「川口プラン」策定の中心人物でもあった．すなわち，コア連の当初の活動は，地域プラン期とも重なるものである．しかし，各地の地域プランへの批判と同様に，コア連の活動も，内外からの基礎学力の低下や歴史的な展望の欠如といった批判や干渉などによって，「歴史的課題に立つカリキュラム」の編成を目指す方向性へと変質していく．この時に，コア連の中心的な理論とされたのが「三層四領域論」[*8] である．これは当時のコア連の副委員長であった梅根により提唱され，1951（昭和26）年に正式な連盟の理論として承認された理論である．この理論に即した代表的実践としては，新潟県西蒲原郡赤塚小学校の樋浦辰治の実践「用心溜」，京都市立日彰小学校の永田時雄の実践「西陣織」，熊本大学附属中学校の吉田定俊の実践「水害と市政」がある．

*8　三層四領域論の枠組

層＼領域	表現	社会	経済（自然）	健康
基礎	技能／基本的知識	基礎課程（科学と技術の基本）		
経験	生活の拡充	生活拡充課程（研究・問題解決）		
	生活実践	生活実践課程（実践）		

図 1-1

　このうち，実践「西陣織」は，京都にとっては代表的で重要な郷土産業であるが，生産工程が非科学的で，生産組織に封建性が残存していること等々に問題意識をもって，小学校5年生と共に表1-5のように取り組まれた単元である．この実践「西陣織」には，子供自らが次々と新しい研究課題を発見し，問題を多角的に掘り下げていく過程として学習が組織されていた等の評価がある一方で，子供たちの思考の内容及びプロセスに論理上の無理や飛躍がある等の批判も示されている．

　コア連の創設が，わが国における社会科誕生の翌年や翌々年であったのに対して，社会科の初志をつらぬく会（以下，初志の会）が発足したのは，1958（昭和33）年であった．この団体の主眼は，名称からも明らかなように，いわゆる初期社会科の理念である経験主義に基づいた社会科のあり方を守り発展させようとするものである．この団体の発足に関わったのも，長坂端午，重松鷹泰，上田薫，大野連太郎という初期社会科の成立に関わった人物たちであった．発足当初は，会の中心になって活動する面々をA会員と定めて，その資格として，次のような七つの項目が掲げられていた．

　それは，①注入主義をいかなる意味においても受け入れない人，②いわゆる系統的知識の強調に対して疑問をもつ人，③今日さかんに推進されている徳目主義的な道徳教育に賛成できない人，④社会科を自分の研究や実践の真正面にすえている人，⑤ささいに見えることがらに対しても自分独自の研究をもつことにつとめ，必要があれば，いつでも主体的な意見が発表できる人，⑥権威をおそれず，権威によりかからず，また他人に対して権威あるかのようにかたることをしない

表1-5 実践「西陣織」の概要

(1) 目標
1. 西陣織の工業は，そのほとんどが，家内工業，手工業，家族労働によっておこなわれている．
2. 全国の絹織物産地の機械による廉価な大量生産に圧迫されて，次第に販路が縮小している．
3. 非科学的生活法，封建的な生産組織を改革しなければならない．
4. 高次な芸術的高級織物の生産だけによらず，大衆向の実用衣料生産をして，市場を獲得しなければならない．
5. 問題解決の結論を，歴史的地理的に広く研究して広い視野から多角的に出す学習能力を養う．
(2) 単元の展開
1. 西陣織について話し合う
・西陣織についての子供の既有の知識経験について自由に発表させる． ・西陣織が家にない子は転入学した二名だけで，他の全ての家庭が持っており，子供たちの関心も大変深く，活発に発表し，質問や疑問もでてきた．
2. 西陣織を眺めて
・実物を持ち寄り，実際に眺めながら種類や用途，更に特徴について話し合うことにした． ・これらの特徴を考えている過程においても，子供たちの意識はどうして作るのだろうということで次の学習の希望は作り方の研究が圧倒的であった．
3. 作り方を調べる
・どんな所で，どのように作っているのか，見学に行くことにして，見学の計画を立てた． ・大工場の生産の形態は見学によってだいたい理解できたが，子供たちは「小工場」や「賃織」のようすはどうだろうかと考えた． ・子供たちのやった現場の調査，集めた資料等々から表を作り，検討をおこなった． ・どうしてこんな不公平な生産の形態に分かれたのだろうか．昔はどうだったのだろうか．
4. 昔の西陣織の様子を調べる
・子供たちには年表を作らせて史実を記入させていった． ・西陣織は歴史全体から見て，天皇，幕府，貴族などがぜいたくをしたときに繁昌している．民主主義の今の世の中ではこんなやり方ではだめだ． ・福井は大正の始めに，桐生は昭和の初めに機械化が完成しているのに西陣は今でも手織機が多いのはなぜだろうか．
5. 桐生，福井の生産の様子を調べる
・子供たちが実感したことは，郷土産業西陣機業のあらゆる面における後進性だった． ・こんなにおくれていることを西陣の人は知っているのですか．
6. 西陣織がこれから発展するためにはどうすればよいかを中心に作文をつくりこの単元の学習のまとめをする．

人，⑦つねに納得のいくまで自分の考えをつきつめ，外からの圧迫や誘惑によって節をまげることのない人，であった．

このようなA会員の制度は後に廃止されるが，初志の会の主張は基本的には大きく変わることなく，その立場は「子供たちの切実な問題解決を核心とする学習指導によってこそ，新しい社会を創造する力をもつ人間が育つのだという確信」のもとに，問題解決学習の実践研究が展開され続けている．そして，初志の会が主張する問題解決学習は，会の理論的指導者である上田薫によって提唱された「動的相対主義」に基づいている．このような初志の会の代表的実践としては，表1-6のような富山県西砺波郡福岡町立福岡小学校の谷川瑞子の実践「福岡駅」がある．この実践「福岡駅」には，初期社会科や問題解決学習の代表的な実践との

表1-6　実践「福岡駅」の概要

(1) 単元設定の理由
1. 修学旅行，海水浴，高岡の山祭等と福岡駅・汽車と深い関係があり子供たちが親しんでいる．
2. この前「ゆうびん」を学習した時，駅のことを調べたいという子が多かった．
3. 子供たちの社会的視野を拡め，より深い社会を認識する好適な要素が多く含まれている．
4. 子供たちの身近なものであり，学習を展開していく途中で，種々考える場が構成されると思われる．
(2) 単元の展開
1. 駅にはどんな人が働いているかの話し合い
・駅長さん，切符を切る人，信号をする人等，子供たちにあげさせつつ板書．
・先生，まだおるわ，地下タビはいとるものいるわ．先生，地下タビはいとるもんどかたやね．あいつおぞいもんやね．わたしも見たことあるわ，皮ぐつはいてっさる人，えらいがやぜ．
・黒板に地下タビはいた人（おそい人）と書きならべた．
2. 福岡駅の見学調査
・見学をより効果的にするために，二三日前から，印刷した見学メモ帳を，駅の方に出しておき，駅の方々にも子供がどんな質問をするか，そしてその解答を考えておいていただいた．
・駅の人々の時間，協力，責任の尊さは見学によって大まかなものはつかむことができたようである．
・これだけでは，子供の実感としてつかんだのではなく単に知ったというに過ぎないように思われた．
3. 駅の歴史調査
・おじいさん，おとうさん，おかあさんの子供のころ，わたくしたち（現在），明治以前（資料は本で），祖父母や村の故老などによって，子供たちは資料を得た．
・身近な現在生きている人の苦労された体験談など聞いたり，図書館の本を読んだりした．
4. 駅の利用による生活の変化の調査
・どんなものが福岡駅で積み込まれ，それはどこへ行くか．また福岡駅でおろされたものは何か．それはどこから来たかを調査した．
・うちで生産されたものは，どこへ．うちへ来る品物は，どこから．
・うちの人や部落の人たちは，どのように汽車を利用しているだろう．
5. 調査結果の話し合い
・先生，まんで世の中ちゃ仲よしみたいね．
・わたくしたちに幸福をもたらしている汽車を動かす人は誰だろう．この中で，一番大事な人は誰でしょうか．
・あの係も大事や，この係も大事や，よわったなあ．先生一番大事やいうきまりないわ，みんな大事やわ，いらん人おらんわ．先生，おらっちゃ，ダラなこと言うとったね，地下タビはいとるもん，おぞいもんや，皮ぐつはいて，ヒゲはやしとるもん，えらいがや，と思っとったれどチョロイこと思っとったもんや．

高い評価がある一方で，このような実践では学習対象は身近なものに限定されて，子供の抱く問題は事象の現象面に関するものにとどまり，事象を生起させた社会の構造や機構を解明するものへは発展していかずに，そのために子供による問題解決は主観的な納得のレベルに収まる，との見解も示されている．

第5節　実践研究・研究実践期の実践と理論

　　ここまで実践と理論の側面から小学校社会科の展開を区分した時の「地域プラン期」と「民間教育団体期」における代表的な理論と実践を扱ってきたが，「地域プラン期」と「民間教育団体期」をまたぐような実践校や実践者，そして理論的指導者の存在も確認されていた．同様に，次の「実践研究・研究実践期」においても，民間教育団体の影響力は残っており，例えば研究的な実践者や実践的な研究者の中にも団体に属しながら，個性的な実践活動や研究実践を展開させている者も数多い．例えば，奈良女子大学附属小学校に長年勤務した長岡文雄は，初志の会の代表的実践者でありながらも，1972（昭和47）年の単著『考えあう授業』（黎明書房）等々に，自らの実践の記録を記している．同じく有田和正の存在はまさしく研究的な実践者の象徴と言える．そもそもは有田も長岡実践に影響を受けた初志の会の有力な実践者であった．しかし，1970年代後半からは，初志の会とは距離をおいた実践研究を進めて，いわゆる「ネタ」と呼ばれる独自教材の開発と，ネタから子供たちの発見や発言を引き出す授業スタイルを確立させていった．この有田実践の具体例として，表1-7のような小学校6年の実践「江戸時代の農民のくらし」がある．

表1-7　有田実践「江戸時代の農民のくらし」の学習指導案（一部，文言修正）

(1) ねらい
四国の祖谷地方の農家の間取り図を見せ，南向きの一番日当たりのよい場所に，とび出すように「トイレ」が造られていることに着目させる．このトイレは，「汚水をためて発酵させ，こやしとして利用するためのもの」であり，それは増産に努める農家の人々の生活の知恵であることを考えさせる．
(2) 準　備（資料）
①四国の祖谷地方の間取り図，②慶安御触書（10条）
(3) 展　開

学習活動・内容	指導上の留意点
1. 資料①を見て，気づいたことをノートする． 2. 気づいたことをもとに，農家の間取り図について話し合う． 　・トイレが南向きの一番よい場所にある．しかも家に比べて大きい． 　・「いろり」が二つもある，など． 3. 南向きの一番よい場所にトイレをつくっているわけを考え合う． 　・南向きにつくっているわけ． 　・大きなトイレをつくっているわけ． 　・風呂がトイレにくっついているわけ． 　・居間のすぐ横でくさくなかったのか． 4. トイレットペーパーや，いろりとの関係を考える． 　・食物の葉やわら→肥料になる 　・いろりの灰→トイレへ入れる 5. どうしてこんなトイレをつくったのか考える．	・資料①「農家の間取り図」を提示する．どんな反応を示すか． ・気づいたことを話し合いながら，トイレのことに焦点化していく． ・このようなトイレのつくりは，京都のどの町でも同じであったことを補説する（エピソードを話す）． ・発酵させるために南向きの日当たりのよいところにつくっていることに気づくか． ・「このようなトイレは，農民が自らつくったのか，それともつくらされたのか？」（資料②） ・トイレというより「肥料製造工場」だということに気づかせたい．増産への意欲が出ていることを考えさせる．

この実践は1984（昭和59）年12月1日に，当時は小学校教員であった向山洋一（NPO法人TOSS代表）との「立ち合い授業」として行われた授業である．実践「江戸時代の農民のくらし」は，有田自作の一枚の大きな間取り図を黒板に貼り付け，子供たちが気づいた事を発表する形式で展開する．子供たちは間取り図に対して様々な気づきを発表していく．特に特徴的だったのが，トイレの配置であったことから，徐々に焦点はそこに絞られるようになる．そこで，有田はトイレを「どうして南向きの一番よい場所につくっているのか」と問いかけて，子供たちは様々な視点から発言を行っていく．子供たちの発言を中心として，有田が適宜補足的に説明を加えていく授業展開を通して，江戸時代のトイレの機能は多機能であったことが明らかとなった．そして，授業の最後では，有田直筆の慶安御触書を提示することによって，江戸時代の農家の間取りは，肥料製造工場としてのトイレを中心とした作りになっていたが，それは農産物の増産に努めようとする農家や幕府の取り組みであったことまでの追究が展開された．

　有田自作の江戸時代の農家の間取り図のように，綿密な教材研究に基づいた「ネタ」を通して，子供たちから多様な気づきや追究を引き出す授業スタイルが，有田実践の特質となっている．このような実践は，有田の実践研究が深まっていく1980年代以降に注目を集めることとなった．

　この時期には，有田のように小学校の実践者として，授業実践を通して社会科を研究する立場とともに，大学の研究者の立場から積極的に学校現場との対話を行い，学術的な研究を展開させる実践的な研究者も増えていく．その先駆者として，例えば谷川彰英と片上宗二がいる．谷川は，1979（昭和54）年に『社会科理論の批判と創造』，1993（平成5）年には『問題解決学習の理論と方法』を通して，それまでの問題解決を原理とする社会科の在り方を再検討しながら，問いと問いの体制による問題解決学習の新たな視点での社会科を提起した．片上は，1985（昭和60）年の『社会科授業の改革と展望』，1995（平成7）年の『オープンエンド化による社会科授業の創造』により，社会科の本質論と技術論との中間に位置するような新しい社会科授業論の構築に取り組む．具体的には，旧来からの獲得型の知識論と思考のワンウェイ論に支えられた問題解決を原理とする社会科を，成長型の知識論と思考の往復運動論とによって基礎付け直された新しい社会科授業論に転換させる理論的・実践的な研究を積み重ねて，新たな社会科授業論の中核となる授業の開かれた終わり方（オープンエンド化）の主張を展開した．

　実践的な研究者の先駆者としての谷川や片上の営為は，現在においては社会科に関する学術的な学会で組織的に取り組まれるようにもなっている．2007（平成19）年の全国社会科教育学会[9]編『小学校の優れた社会科授業の条件』（明治図書），2008（平成20）年の日本社会科教育学会[10]編『社会科授業力の開発小学校編』（明治図書）に象徴されるように，小学校社会科は実践者や研究者の個人的で多様な実践や研究とともに，全国各地の様々な団体や組織，そして学術的な学会の

[9] 全国社会科教育学会は，広島大学に事務局を置く全国的な社会科教育の学会．

[10] 日本社会科教育学会は，筑波大学に事務局を置く全国的な社会科教育の学会．

中での議論や検討を通した切磋琢磨が展開されている現状にある．

第6節　小学校社会科の必要性と重要性

　社会科は70年以上の歳月を重ねて，いまも小学校の教育課程の中にしっかりと位置付きながら，ここまで明らかにしてきたような展開を蓄積してきている．戦後に新たな社会を構築すべく，「民主主義社会の建設にふさわしい社会人を育て上げる」ための中核として日本の小学校に新設された社会科は，いま小学校第3学年からの限られた授業時数の中で進められている．確かに小学校の教育課程の中での存在は，70年前と比較すると縮小したかもしれないが，昔もいまも社会科で取り扱い続けている内容や方法，育成を目指す資質や能力は，民主主義社会のあり方について，問題解決したり探究したりするために欠くことのできないものである．社会科のこのような教科としての存立意義に揺らぎはない．しかしながら，社会科は学校教育の中で最も現実社会との関わりが大きく，ますます急速化する社会の変化に応じて当然のように，その教科のあり方も変化したり変質したりすることに対しては，これまでも今後も柔軟な取り組みや対応が求められるところである．

　昨今においては市民性教育や主権者教育等々，これまでの社会科の中でも展開されてきた教育内容や教育方法が，社会科の枠を超える形で教育課程の全体を通して広く実践化されることも期待されている．社会科が社会科らしくあるために，社会科のあり方を非常に限定的に考える立場と，社会科の枠組みを解除しようする立場の攻防はこれまでにも長年にわたって論争が展開されてきている．社会科はこうあるべきという主義や主張は大事だが，その叫び合いだけに埋没することなく，いまとこれからを生きる子供たちが健全な市民や主権者，そして社会人として今後の民主主義社会のあり方を考え続け，創造し続けられるために，様々な主義主張や立場が議論を通して共存し合える社会や社会科とはいかにあるべきか．そのことを常に問い続けながら日々，子供たちとともに授業に向き合っていくことが，昔もいまも社会科に関わる者としては重要な立ち位置になる．

参考文献
有田和正, 向山洋一「『社会科立ち合い授業』全記録と討論の報告」『授業研究』283号, 明治図書, 1985年.
上田薫編『社会科教育史資料1〜4』東京法令, 1974〜1977年.
片上宗二, 木村博一, 永田忠道編『混迷の時代！"社会科"はどこへ向かえばよいのか』明治図書, 2011年.
永田忠道, 池野範男『地域からの社会科の探究』日本文教出版社, 2014年.

第2章
小学校社会科教育の歴史と構造
―小学校社会科はどのような理念で構成され,どのように他教科などと連携してきたのか―

第1節　小学校社会科はどのような理念で構成されてきたのか

　戦前の日本における修身や国史,地理の教育は,国家神道の思想と結びつけられて国民への軍国主義の浸透に利用されてきたことから,敗戦後もそのまま行うことは許されなかった.日本が民主的な国家へ生まれ変わる過程で,それまでの教育を改め,新しいものを生み出そうとする取り組みが進められていた.1945年12月,連合国軍最高司令官総司令部[*1]は指令を発して戦前からの「修身,日本の歴史及び地理」の課程の中止と関係する教科書と教師用書の回収,関係する法令一切を停止することを日本政府に命じた.だが同時にGHQはこれらの教育の重要性から,改訂案の提示と停止期間中の代行計画案の作成も要請していた.代行計画案の作成にあたっては,社会,経済,政治から子どもたちの世界や生活と関連させた教材を選んで作成すること,時事問題を討論する学習を取り入れることも求めていた.これらは社会科的教科の開発に向けての出発点となった.

*1　SCAP/GHQ: 以下GHQと略す.

　日本側でも敗戦直後から,文部省が主導して新たな教育の創造に向けての取り組みを始めていた.1945年11月に,文部省は戸田貞三を委員長とする公民教育刷新委員会を設置して,それまでの修身に代わる新たな教科について検討を始めた.翌月に出された委員会の答申には,公民教育の目標として「公民教育ハ総テノ人ガ家族生活・社会生活・国家生活・国際生活ニ於テ行ツテキル共同生活ノヨキ構成者タルニ必要ナル智識技能ノ啓発トソレニ必須ナル性格ノ育成」を示していた.そのため学校教育において「道徳ハ元来社会ニオケル個人ノ道徳ナルガ故ニ,『修身』ハ公民的知識ト結合シテハジメテ其ノ具体的内容ヲ得,ソノ徳目モ現実社会ニオイテ実践サルベキモノトナル.従ツテ修身ハ『公民』ト一本タルベキモノデアリ,両者ヲ統合シテ『公民』科ガ確立サルベキデアル」とした.これは近代的で合理的な科目である「公民科」を設置して「社会的現象(道徳・法律・政治・経済・文化)の相関関係を,多角的綜合的に理解せしめる」こと,その際に修身に代わって「公民科」で道徳教育を行うことを提唱するものであった.公民教育刷新委員会は,独自の方針に基づいて,暫定教科書の編集は行わず,公民

教育に関する教師用書の作成を行い，1946年9月に『国民学校公民教師用書』を完成させた．

国史に関しては，1945年11月に文部省が豊田武を国民学校と中等学校における歴史教科書の編集主任に命じて執筆に取り掛からせ，12月には歴史家専門委員会を発足させて執筆された原稿を検討し始めた．彼らは年明けには初等科国史の編集作業に取り掛かるようになっていたが，その後，神話の取扱いなどをめぐる混乱があって，CIE[*2]に編集を中止させられた．CIEは新たに国史の教科書づくりに取り組み，暫定版の国史教科書の執筆を進めた．地理に関しては，GHQから課程の停止や改訂案の提示が求められていたが，修身や国史ほど強く関心を寄せられていなかったことから，文部省主導で検討を進め，敗戦による領土の縮小や国家観の修正などを踏まえて暫定版の地理教科書の執筆を進めた．

1946年8月に文部省とGHQの間で総合教科としての社会科の設置が固まり，学習指導要領の作成が始められたことから，これらの成果の効力は短期間であったが，地理・歴史・公民から成る社会科的教科の教育の構造が完成した．

1947年5月5日に小学校用『学習指導要領　社会科編Ⅰ（試案）[*3]』が出され，同月23日に出された省令「学校教育法施行規則」の公布によって社会科は正式に学校教育に位置づけられた．47年版社会科では社会科の任務を，「青少年に社会生活を理解させ，その進展に力を致す態度や能力を養成すること」とし，「児童に社会生活を正しく深く理解させ，その中における自己の立場を自覚させることによって，かれらがじぶんたちの社会に正しく適応し，その社会を進歩向上させていくことができる」ようにすることをめざしていた．

児童が社会生活を理解するには「人と他の人との関係」「人間と自然環境との関係」「個人と社会制度や施設との関係」の観点から相互依存の関係とそこに生きる人々の人間性を理解することが肝要で，これらによって「他人の生活を尊重し，自他の生活の相互依存の関係を理解することができ，自分たちの社会生活を，よりよいものにしようとする熱意を持つことができる」と考えられた．そのため，47年版社会科では生産や消費，運輸，福祉など社会生活において普遍的に見られる社会機能をスコープ[*4]に，児童が各学年で興味の中心とすべき内容をシークェンス[*4]にしてカリキュラムを編成した．各単元は各学年の興味の中心と社会機能とを関連させて，児童が理解できるように構成した．だがこれらを学ぶための学習方法は，見学したり話を聞いたり，話し合いやごっこ遊び，モノづくり，調べ活動をしたりと，児童が主体的に学習対象を調べる学習にとどまっていた．そのため47年版社会科は，児童が社会生活における相互依存の関係を理解することで民主的な社会での生活に適応できるようになることまでをめざすにとどまらざるをえなかった．

47年版社会科について2点述べる．まず小学校低学年から社会科を学ぶようになっていたが，それまでの教育から考えると画期的と評される点である．それ

[*2] SCAP/GHQの一部局であった民間情報教育局の略称．

[*3] 以下，47年版社会科と略す．

[*4] スコープは「範囲」，シークェンスは「配列・順序」を意味する．

までは修身を除き，歴史や地理の学習は第5学年からで，政治経済に関する学習は中等教育段階からであった．これらは制度によって学ぶことができる層を限定することになっており，特権的と言えた．だが社会認識を形成する教育が第1学年から始まったことで，すべての児童が民主的な社会に生きる有為な人材として平等に扱われるようになったのである．

次にコア・カリキュラム的社会科と言われていた点である．47年版社会科では「社会科は学校・家庭その他の校外にまでも及ぶ，青少年に対する教育活動の中核として生まれて来た，新しい教科」であることから，「社会科の授業の中に，他の教科の授業がとり入れられ，また他の授業の際に，社会科のねらいが合わせて考慮されることは，当然のことであり，かえってその方が望ましい」とされた．児童が生活上の問題を解決しようとする単元学習を中心課程とし，それらを支える基礎的な知識・技能を学習する課程とで編成された教育課程をコア・カリキュラムといったことから，47年版社会科をコア・カリキュラム的社会科と呼んだのである．特定の教科がこうした性質をもつと，他教科と重複する内容が出てくることがあるため，内容の精選が必要であった．

これらを受けて学校現場では学習指導要領になじみがない上に，社会科という新しい教科をどう実践すればよいのかで混乱が生じた．そのため1948年に文部省は『小学校社会科学習指導要領補説[*5]』を出して「公民的資質」の育成という社会科の目標を示し，同心円拡大方式によるシークェンスを採用してカリキュラムを編成することで，47年版社会科による混乱を静めようとした．補説では「公民的資質」の育成に関して，次の記述が見られた．

[*5] 以下，補説と略す．

> 社会科の主要目標を一言でいえば，できるだけりっぱな公民的資質を発展させることであります．これをもう少し具体的にいうと，児童たちが，（一）自分たちの住んでいる世界に正しく適応できるように，（二）その世界の中で望ましい人間関係を実現していけるように，（三）自分たちの属する共同社会を進歩向上させ，文化の発展に寄与することができるように，児童たちにその住んでいる世界を理解させることであります．そして，そのような理解に達することは，結局社会的に目が開かれるということであるともいえましょう．

1950年には『小学校社会科学習指導法』を出して，教師が社会科とその学習方法について正しく理解できるように手を尽くし，教育現場に定着させようとした．そこには問題解決学習[*6]に関して，次の記述が見られた．

[*6] 次のように段階例が示されていた．(1)児童が問題に直面すること．(2)問題を明確にすること．(3)問題解決の手順の計画を立てること．(4)その計画に基づいて，問題の解決に必要な資料となる知識を集めること．(5)知識を交換し合うこと．そして集められた知識をもととして，問題の解決の見とおし，すなわち仮説をたてること．(6)この仮説を検討し，確実な解決方法に到達すること．

> 社会科の学習は，ある意味では問題の解決のしかたを学ぶことであるとも言うことができます．（略）単元はあくまでも，その中に児童にとって重要な問題が多く含まれていて，学習活動が進展するにつれて，児童がそれらの問題に次々ぶつかるように作られていなくてはなりません．そして教師の指導も，児童がこれらの問題を解いていくことによって，自分の生活を自分で切り開いていく態度や能力を身につけ，社会生活に必要な理解・態度・能力などを身につけるように進められなくてはなりません．

社会科の問題解決学習では，問題解決のしかたを学ぶことに意義を見出していた．学習が進むにつれて問題が次々と出てくるように構成された授業において，児童が粘り強く解決を志向して学習に取り組むことで理解・態度・能力を一体的に習得できるように，教師が指導することこそ肝要とされた．問題解決の過程は，6点で構成され，それぞれに留意点が記されていたが，これらは定まったものではなく，児童の発達段階に合わせて柔軟に構成することが求められていた．

これらの取り組みにもかかわらず，1951年に『小学校学習指導要領 社会科編（試案）[*7]』が出された．前回からわずか4年での改訂であったが，47年版社会科がコア・カリキュラム的社会科であったことから他教科と内容に重複が大きかったこと，基礎学力の低下が見られたことなどに，各所から多くの批判が寄せられたことが理由であった．

[*7] 以下，51年版社会科と略す．

51年版社会科について3点述べる．51年版社会科が47年版社会科と比べて，目標面での整理がなされた点，社会科が民主主義を学ばせる教科であることを明確にした点，社会科で用いる方法に問題解決学習を示した点である．

まず，目標面での整理がなされた点については，47年版社会科の目標は「暫定的」と断っていたが15点もあったのに対し，51年版社会科では5点にまとめられていた．それらから3点を記すと「一，自己および他人の人格，したがって個性を重んずべきことを理解させ，自主的自律的な生活態度を養う」「二，家庭・学校・市町村・国その他いろいろな社会集団につき，集団内における人と人との相互関係や，集団と個人，集団と集団との関係について理解させ，集団生活への適応とその改善に役だつ態度や能力を養う」「三，生産・消費・交通・通信・生命財産の保全・厚生慰安・教育・文化・政治等の根本的な社会機能が，相互にどんな関係をもっているか，それらの諸機能はどんなふうに営まれ，人間生活にとってどんな意味をもっているかについて理解させ，社会的な協同活動に積極的に参加する態度や能力を養う」であった．これらでは，理解・態度・能力の三者は切り離すことのできないものとして捉えられており，特に態度の育成が強調されるようになっていた．

次に社会科が民主主義を学ばせる教科であることを明確にした点については，51年版社会科は47年版社会科や補説の考えを受け継いでいたが，「社会科で養おうとする態度は，いうまでもなく民主的な社会生活における人々の道徳的なありかた」であるとより明確に示していた．

さらに社会科で用いる方法に問題解決学習を示した点については，「社会科の任務は，児童が現実の生活の中で直面する問題とらえて，その解決を中心にして有効な生活経験を積ませることである」とし，1947年版社会科での記述を修正して問題解決を明示した．ただ問題解決に関する考え方には言及していなかったため，前年に発行された『小学校社会科学習指導法』での考えを踏襲していたものとみられている．

51年版社会科はコア・カリキュラム連盟[*8]の梅根悟[*9]に「まさに社会科そのもの」と言わしめ，評価された．昭和20年代に成立した47年版社会科と51年版社会科には，すでに日本に民主的な社会が成立している前提でそれらに適応する人材の育成をめざしていた点，社会の現実や歴史的課題を解決すべき問題に取り上げていなかった点，科学的な社会認識や系統的な知識の育成ができていなかった点から批判も寄せられていた．文部省はこれらの批判に応えるべく1955年と1958年に学習指導要領を改訂して，社会科の学習を問題解決学習から系統学習に転換した．

　系統学習については55年に出された小学校学習指導要領で「必要な知識，技能，態度などを児童がみずからの主体的な活動を通して身につけ，教育的に望ましい成長発達をとげていくことに主眼をおいて，学習経験を選択し組織した」もので，「道徳的指導，あるいは地理，歴史，政治，経済，社会等の分野についての学習が各学年を通して系統的に，またその学年の発達段階に即して行われる」学びとされた．学習指導要領の法規的効力が主張されるようになったことで，これらに従った社会科のあり方が学校現場に広がりをもつようになっていった．他方，学習指導要領に問題解決学習に関する記述が一時的に見られなくなったが，1996年に出された中央教育審議会[*10]の答申「21世紀を展望した我が国の教育の在り方について」で「問題解決的な学習や体験的な学習の一層の充実を図る」ことが示されたことで，これらが学習指導要領に表されるようになった．

　最後に1968年に出された小学校学習指導要領社会科について2点述べる．まず歴史や地理，政治，経済などの学問体系をスコープに，家庭から学校，近隣，市町村，都道府県，国，世界へと広がる「同心円的拡大」をシークェンスにした系統的カリキュラムであった点である．次に社会生活，我が国の国土と歴史を学ぶ中で出会う人たちの立場や役割，彼らの取り組みに児童が共感する中で理解と思考を促す理解型社会科であった点である．これらは今日の小学校学習指導要領社会科にもみられる特質で，学校現場に広く浸透し今日に至っている．

　以上のような過程を経て社会科は成立していた．昭和20年代の社会科では社会生活を内容に，問題解決を方法にして学習を進めて，児童が建設されつつある民主的な社会に適応できるようになることをめざしていた．その後，社会的要請に応じて方法や内容は変更されてきたが，小学校段階では社会生活を理解することによる民主的な社会に生きる市民の育成という方針は変わっていない．だがこれらは理解や適応に止まることを求めるものではなく，新たな社会の創造に向けた学習を児童の発達段階に応じて柔軟に取り入れる必要があることは言うまでもない．

*8　現日本生活教育連盟．同連盟は，社会問題の解決学習による生活教育を志向していて，代表的な実践に「用心溜」「西陣織」「水害と市政」がある．

*9　梅根悟は，東京文理科大学を卒業後，埼玉県立本庄中学校長などを経て，川口市助役となり，川口プランの開発に関与した．その後，東京教育大学教授，和光大学学長などを務めた．勝田守一と勝田・梅根論争を展開した．

*10　中央教育審議会は，1952年に文部省に設置され，大臣の諮問に応じて教育，学術または文化に関する基本的な重要施策について調査審議することを目的としている機関である．2019年2月現在，教育制度，生涯学習，初等中等教育，大学の4分科会がある．

第2節　小学校社会科はどのように他教科と連携してきたのか

　小学校教育において社会科はどのように他教科と連携してきたのか．社会科は

広領域的性格を有していることから，国語や算数などの教科指導や特別活動などの教科外指導とかかわりをもたせることも可能である．だがここでは社会科とよりかかわりが深い1950年代以降に新設された道徳科，生活科，「総合的な学習の時間」との連携についてみていく．

1．社会科と道徳科

社会科創設直後は「民主的な社会生活における人々の道徳的なありかた」をねらいに含めていたが，社会科は独自の目的を有しており，道徳教育のためだけの教科ではなかった．結果，社会科を中心とした教育課程全体を通じての道徳教育は評価されず，当初から批判があった．

1951年，文部大臣であった天野貞祐が国民道徳の基準を「国民実践要領」として示そうとしたが，修身科の復活かとの批判が高まり，最終的に撤回を余儀なくされた．これらをきっかけに道徳教育をどうするのかについて議論に熱が高まった．教育課程審議会[*11]は「道徳教育振興に関する答申」で，「道徳教育振興の方法として，道徳教育を主体とする教科あるいは科目を設けることは望ましくない」として「社会科その他現在の教育課程に再検討を加え，これを正しく運営することによって，実践に裏付けられた道徳教育を効果的に行いうる」とし，新設を否定していた．だが社会科の学習が問題解決学習から系統学習に転換したことや道徳教育の充実を図る必要があるとの要望を受けて，1957年に同審議会は「小・中学校における道徳教育の特設時間について」を発表し，翌年に小学校学習指導要領に道徳を加えて告示し「道徳の時間」が設けられることになった．「道徳の時間」には教育課程全体を通じて行う道徳教育を補充・深化・統合する役割が求められた．1958年に出された小学校学習指導要領では社会科と道徳教育との関連について，次の記述が見られた．

> 社会科は，社会生活に対する正しい理解を得させることによって，児童の道徳的判断力の基礎を養い，望ましい態度や心情の裏づけをしていくという役割をになっており，道徳教育について特に深い関係をもつものである．したがって，社会科の指導を通して育成される判断力が，道徳の時間において児童の道徳性についての自覚としていっそう深められ，この自覚がふたたび社会科における学習に生きてはたらくように指導することが望ましい．

「道徳の時間」の特設当初は，社会科の指導における社会生活への正確な理解が道徳的判断力の育成と望ましい態度や心情の裏づけにつながると考えられたことから，相互に関連をもたせることが期待されていた．だが1968年に出された小学校学習指導要領では「他の教科等特に道徳との関係についてじゅうぶん留意し，指導の成果があがるようにくふうすることが必要である」とあり，控えめな記述になった．その後，一時的に小学校学習指導要領社会科に道徳教育との連携に関する具体的な記述がなくなり，社会科は教育課程全体を通じた道徳教育の一

---

*11 教育課程審議会は，1949年に文部省に設置され，大臣の諮問に応じて教育課程に関する調査審議することを目的としていた機関である．この審議会の答申に基づいて学習指導要領が作成された．2001年に中央教育審議会初等中等教育分科会に再編された．

部を担う程度となった．

　ところが 2008 年に出された『小学校学習指導要領解説社会編[*12]』では，社会科における道徳教育の指導，社会科と道徳科との連携による指導について記されていた．前者では「学習活動や学習態度への配慮，教師の態度や行動による感化」とともに，「伝統と文化の尊重」「愛国心や郷土愛」「集団や社会とのかかわり」を学ぶ際に道徳教育とのつながりをもたらせることが表されていた．後者では「社会科で扱った内容や教材の中で適切なものを，道徳教育に活用することが効果的な場合もある」「道徳科で取り上げたことに関係のある内容や教材を社会科で扱う場合には，道徳科における指導の成果を生かすように工夫する」と記されており，社会科と「道徳の時間」との内容や教材の共有も含めた連携が表されていた．そのため社会科には「道徳教育の全体計画との関連，指導の内容及び時期等に配慮し，両者が相互に効果を高め合うように」年間指導計画を作成することなどが求められていた．これらは 2017 年に出された解説社会編での記載とほぼ同じであることから，考え方は継続していると考えられる．社会科と新設された「特別の教科 道徳」の連携は「学びに向かう力，人間性等」に限らず，「知識・技能」「思考力・判断力・表現力等」でも進めることが可能であることから，効果的な連携のあり方を検討していく必要がある．

2．社会科と生活科

　生活科は，1989 年 3 月に出された小学校学習指導要領に明示されて，1992 年 4 月から全面実施された．これは昭和 40 年代から低学年における教科構成のあり方が問われ続けてきた結果であった．1955 年に出された小学校学習指導要領から社会科の学習が問題解決学習から系統学習に転換されたことで，社会科や理科の学習に課題が指摘されるようになったからである．それらについて，1967 年 10 月に教育課程審議会は「小学校の教育課程の改善について」で，低学年の社会科授業が具体性に欠け，教師の説明を中心にしたものになりやすかったため，内容の取り扱いについて検討し，低学年という発達段階に即した効果的な指導ができるようにする必要性を指摘していた．

　1971 年 6 月に中央教育審議会は「今後における学校教育の総合的な拡充整備のための基本的施策について」で，「低学年においては，知性・情操・意志および身体の総合的な教育訓練により生活および学習の基本的な態度・能力を育てることがたいせつであるから，これまでの教科の区分にとらわれず，児童の発達段階に即した教育課程の構成のしかたについて再検討する必要がある」と記していた．月日が流れても生活科の設置に向けた流れは止まらず，1986 年 4 月に臨時教育審議会[*13]は「教育改革に関する第 2 次答申」で，小学校低学年では「社会・理科などを中心として，教科の総合化を進め，児童の具体的な活動・体験を通じて総合的な指導をすることができるよう」にと教科の再構成を促した．

*12 以下，解説社会編と略す．

*13 臨時教育審議会は，臨時教育審議会設置法に基づいて総理府に設置され，内閣総理大臣の諮問に応じて長期的な観点で広く教育問題に関する調査審議することを目的としていた機関である．同審議会は「二十一世紀を展望した教育の在り方」「社会の教育諸機能の活性化」「初等中等教育の改革」「高等教育の改革」を審議事項として，さまざまな教育施策を提言した．

1987年12月に教育課程審議会は「幼稚園，小学校，中学校及び高等学校の教育課程の基準の改善について」で，児童の発達上の特徴や社会の変化に主体的に対応できる能力育成等の観点から生活科の設置を答申した．これらでは直接体験を重視した学習活動を展開して意欲的に学習や生活をさせる，児童を取り巻く社会環境や自然環境に関心を持たせて自分自身や自分の生活について考えさせる，社会，自然及び自分自身に関わる学習の過程において生活上必要な習慣や技能を身に付けさせるといった3点をもって，学習や生活の基礎的な能力や態度の育成をめざすと同時に自立への基礎を養うことを生活科のねらいに挙げていた．

> **77年版社会科　第1学年の目標**
> (1) 自分たちの生活を支えている人々の仕事や施設などのはたらきに気付かせ，社会の一員としての意識をもつようにさせる．
> (2) 日常生活で経験する社会的事象を具体的に観察させ，効果的に表現させる．
> **77年版社会科　第2学年の目標**
> (1) 職業としての仕事に携わっている人々はそれぞれ工夫していることや，それらの仕事は自分たちの生活にとって必要なものであることに気付かせる．
> (2) 職業としての仕事を具体的に観察させ，効果的に表現させる．
> **89年版生活科　第1学年及び第2学年における従来の社会科の内容にかかわる目標**
> (1) 自分と学校，家庭，近所などの人々及び公共物とのかかわりに関心をもち，集団や社会の一員として自分の役割や行動の仕方について考え，適切に行動することができるようにする．

　生活科は小学校低学年における社会科と理科を統合して設けられた科目ではあるが，そのねらいは児童の自立への基礎を養うことであり，社会科がめざす社会認識形成を通じた公民的資質の育成とは異なる．生活科の創設で，47年版社会科において画期的と評された，低学年での日常生活経験の分析による社会認識の形成は困難となった．

　だが社会科学習の充実には生活科との連携が欠かせない．2007年11月に出された中央教育審議会「教育課程部会におけるこれまでの審議のまとめ」における社会科の改善の方向性に関する記述には「生活科の学習を踏まえ」とあった．例えば，2017年に改訂された『小学校学習指導要領解説生活編』では生活科の学習で「身近な地域の様子を絵地図に表したり，公共施設を利用し，学んだことを関連付けて，身の回りにはみんなのものや場所があると気付いたりすることは，社会科の社会的事象の見方・考え方の基礎につながっていく」とある．社会的事象の見方・考え方の育成にむけて，家庭や学校を中心にした地域に関する理解，そこに生きる人々の営みや利用する施設への気づき，それらを観察・記録する力の習得を生活科の学習で確かにできるように，それら社会科の学習で活かせるように連携を進める必要がある．

3. 社会科と総合的な学習の時間

「総合的な学習の時間[*14]」は，1998年12月に出された学習指導要領の総則に明示され，2002年4月から全面実施された．1996年7月に中央教育審議会が「21世紀を展望した我が国の教育の在り方について」で，子どもたちに「生きる力」[*15]をはぐくむために横断的・総合的な指導を一層推進する必要があるとの認識から一定のまとまった時間を設けることを提言したことがきっかけであった．

1998年7月に教育課程審議会は「幼稚園，小学校，中学校，高等学校，盲学校，聾学校及び養護学校の教育課程の基準の改善について」で，「総合の時間」では「情報の集め方，調べ方，まとめ方，報告や発表・討論の仕方などの学び方やものの考え方を身に付けること，問題の解決や探究活動に主体的，創造的に取り組む態度を育成すること，自己の生き方についての自覚を深めることも大きなねらいの一つ」であり，これらに取り組む中で「各教科等それぞれで身に付けられた知識や技能などが相互に関連付けられ，深められ児童生徒の中で総合的に働くように」していくことまでを期待していた．

「総合の時間」については学習指導要領の総則でねらいや学習活動例，配慮事項などは示されたが，目標や内容は明示されなかった．これは，各学校で育てたい児童の姿や育成したい能力などに応じた目標を設定することが期待されていたからであった．取り上げるテーマは「国際理解，情報，環境，福祉・健康など」で，社会の変化に伴って切実に意識されるようになってきた現代的で，横断的・総合的な課題であるが，小学校では必然に地域の課題となろう．これらを問題の解決や探究活動を通じて学習することで，児童が自己の生き方を考えるようになることがめざされた．だが各学校の創意工夫に頼っていたことから，大きな成果をあげていた学校とそうでない学校の差が激しく，課題となった．

2003年12月に「総合の時間」に関する一部改正がなされた際に，ねらいに「(3) 各教科，道徳及び特別活動で身に付けた知識や技能等を相互に関連付け，学習や生活において生かし，それらが総合的に働くようにすること」が付け加えられたことで，社会科との連携が進められることになった．

2008年3月に出された学習指導要領では「総合の時間」が総則から取り出されて第五章に位置づけられ，次のように目標を示すに至った．

> 横断的・総合的な学習や探究的な学習を通して，自ら課題を見付け，自ら学び，自ら考え，主体的に判断し，よりよく問題を解決する資質や能力を育成するとともに，学び方やものの考え方を身に付け，問題の解決や探究活動に主体的，創造的，協同的に取り組む態度を育て，自己の生き方を考えることができるようにする．

このとき学校が「総合の時間」の重要性を理解し，実践しやすいように改訂されていたが，留意すべき点もあった．まず「地域の人々の暮らし，伝統と文化」などが地域や学校の特色に応じた学習活動などに加えられていたが，これらが小

[*14] 以下，「総合の時間」と略す．

[*15] 生きる力は，1996年の中央教育審議会第一次答申で「これからの変化の激しい社会において，いかなる場面でも他者と協調しつつ自立的に社会生活を送っていくために必要となる，人間としての実践的な力」とされている．

学校社会科の内容と重複していた点である．次に小学校では「総合の時間」が105〜110時間から70時間に縮小されており，児童が「総合の時間」で学び方に加えて知識までを十分に習得する余裕がなくなっていた点である．これらにより社会科と「総合の時間」は一層の連携が必要となった．2017年に出された学習指導要領でも変更されていなかったため，社会科で育成する資質・能力と「総合の時間」で育成する資質・能力にどのようなつながりをもたせるのかを熟慮して，連携を効果的に進める必要がある．

以上，社会科と道徳科，生活科，「総合の時間」の連携について述べてきた．今日，カリキュラム・マネジメント[*16]が求められているが，55年版社会科の「社会科の意義」で述べられていたように，小学校社会科は他教科との連携を年間指導計画の作成などを通じて効果的に進めつつも，社会科だからこその指導を追究していく必要がある．

*16 カリキュラム・マネジメントは，学校教育目標を実現するために，学習指導要領等に基づき教育課程を編成し，それを実施・評価し改善していくことである．（中央教育審議会「答申」2016年12月21日）

> ひとくちに社会科と他教科との関連といっても，一方が理科とか家庭科という教科である場合，あるいは国語科や算数科などの教科である場合，さらには音楽科や図画工作科などの教科である場合などによって，その考え方や具体的処置については，さまざまな相違が生ずるのが当然である．要は，社会科は他の教科とできるだけ関連をつけて指導するとともに，他の教科と異なる特色をじゅうぶん生かしていく必要がある．

参考文献

平田嘉三・初期社会科実践史研究会『初期社会科実践史研究』教育出版センター，1986年．
片上宗二『日本社会科成立史研究』風間書房，1993年．
小原友行『初期社会科授業論の展開』風間書房，1998年．
木村博一『日本社会科の成立理念とカリキュラム構造』風間書房，2006年．

第3章
小学校社会科教育の目標論・学力論
―児童が何を獲得し，何をできるようになることが求められるのか―

第1節　社会科の目標論

　社会科の教育は何を目指して行われるのか．社会科で形成しうる学力とはどのようなものであろうか．

　教科の目標には，その教科の教育を通して形成することが期待される人間像や学力像が表現される．その教科で形成する人間像や学力像とは，学校教育が全体として形成しようとする人格の一部の姿を表現したものである．教科の教育が目的遂行的な営みである限り目標の設定は不可欠であり，目標を設定する上では，目指すべき人間像や学力像を明確にすることが求められる．

　社会科が公教育としての役割を果たすには，子供たちが共通に身に付けるべき資質・能力を考え，意図的・計画的にその成長を図ることが求められる．社会科で身に付けた資質や能力が，社会生活において持ちうる意義という視点から，目標設定を考える必要があるのである．しかし，戦後の社会科成立以来，社会科教育の在り方をめぐって様々な論争がなされており，そこには社会科の教育を通して形成したい人間像や学力像をめぐる対立が存在している．

　こうした見解の対立を見る上で，まずは教科の在り方に係る三つの論点を検討し，社会科の目標設定をめぐる争点を見出すことにしよう．

　第一の論点は，教科と政治・社会との関係である．社会科は，戦前の天皇中心主義のナショナル・イデオロギーを注入する教科としての役割を果たしていた歴史や地理の教育に替え，民主主義社会の形成を担う主権者育成のための中核を担う教科として導入されたという背景をもつ．このため，社会科をめぐる議論においては，特定の政治的イデオロギーの注入に陥らない教科の在り方が求められる一方で，社会科で育成する民主主義社会の発展に寄与する資質・能力の内実が問われ続けてきた．

　例えば，社会科成立期の昭和23（1948）年「小学校社会科学習指導要領補説編」では，目標について「りっぱな公民的資質を発展させること」と述べ，具体的には児童が住んでいる世界を理解し「社会的に目が開かれる」ことと説いている．

その上で以下の説明を行っている[*1]．

> しかし，りっぱな公民的資質ということは，その目が社会的に開かれているということ以上のものを含んでいます．すなわちそのほかに，人々の幸福に対して積極的な熱意をもち，本質的な関心をもっていることが肝要です．（中略）社会的に目が開かれていることは，民主社会を建設し維持するのに欠くことのできない条件です．しかし社会的に目のあいていること，社会的な関心をもっていることは，さらに，よい共同生活をするのに不可欠なさまざまの技能や習慣や態度と結合していなければなりません．すなわちその時々の事態に応じて適切に処理すること，建設的に協力すること，他人の権利を尊重すること，疑わしい意見や正しくない意見とたたかうことなど，総じて民主的社会の有為な公民として必要な数多くの特性を身につけていなくてはなりません．

　ここには，児童に世界を理解させる社会認識の側面と，民主主義社会の有為な形成者としての資質を身に付けさせる側面とを統合して育成する考え方が表現されている．学問的にも，社会科は「社会認識形成を通して市民的資質を育成する教科」であると定式化されてきた．しかし，その解釈をめぐっては様々な立場が存在する．科学的な社会認識形成に目標を限定する立場や，市民的資質としての社会参画力や社会形成力の育成を重視する立場，両者のいずれかに重点を置きつつ統合を図る立場など多様な社会科教育論がせめぎ合っている．社会科の目指すべき姿は一つではなく，多様な論が提起されることで，豊かな議論が展開されている．

　第二の論点は，教科と学問の関係である．社会科が，過去と現在の社会や世界を対象とする教科である以上，それを認識するための方法や分析的概念を構築してきた諸科学の成果をどう組み込むかが常に問われることとなる．すべての子供を学問の研究者にするわけではなくとも，社会を広く深く捉えるための認識方法を身に付けることは，社会生活をより良いものとする上で不可欠だからである．しかし一方で，我が国の社会科は，成立当初より，民主主義社会の有為な成員としての資質を身に付けることをねらいとしてきた．この教科と学問の関係については，どのように考えればよいだろうか．再び，成立期社会科より昭和22（1947）年発行の『学習指導要領社会科編（I）（試案）』での説明箇所を引いてみよう[*2]．

> 社会生活がいかなるものかを理解させ，これに参与し，その進展に貢献する能力態度を養うということは，そもそも教育全体の仕事であり，従来も修身・公民・地理・歴史・実業等の科目は，直接この仕事にたずさわって来たのである．けれども，それらの科目は，青少年の社会的経験そのものを発展させることに重点をおかないで，ともすれば倫理学・法律学・経済学・地理学・歴史学等の知識を青少年にのみこませることにきゅうきゅうとしてしまったのである．したがってこれらの科目によって，生徒は社会生活に関する各種の知識を得たけれども，それがひとつに統一されて，実際生活に働くことがなかったのである．いいかえれば，青少年の社会的経験の自然な発達を促進することができなかったのである．社会科はいわゆる学問の系統によらず，青少年の現実生活の問題を中心として，青少年の社会的経験を広め，また深めようとするものである．

[*1] 文部省「小学校社会科学習指導要領補説編」上田薫編『社会科教育史資料1』東京法令出版，1974年，461頁．

[*2] 文部省「学習指導要領社会科編（I）（試案）」上田薫編『社会科教育史資料1』東京法令出版，1974年，219頁．

ここには，社会科の意義を「青少年の社会的経験を発展させる」ことと捉え，諸学問の成果としての社会生活に関する知識を単に得るのではなく，それらが統合され実生活で働くようにすることの必要性が説かれている．

　このように，教科と学問の関係においては，社会認識の形成を市民的資質の育成という目標の文脈においてどのように実質化するかが問われてくる．具体的には，社会的事象に係る知識理解の目標と社会に関わっていく態度や価値観に係る目標とを結びつけるのか，切り離すのか．社会的事象に係る知識として，事実，概念，価値に係る知識のどれを重視するのか．態度や価値観の形成に関わる判断や意思決定をなしうる能力をどのような目標として定めるのか，などによって立場が分かれよう．

　第三の論点は，教科と学習者との関係である．育成を目指す資質や能力は，子供の発達特性を見据えた，教授・学習活動を通して身に付けさせることとなる．それをどのような方法で行うかは多様な考え方がある．例えば，初期社会科では，青少年の「社会的経験を発展させる」立場から，以下のように説明する[3]．

[3] 上田薫編『社会科教育史資料1』東京法令出版，1974年，221-222頁．

> 　けれども学習は単に成人が必要と思うものを生徒に説明し，これをまるおぼえさせることによっては成立しないのである．生徒は自分たちの生活の具体的問題に直面し，その解決に向かって種々の活動を営むのであるが，この活動によって生ずる社会的経験こそ，生徒たちの真の知識となり，能力や態度を形成するものとなるのである．
> 　それゆえ，学習はこのような問題の解決をこそ目指すのであり，教材はまた，この問題の解決を助ける社会の共同経験として，現われて来るべきである．青少年の生活の問題を正当にとらえ，その徹底的な解決を求めて行く時，将来の社会生活に必要な理解・態度・能力は，みな真に青少年の身についたものとして獲得されるのである．

　ここには「経験主義」の立場から，生活の具体的問題の解決を志向する学習の意義が述べられている．子供たちが社会生活上で直面する具体的問題の解決に取り組むことが社会的経験を豊かにする．それは学んだ知識を活かすことにつながり，さらには社会に関わっていく態度や能力を育むというわけである．

　学習における経験が，こうした社会生活上の問題と地続きのものであるべきかについては反論も見られる．例えば，社会科の学習が，児童の社会的経験を発展させることをねらいとするにしても，社会生活を送るだけでは分かりえない社会の構造や法則性に係る知識を探求するような知的活動や，意見や判断の分かれる社会的課題に対して自らの判断基準を形成するような議論や意思決定を行う活動を通した経験こそ必要とする立場もある．こうした立場からは，生活上の問題は基本的に「どうしたらよいか」「何をすべきか」など，問題への解決策を考え，提案を行う力を育成するものではあるが，個人的な関心や好悪の感情で決定がなされることも考えられ，確かな根拠やデータに基づく合理的判断を要する社会的課題の学習とは異なること，また社会的事象に関する知識の学習が問題解決に必

要な範囲で参照するものとなり，結果として社会を深く知り，わかるという知的側面の成長を図ることが不十分になりうることなどの課題が指摘されよう．

以上の論点を踏まえながら，以下では近年の学習指導要領に見られる社会科の目標や学力像について検討しよう．

第2節　小学校学習指導要領社会科の目標構成

学習指導要領社会科は，昭和30年代以降，初期の「経験主義」にもとづく社会科から「系統主義」の社会科へと転換し，今日に至っている．特に昭和43年版の指導要領において確立された目標の考え方は，以降の指導要領の改訂においてもその性格を基本的に継承されている．ここでは表3-1に，平成20年版小学校学習指導要領社会科[*4]の教科目標と第3学年及び第4学年の目標を示した．

*4 以下，H20年版．

表3-1　平成20年版小学校学習指導要領社会科の目標構成

(教科目標)
社会生活についての理解を図り，我が国の国土と歴史に対する理解と愛情を育て，国際社会に生きる平和で民主的な国家・社会の形成者として必要な公民的資質の基礎を養う．
〔第3学年及び第4学年の目標〕 (1) 地域の産業や消費生活の様子，人々の健康な生活や良好な生活環境及び安全を守るための諸活動について理解できるようにし，地域社会の一員としての自覚をもつようにする． (2) 地域の地理的環境，人々の生活の変化や地域の発展に尽くした先人の働きについて理解できるようにし，地域社会に対する誇りと愛情を育てるようにする． (3) 地域における社会的事象を観察，調査するとともに，地図や各種の具体的資料を効果的に活用し，地域社会の社会的事象の特色や相互の関連などについて考える力，調べたことや考えたことを表現する力を育てるようにする．

H20年版の特徴の第一は，社会科の包括的な目標は教科全体の目標で，資質・能力に係る目標，知識・理解，態度形成，技能や思考力・表現力に関する目標は，各学年の目標で示している点である．昭和43年版で柱書きの目標以外に4項目の具体的目標が立てられた例はあるが，昭和52年版以降の改訂では，教科目標は包括目標のみの簡潔な表現が取られてきた．そのため，包括目標と個別の資質・能力の目標との関係性は明示されず，個々の教師による目標解釈の中で，その実現が図られてきたともいえる．

第二は，知識・理解に関わる目標と態度形成に関わる目標が，「～（知識内容）について理解できるようにし，～（態度）を育てるようにする」という形式で，表現されている点である．並列的な表現で示されてはいるものの，論理的には態度形成に繋げる文型であることから，地域社会の一員としての自覚をもてるような内容，地域社会に対する誇りと愛情を育てることのできる内容という面からの

知識・理解を促す書きぶりとなっていることが読みとれよう．形成したい態度目標が内容の選択を規定する構造となっているのである[*5]．

第三は，思考力や表現力に関わる目標が，観察・調査，資料活用などの目標と並列して述べられている点である．思考力や表現力は，本来，教育内容に即して形成されると考えられるが，内容と切り離され，学習活動における技能目標と併記されることで，形式的な思考力や表現力の育成を表現するものとなっている．学習において教育内容に係る知識理解の目標と思考力や表現力の育成という目標をどのように結びつけるかは，ここでも教師の裁量に委ねられている．

[*5] こうした態度目標による内容規定の問題性については以下に詳しい．森分孝治「社会科の本質―市民的資質教育における科学性―」日本社会科教育学会編『社会科教育研究』No.74,1996年．

第3節　平成29年版学習指導要領改訂の趣旨と背景

　平成29年版学習指導要領[*6]改訂の特徴は，コンテンツ・ベースからコンピテンシー・ベースの改訂ともいわれるように，PISA等の国際的学力調査の基盤とされるキー・コンピテンシーの考え方なども取り入れながら，教育課程全体を通して身に付けさせる学力を，資質・能力の面から整理するとともに，各教科で育てる資質・能力として構造化して示そうとした点にある．身に付けさせるべき内容を先に設定し，それに対応した能力の育成を後付けで考えるのではなく，育成すべき能力を先に設定し，そのために必要な内容を選択・配置するという能力主導の教育課程編成の考え方がこれまで以上に推し進められたわけである．

[*6] 以下，H29年版．

　具体的には，教育課程全体で育成を図る資質・能力として「各教科等において育む資質・能力」「全ての学習の基盤として育まれ活用される資質・能力」「現代的な諸課題に対応して求められる資質・能力」の三つが掲げられるとともに，目指す資質・能力を「何を理解しているか，何ができるか（生きて働く「知識・技能」の習得）」「理解していること・できることをどう使うか（未知の状況にも対応できる「思考力・判断力・表現力等」の育成）」「どのように社会・世界と関わり，よりよい人生を送るか（学びを人生や社会に生かそうとする「学びに向かう力・人間性等」の涵養）」という三つの柱から整理して捉える考え方が示された．各教科等の目標や内容についても，この三つの柱に基づいて再整理が図られた．

第4節　平成29年版小学校学習指導要領社会科の目標構成

　社会科ではどのような目標が立てられているか．表3-2に，平成29年版小学校社会科の目標を整理した．教科全体の目標には，これまで一文で示されていた包括目標に加え，前述の資質・能力の三つの柱に沿って書き分けた目標が付加されている．各学年の目標も，教科全体の目標と同様の構成となっており，資質・能力の育成の視点から目標記述を一貫させようとする意図が読み取れよう．以下では，H20年版と対比しながら，具体的な目標構成の特徴を検討しよう．

表 3-2 平成 29 年版小学校学習指導要領社会科の目標構成

		知識及び技能	思考力・判断力・表現力等	学びに向かう力，人間性等
教科全体の目標	社会的な見方・考え方を働かせ，課題を追究したり解決したりする活動を通して，グローバル化する国際社会に主体的に生きる平和で民主的な国家及び社会の形成者に必要な公民としての資質・能力の基礎を次のとおり育成することを目指す．			
		地域や我が国の国土の地理的環境，現代社会の仕組みや働き，地域や我が国の歴史や伝統と文化を通して社会生活について理解するとともに，様々な資料や調査活動を通して情報を適切に調べまとめる技能を身に付けるようにする．	社会的事象の特色や相互の関連，意味を多角的に考えたり，社会に見られる課題を把握して，その解決に向けて社会への関わり方を選択・判断したりする力，考えたことや選択・判断したことを適切に表現する力を養う．	社会的事象について，よりよい社会を考え主体的に問題解決しようとする態度を養うとともに，多角的な思考や理解を通して，地域社会に対する誇りと愛情，地域社会の一員としての自覚，我が国の国土と歴史に対する愛情，我が国の将来を担う国民としての自覚，世界の国々の人々と共に生きることの大切さについての自覚などを養う．
3学年の目標	社会的事象の見方・考え方を働かせ，学習の問題を追究・解決する活動を通して，次のとおり資質・能力を育成することを目指す．			
		身近な地域や市区町村の地理的環境，地域の安全を守るための諸活動や地域の産業と消費生活の様子，地域の様子の移り変わりについて，人々の生活との関連を踏まえて理解するとともに，調査活動，地図帳や各種の具体的資料を通して，必要な情報を調べまとめる技能を身に付けるようにする．	社会的事象の特色や相互の関連，意味を考える力，社会に見られる課題を把握して，その解決に向けて社会への関わり方を選択・判断する力，考えたことや選択・判断したことを表現する力を養う．	社会的事象について，主体的に学習の問題を解決しようとする態度や，よりよい社会を考え学習したことを社会生活に生かそうとする態度を養うとともに，思考や理解を通して，地域社会に対する誇りと愛情，地域社会の一員としての自覚を養う．

1. 社会的見方・考え方の育成

まず教科全体の目標の冒頭に，「社会的な見方・考え方を働かせ，課題を追究したり解決したりする活動を通して」という表現が見られる．「社会的な見方・考え方」は，今次改訂において小・中・高等学校の目標に共通して示されたものである．また各学年の目標において「社会的見方・考え方」は，「社会的事象の見方・考え方」と書き改められているものの，社会的事象に係る課題追究的，問題解決的な学習活動の中で働かせるものとして捉える点は共通している．

「社会的な見方・考え方」とは，『解説』によれば，「社会的事象の意味や意義，特色や相互の関連を考察したり，社会に見られる課題を把握して，その解決に向けて構想したりする際の「視点や方法（考え方）」である」とされる．また「社会的な見方・考え方を働かせ」るとは，こうした「視点や方法（考え方）」を用いて課題を追究したり解決したりする学び方を表すとともに，これを用いることで児童の「社会的な見方・考え方」が鍛えられていくことを併せて表現しているとしており，「見方・考え方」を用いて学ぶことが，「見方・考え方」それ自体も

鍛え成長させていくという相互的な関係が表現されている．

また「視点や方法」については，「位置や空間的な広がり，時期や時間の経過，事象や人々の相互関係などに着目して（視点），社会的事象を捉え，比較・分類したり総合したり，地域の人々や国民の生活と関連付けたりすること（方法）」とされ，社会的事象を空間や時間，及び社会関係の視点から総合的に捉えさせる小学校社会科の特徴を表現したものとされている．

さらに『解説』では，これらの「視点や方法」をそれぞれ具体的な問いに変換して－例えば，位置や空間的な広がりであれば，分布，地域，範囲を問う視点から，どのような場所にあるか，どのように広がっているかなどと問うなどして－，それぞれの社会的事象について調べ，その様子や現状などを捉えて考えたり，選択・判断したりするという学習の進め方を示している．『解説』のレベルとはいえ想定される学習の進め方が示されているわけである．

2. 「知識・技能」「思考力・判断力・表現力」の育成について

「見方・考え方を働かせる」ことで，社会科では何を身に付けさせるのか．『解説』では，社会的事象に係る学習の問題に導かれながら，様々な資料を収集し，読み解き，まとめ表現する技能を働かせる活動の中で，社会的事象の特色や相互の関連，意味を考えること（考察）と，社会に見られる課題を把握して，その解決に向けて社会への関わり方を選択・判断すること（構想）という，思考・判断の方向性が示されている．そして知識については，そうした活動の結果として身に付けるものという考え方を示すことで，能力主導の編成であることを示唆している．

「思考力・判断力・表現力」の育成については，従来も見られた「社会的事象の特色や相互の関連，意味を考える」ことに加え，社会的課題を捉え，社会にどう関わるべきか，関わり方を選択・判断するという方向性が明示された[7]．

3. 「態度形成」について

H20年版の目標と比べ，H29年版では態度目標に関わる記述が，知識・理解の目標記述から切り離され，三つの資質・能力の一つとして独立して示された．また地域社会や国家への「誇り」「愛情」「自覚」などの形成については「多角的な思考や理解を通して」という表現が加えられているように，偏りのない学習を志向したものとなっている．しかしながら，これらの記述はあくまでも目標記述上のことであり，現実の実践においては内容の選択を規定する教科書検定等の制度上の制約が存在することにも留意しておきたい．

4. 特質と課題

H29年版社会科は，「社会的な見方・考え方を働かせ」ることを目標に組み込

[7] しかしながら，個人的レベルでの社会への関わり方を考えるだけでは，社会的な問題を生み出す社会の構造や社会的課題の解決を図る法制度の認識が不十分となりうる可能性も指摘されている．例えば，溝口（2001）を参照されたい．

むことにより，身に付けさせたい知識や技能と思考・判断・表現とを結ぶ，学習活動の構成の仕方を示唆するものとなった．目標間の繋がりが見えにくく，個々の教師の裁量に委ねられていた学習の在り方についても方向性を示すという，これまでにない踏み込んだ改訂となっている．この点で，社会科の授業構成の仕方について一定の見通しを与えるものとなったものの，一方で近年の学習指導要領改訂に見られた大綱化の流れに逆行し，教育内容のみならず，学習の方法や過程についても緩やかではあるが規定するものとなっている．

第5節　目標研究に向けて

　　社会科教育の目標や学力に対する考え方は多様である．歴史的にも様々な目標・学力像が提起されている．

　学習指導要領に規定される社会科の目標も，各改訂時期の社会の動向や社会科教育を取り巻く諸学問の理論的発展に影響される．その意味で，規定される目標は唯一絶対のものではなく，常に相対的であり，批判的考察や検討が求められるものなのである．社会科教育の目標を深く考察する上で重要となる三つの視座を，最後に整理しておこう．

　第一は，一教科としての社会科に固有の目標を検討する視座である．教科は，並列して存在する他の教科群から独立した，固有の特質をもっており，またもつべきである．それぞれの教科が人間形成において果たすべき機能や役割を明確にしてこそ，よりよい教科の教育が実現できる．こうした前提に立てば，例えば，その教科がつくられる目的や教科の存在理由を説き明かしたり，過去・現在の内外の教育に見られる教科目標から，普遍的な，教科固有の目標を明らかにしたりするような研究も求められよう．目標研究は，多様な社会科教育論の研究を必要とするのである．教育現場において多様な教育目標の実現が求められる中，社会科の教育でこそなしうる目標を見定め，実現することが求められるからである．

　第二は，社会科の目標だけでなく内容や方法に至るまで，教科の在り方を貫く原理を捉える視座である．教科教育は子供に獲得させたい資質や認識を目標として設定するが，目標−内容−方法を貫く資質形成の論理とその実際的帰結を明らかにしてこそ，その教科が人間形成において果たす役割が明確になる．またなぜそのような教科目標が求められるのかも明らかにすることができる．教科独自の目標を実現させるための論理と方法を具体的に考えることが求められるのである．その意味で目標研究は，内容や方法の研究と一体化させて考える必要がある．

　第三は，教科教育の実践を担う教師の選択や判断から教科の目標を捉え直そうとする視座である．教師は教科の目標をふまえて実践を行うが，実際には，課程や単元，授業のレベルで目標を分節し，階層化・重層化された形で目標を柔軟に組み替え，統合しながら実践に取り組んでいる．こうした教師の営為が日常の実

践を支え，創り出していると考えるならば，個々の教師が目標を独自の方法で設定したり，編み変えたり，束ねたりする方法や過程に着目し，それを具に記述するような，実際的な教科教育の目標研究が求められるのである．こうした教師の営みに焦点を当てるならば，目標研究は，一時間や小単元という短期的スパンで多様な目標の育成を図る方法ではなく，中・長期的な視点から，目標間の調整を図りながら実践を作り出す，カリキュラムの研究へと繋げることが求められるだろう．

学校の状況や子供たちの実態を踏まえながら，多様な目標・学力像の主張を見据え，あるべき目標を選択し，実践を通して具体化するのは教師の役割である．社会科を教える教師には，社会科が育成を目指す資質・能力や形成を目指す学力像を絶えず吟味・検討し，自らの社会科教育観の再構築を図っていくことが求められよう．

参考文献
文部省「学習指導要領社会科編Ⅰ（試案）」1947年．
文部省「小学校学習指導要領補説」1948年．
中央教育審議会教育課程部会「次期学習指導要領に向けたこれまでの審議のまとめ（素案）」2016年．
片上宗二「社会科の学力」日本社会科教育学会編『新版 社会科教育辞典』ぎょうせい，2012年．
大杉昭英『アクティブラーニング 授業改革のマスターキー』明治図書，2017年．
安彦忠彦「学習指導要領の原理的考察と今次改訂の特質」日本教育方法学会編『学習指導要領の改訂に関する教育方法学的検討 「資質・能力」と「教科の本質」をめぐって』図書文化，2017年．
溝口和宏「開かれた価値観形成をはかる社会科教育：社会の自己組織化に向けて」社会系教科教育学会『社会系教科教育学研究』第13号，2001年．
溝口和宏「教科教育の目標研究」日本教科教育学会編『教科教育学研究ハンドブック』教育出版，2017年．

第4章

小学校社会科教育のカリキュラム・マネジメント
―教科の目標を達成するために，教師はどのように社会科の運営をするか―

第1節　小学校教師の社会科のカリキュラム・マネジメント的悩み

とある小学校教師の社会科にまつわる悩みである[*1].

*1　こうした事例は何も学校の「特殊事例」ではなく，私たちの学校はそれぞれに「特性」があり，多かれ少なかれこうした事例の要素は存在している.

> **事例1**
> 　私の職場は，半数以上がいわゆる，外国人の子どもたちです．教室には多くの中国やベトナムにつながりのある子どもがいます．日本語の問題ももちろんあるのですが，社会科の授業ではいつも身につまされますね．歴史の授業なんか顕著ですが，なぜこの子たちはこの内容を学ぶんだろうって……思うときがあります．

> **事例2**
> 　地域は過疎化していますね．統廃合の話もあるのですが，ひとまず，来年度からは3・4年生，5・6年生の複式学級による社会科授業を進めていくことになりました．初めての経験です．どうやって授業を動かしていくか，悩みます．

> **事例3**
> 　小学校で教科の授業をしていくときの一つの難しさは，学年団で授業を動かしていくことですね．昔はそれぞれの教員がある意味で好きなように授業を動かしていっていたのですが，今の時代それが難しく，若い先生が増えてきたこともあって，できるだけ学級で差の起きないように，授業を進めていくことが必要になります．そうすると，ある単元だけ工夫を凝らしていくというのは難しくて，学年全体で動かしていく．忙しさの中でどうしても，教科書に沿って進めていくしかないという状況が起きてきます……[*2].

*2　2000年代に入るころまでは，教師の自前による授業研究サークルなども盛んだった．土曜日が授業日になったころから，そうした活動が徐々に難しくなってきているといわれている．

> **事例4**
> 　小学校の社会科教科書は，他の教科書に比べてとても扱いが難しいと思います．なぜって，出てくる事例が「庄内平野の米づくり」になっているのだけれども，そもそも私のいるところは九州．庄内平野で授業をしなければならないのだろうかと，疑問に思ってしまいます．

この四つの教師の悩みの事例，私たちは小学校社会科教育を考える上で，どう解決していけばいいだろうか．

従来，社会科教育に熱心に取り組む教師たちは，改善の視点として主に「授業づくり」というアプローチを用いてきた．ここでいう「授業づくり」とは1時間単位の授業ではなく，複数の時間をあつめた「単元」という単位で解決を図っていくことが多かった．問題状況を打破するために，どのような単元計画をつくるかが，解決のための基本的な道筋であった．

しかし，「いかに単元を作るか」という視点では，こうした事例への対応は難しい．どの事例も，社会科の授業を推進していくための「環境」に根ざす問題だからである．

例えば，事例1は小学校現場に多くの外国人児童が在籍している状況である[*3]．たしかに，学習指導要領の上では，こうした問題が直接的に社会科の指導状況に変更を迫ることはないかもしれない．しかし，多くの「日本の」社会を中心に描く社会科のカリキュラムと教科書は，そうした社会的基盤を同じくしない可能性のある子どもたちにとって配慮が必要だろう．また，子どもたちの社会認識の形成，国境を越えたアイデンティティを持つ子どもたちの市民的資質の形成の上でも，なんらかの配慮が必要になりそうである．ただし，それは「単元」という形で実現が可能とは言えないかもしれない．なぜならこれは，社会科の全体に根ざす問題だからである．

事例2は複式学級にまつわる問題である．複数の学年にまたがって授業を展開していくということは，それぞれの異なる学年を見ながら，それを同時に動かしていくということである．社会科の場合は――例えば3，4学年がそれぞれまとめて作られていることに象徴的であるが――算数や理科に典型的なような，「内容の積み上げ」（前の学習が理解できなければ次ができない）の度合いは薄い．だからこそ，何をどのような順序で進めていくかは状況によって変更が可能となる．それぞれの学年で別々の内容をするのか，それとも一緒に進めるのか，などの葛藤があるだろう．

こうした状況は，日本の地域がグローバル化と同時に少子高齢化している中で，特に珍しい状況ではなくなっている．

また，事例3は近年「チーム学校」という言葉に代表されるように，教員は一人で実践を進めていくのではなく，職員の共同体の中で実践を進めていくことが強調されるようになってきている．そうした中で，教員も，教科の授業を一人でスタンドプレーのように進めるのではなく，多様な学年担任集団がそれぞれの学級でも足並みを揃えながら教科の授業を進めていくことも求められるようになった[*4]．

事例4は社会科では典型的な問題であるが，教科書に載っている内容の事例と，学校のある地域が異なっていることである．そのため，社会科では3，4年生で

[*3] 外国人児童生徒は，小学校だけでも約50,000人．そのうち日本語指導を要する子どもは22,000人といわれている（文部科学省，2016年）．ただこれは，帰化したり，日本生まれの子どもが入っておらず，「外国につながる」という意味ではさらに増えるはずである．社会科の場合は，日本語指導の対象者であるかどうか以上に，教室の子どもたちがどのような文化的背景を持っているか，の方が重要になる．

[*4] 多くの社会科の実践報告は教師個人のものが多いが，本来子どもたちは学校や地域の多様なかかわりの中で育っている．その点では，社会科の実践も，「学年団としての」発表や，「学校全体」での取り組み，他教科との関連での発表などが増えてほしいものだ．

はよく「副読本」という形がとられることが多い．しかし，5年生以降はそうしたものはない．そこで教科書では米作りが庄内平野を舞台に行われるが，九州地方の小学校では庄内平野でいくべきか否か．また，例えば沖縄の小学校で6年生の歴史をどのように取り扱っていくか．こうした，教科書と学校の地域のズレの調整という問題も社会科では問題となって現れる．

　こうした問題を，私たちはどのようにして解決していく必要があるのだろうか．以下では，こうした問題の解決を，社会科の推進を「授業」からもう少し広い枠として「実践」に広げ，「カリキュラム・マネジメント」の視点から考えていこう．

第2節　社会科教育におけるカリキュラム・マネジメント

1.「授業」から「実践」へ－授業と環境の関係性を捉える

　第1節の事例でもとりあげたように，これらの解決には，従来の「授業づくり研究」という社会科教師の観点からは太刀打ちできないことが多い．しかし，上のような問題は必ずしも「単元」という単位では捉えきれない問題が多くあるはずである．ここで重要なのは，「関係性をとらえていく」という視点である．

　「実践」と「子どもの特性」の関係，「実践」と「学校」の関係，「実践」と「同僚」の関係，「実践」と「地域」の関係――先の事例は，小学校教師が社会科を実践するときにもこうした関係性[*5]を考慮しながら進めていくことが重要であることを示している．

*5　これを「レリバンス」（relevance）という．

　そして，上のような関係性を考慮に入れて考えていくときには，それは社会科を行うときに「単元」とそれを時間ごとに分割した単位の「授業」で捉えるだけでは難しい．

　社会科の自身の授業を，外側のさまざまな「環境」と関連づけて生み出し，実行すること．その上で，ロングスパンの長い視点を持って，長期的にどのように実践を方向付けていくのか．それを見越しながら今，ここで何を行っていくのか．これを考えていく必要がある．そのため，こうした多様な環境を絡めた視点から社会科の推進するとき，それを「実践」と呼びたい[*6]．「社会科実践」は「社会科授業」の範疇を超越した視点を持たなければならないのである．

*6　よく「授業実践」というが，これは実践の中で「授業」にフォーカスをあてたことを指しているのであり，けして「授業＝実践」ではない．

　社会科的な教育活動を「授業」という範疇を越えて考えていくことは，小学校教師にとってはそれほど難しいことではない．というのも，学級担任制である小学校教師は，従来から頭の中でさまざまな教科や活動と関連づけて社会に関わる学びを進めていくことはあった．例えば，朝の会で代わる代わる子どもたちがスピーチを行うことは多くあった．こうしたことは「国語」との関わりで意識されることは多かったが，「新聞記事の気になるもの」の発表などにすれば社会科との関連づけもそう難しくはない．児童会を通した自治活動もそうだし，修学旅行なども関係付けられるだろう．こうしたことを「社会科の推進」と関連づけ，意

識してくことが大切である．

2. 社会科教育におけるカリキュラム・マネジメント

上にあげたような，さまざまな教科や活動と関連づけて社会科を進めていくことは，これまでも無意識的に教師たちの実践として進められていた．しかし，ここ近年は文部科学省からも，学習指導要領の実施と関わらせて，明示的にこうした視点を教師が持っていくことの重要性を語るようになった．これが，「カリキュラム・マネジメント」である．2015（平成27）年には文部科学省中央教育審議会初等中等教育分科会で「カリキュラム・マネジメント」の視点として，以下のように示された．

> 1 各教科等の教育内容を相互の関係で捉え，学校の教育目標を踏まえた教科横断的な視点で，その目標の達成に必要な教育の内容を組織的に配列していくこと．
> 2 教育内容の質の向上に向けて，子供たちの姿や地域の現状等に関する調査や各種データ等に基づき，教育課程を編成し，実施し，評価して改善を図る一連のPDCAサイクルを確立すること．
> 3 教育内容と，教育活動に必要な人的・物的資源等を，地域等の外部の資源も含めて活用しながら効果的に組み合わせること．
> （文部科学省中央教育審議会「初等中等教育分科会（第100回配布資料）　教育課程企画特別部会　論点整理4　学習指導要領等の理念を実現するために必要な方策」（2015年9月）より）

この視点はまさに，「関係性」の視点である．社会科の授業と子どもの特性や，地域，学校の環境と授業で教える内容やその上で身につけるべき能力との関係性を述べている．また，評価の視点も重要である．ここでいう評価とは直接的に子どもたちの能力の達成を考えるものと考えるべきではない．それよりは，実践の状況を把握しながら，「次の一手」をどのように考えていくかを思考することを指す．その延長上で，ロングスパンの実践を形作っていく．そうした視点としての評価と捉える必要がある．

では，実際に教師は，どのようにこうした視点を持ちながら社会科の実践を行なっていくのだろうか．二つの事例を見ていこう．

第3節　社会科教育におけるカリキュラム・マネジメントの具体的例

1. A小学校の西山先生の場合[*7]

A小学校は，ある国立大学の附属小学校である．500年前の戦国時代に大名が一時代を築き文化が花開いた古い町の真ん中に位置する小学校である．教師生活18年で附属に赴任した西山先生は，大学時代は特別支援教育の専門コースにいたのだが，附属小学校の転任と同時に社会科の担当となっ

[*7] 西山先生のエピソードは筆者がかつて（2010年代）1年間教室に通い，参与観察したものをもとに再構成した，実際に基づく，架空のストーリーである．

た．現在の学校に 2 年勤め，ようやく附属学校における社会科担当ということも慣れてきた．

　西山先生は現在 6 年生担任である．社会科の 1 年間は次のように進んだ．

　4 月．この時期西山先生にとって重要なのは子どもたち同士の関係の構築だ．授業は教師と子どもを結びつけていくための重要なツールである．子どもたちの中にある「学ぶことによって先生に認められたい」という欲求をうまく引き上げていくために，社会の授業では積極的に「考える」「発表する」「全体で共有する」という展開をつくる．

　例えば，「『ムラからクニへ』とはどう変わったのか．ムラがクニになる過程を図化しよう」という形で問いを出し，子どもたちがノートにその過程を想像で図化して，それを全体で共有しながら進めていく．ここでは，古代の日本の学びそのものよりも，頑張っている子どもがそこで紹介されるなどをして，クラスで「学ぶ」ということについての共通の価値観の土台を作ることを，西山先生は重要視している．

　7 月になると，次第に西山先生は「社会科ならでは」の学びの意味を追求し始める．例えば地域の戦国時代の大名の文化を学びながら，京都から離れながらも「京都以上に栄えた都市」としてヨーロッパにも伝えられたことを紹介しながら，「なぜ京都から離れたこの町で，外国に伝わるほど文化が栄えたのか」を追求する．日明貿易の変遷の資料を読み解きながら，自分たちの町が栄えた理由を探っていく中で，室町時代・中世の特質を学んでいく．

　この時期にこうした授業を少しずつ入れ込んでいく西山先生の脳裏には，10 月に開かれる附属小学校の研究大会のことも頭にあるようだ．そこで子どもたちがしっかりと考える力をつけている状態にするには，7 月のこの時期くらいから少しずつ，教科らしい学びに触れ，しっかりと考える機会を与えていく必要があると考えている．また，そうした「学ぶことが楽しい」と思える教科の内容を進めていき，それに対して達成感を持たせることが，二学期を乗り切るためにも大事だと考えている．クラスが 4 月に比べて安定してきたこともあって，「勉強をするモード」のようなものも子どもたちに生まれてきた．10 月の研究大会は子どもたちも 6 年間の中で見せ場であることはわかっている．それをうまく使いながら「みんなで頑張っていこう」という空気を作っていこうとしているのだ．

　10 月の研究大会が終わり，12 月ごろになると，クラスは次第に卒業を意識しながら，落ち着いた雰囲気になってくる．7 月から 10 月の間の研究大会に向けてガツガツと授業をしていたムードも変わり，ゆっくりと授業を進めていく．社会の授業でも，単元の教材研究ものすごく深めるというわけではなく，これまでの学びの土台をうまく使いながら進めていく．例えば，オリジナルの資料を用意するというよりは，教科書にある資料を積極的に使い

ながら「働く権利」と「働く義務」とあるけれど，働くってどっちなんだろうと投げかけながら，子どもたちがそれについて話し合っていく．こうしたことが自然にできるのは，これまでの中で，考えることや話し合うということについての価値を子どもたちとともにクラスの土台としてきた結果でもある．西山先生の中では，社会科を自分の担当教科として，中心に据えながらも，それに限らず，子どもたちが全員参加をして，楽しい・学んで良かったと思える能力をつけていこうとしている．そのために，日々の教科書の資料の中からも，そうしたみんなで考える価値に値する探求のたね，問題解決のたねを見つけ，力をつけようとしている．そうしたことが，結果的に知的関心を高め，深く考える，社会の認識を深めていくようになると考えている．特に社会科の場合は，「問題解決能力を育てる1丁目1番地」として動かすことが可能だと思っているようだ．

この西山先生の1年間から，どのようなカリキュラム・マネジメントが見出せるだろうか．

西山先生は附属小学校の社会科担当という立場である．この立場が，自身の1年間の社会科をさまざまなものと関連付けさせながら動かしていることが見て取れる．

一つ目に見出せるのは，西山先生の社会科の1年間と学校行事との関連付けだ．附属小学校という特性上，毎年10月には研究大会がある[*8]．研究大会は，子どもたちにとっても，教師にとっても，「学校外のさまざまな教育関係者の来訪」という中で，自分たちのコミュニティを外に見せる大きな見せ場である．「研究大会」という非日常の舞台を学校が用意してそれを動かしていくことには賛否両論あるかもしれない．が，少なくとも西山先生はこれを「見せ場」としてそれを「乗り切る」という状況を子どもたちと踏んでいくことで，うまく子どもたちを壁に向かわせ，乗り越える体験を作るという成長システムに位置付けている．研究大会という教室・学校の外部が授業の成果を見にくるという行事は，このように子どもたちの教科の学びを促す仕掛けに転化することができるのだ．それに向けて社会科らしい学習を経験させていくことで，学習の基盤をつくることができるようになっている．

二つ目に，西山先生の実践では「地域との関連付け」も見られる．これは社会科では従来からも意識されてきたことである．ただ，西山先生のこの1年間の流れの中でそれを見ると，日常的に関連づけを行っているわけではない．3，4年生の地域学習単元ではないため，もともと関連付けは学習の中心ではない．しかし，地域との関連が強く生まれやすい場面（今回で言えば戦国大名によって開かれた地域の伝統文化と歴史の流れの関係づけ）でそれを生かしている．また，それは単なる社会科の認識形成の点だけではなく，1年間の中で7月の時期にこう

*8 研究大会でなくとも校内研究や授業公開は最近とても多い．それをネガティブなものにとらえるのではなく，子どもたちと乗り越える共有のハードルにして，ポジティブに向き合うこともできる．

したことを行い，社会科らしい追究課題に子どもたちに触れさせていくことで，それをもって社会科を含めた広範囲な「教科の学習に問題解決的な思考を巡らせて学んでいく力」の育成につなげようとしている．

また三つ目に，子どもたちの能力形成との関連付けを行っている．上の学校行事との関連や地域との関連もそうだが，このような関連付けを通して，1年間の中で西山先生がねらいとしている，主体的に考える力，問いを追究する力として「問題解決をしていく力」という言葉を用いて，全体的な動きの中で育てている．西山先生は立場上社会科を問題解決の力を育成する中心の教科とみなしている．しかしそこでは，「単元をどうするか」以上に年間の育成を重要視している[9]．学校行事としての研究大会や地域の素材は，あくまでツールである．そうしたことをくぐり抜ける中で，意欲付けや教科学習の大事なことに実感を持って納得していくことが重要視されているのである．

2. B小学校の藤沢先生の場合[10]

> B小学校は，地方都市の中心部にある公立小学校である．ここに小学校の教諭となって7年目の藤沢先生は赴任して来た．この小学校は第二次世界大戦で大きな被害を受けた地域であること，戦後復興の経緯の中で学校の中には在日コリアンや中国帰国者の子どもたちが多く在籍している．近年は東南アジアから転入してくる子どもも多い．こうした子どもたちは日本語指導を受けているが，クラスの中での教科の授業にいつも対応できているかというとそうでもない．そのため，クラスの中でも配慮が必要である．
>
> また，地域にも外国人住民は多く，近年は少なくなって来たものの日本人と外国人の住民の間で対立することもあった．全体的に経済的状況の厳しい家庭が多く，そのため大学進学の割合も低い地域である．
>
> 藤沢先生はB小学校に赴任して3年がたった．今年は6年生担任である．当初は戸惑いも多くあったし，これまでの授業の経験が通用しない場面も多々あった．教師1人の力では対応できるものばかりではない．そのため，校長・教頭先生や教務主任，他学年の先生とも密接に状況を共有している．
>
> 公立学校であるということもあり，普段から社会科の授業ではあえて「単元」を意識した授業をすることは少ない．基本的には教科書に沿った学習を展開している．ただし，クラスの中は基本的に低学力の子どもも多く，日本語は第二言語の子どもも半数を占めている．そのため，常に授業では教師自身が用いたり，教科書に登場する「ことば」に注意を払っている．
>
> 例えば社会科の授業では，教科書に出てくる「絵」の資料を積極的に用いる．「40ページの家の絵をみてください」「これは誰がすんでいる家でしたかね」と問いかけ，子どもたちから「偉い人」「金持ち」という言葉が出る．

[9] もちろん，「単元」という単位は授業を考える基本として重要だ．ただ，「それのみ」ではなく，ロングスパンの目や，あるいは，次の例にあるような，「もっとショートスパン」の目も重要なのである．

[10] B小学校もA小学校と同じく，筆者のフィールドワークをもとに再構成したエピソードである．

間髪を入れず「そういう人のことを何ていったっけ？」と問いかける．子どもたちから「…貴族？」という言葉が出る．それを踏まえて「じゃあ 48 ページの絵は誰が住んでいるのかな」と問いかけ，「武士だろう」という子どもの声が出る．こうして絵を見ながら時代として重要な「貴族」と「武士」という言葉を確認する．その上で，「40 ページの貴族の家と 48 ページの武士の家を比べると，どんな違いがありますか」と示すようにしている．こうすると，明確にページの比較の際に重要な言葉を用いながら学習に参加できるようになる．

　このような形で社会科の授業は進められていくが，今年度に社会科を越えた特別なものとしていくつかのことを学校では試みている．

　総合の枠を用いたもので，一つは県外から修学旅行としてやってくる同じ 6 年生の子どもたちに，B 小学校での平和学習の取り組みを紹介することである．校区内にある戦争遺産の学習が，卒業した子どもたちのものも含めて，校内のいろいろなところに掲示されている．それを今の 6 年生の子どもたちが，何が書いてあるかを把握した上で，他県の子どもたちを前に紹介していく活動だ．総合の学習を用いながら，クラスで担当を作りながら，誰が紹介をしていくかを決めていく．2，3 人のグループになった子どもたちは，何が書いてあるかを調べ，自分たちでも見にいくなどを繰り返しながら，「同じ 6 年生の，よその学校の子どもたち」に説明するプレッシャーと向き合いながら説明の練習をしていくのである．

　またもう一つは，6 年生のクラスの子どものお祖父さんから，参観日の日に戦争の記憶の語りを伺うことである．お祖父さんは中国残留孤児で，長く中国で暮らしたために，日本語はたどたどしい．日本語指導教室の非常勤の中国人の先生に通訳をお願いしながら，中国語と，たどたどしい日本語を織り交ぜながら子どもたち（孫の子どもも含む）は戦争の記憶を聞くのである[*11]．

　このように，B 小学校の藤沢先生は，社会科の授業を進めていく日常では，それほど大きな単元を用意するわけではない．むしろ重要視しているのは「1 回 1 回の授業の中での丁寧な理解の醸成」である[*12]．子どもの特性である「日本語が第二言語である」ということを意識しながら，日々の授業は常に，「視覚的なこと」を意識する．また，社会科として重要な用語を意識する．単に用語を解説するのではなく，文脈の中で用語に注意をもたらし，かつ，その用語を使いながら学習参加ができるような言葉がけを普段から行っているのである．子どもたちの全体の低学力のことも含め，教科書を丁寧に進めていくことで「わかる」という感覚を多くの子どもたちに実感させていくことが，この学校の子どもたちには何より重要で，それが「僕は勉強ができない」という感情をつくらないことにつながっていくと考えているのである[*13]．

*11 このように，社会科の行事と学校行事は関連付けやすいものが多く，そうした視点はもっと探してみてもいいだろう．

*12 このような，授業のユニバーサルデザインの視点は，社会科に限ったことではないが，非常に重要である．

*13 授業の達成はその意味で「わかる」だけでも，資質形成だけでもなく，自尊感情や自己肯定感の面からもとらえていくべきである．

もう一つは，社会科ではなく，学校行事や総合学習と関連づけて，「平和学習」を行っていることである．Ｂ小学校の場合，歴史的に戦争遺産が校区内に多くある．それらを活用していくことが，自分たちのルーツとなる歴史を知ること，他者にどう伝えていくかを考えることにもつながり，結果的に市民性の育成に繋がっているのである．その際には，普段勉強に向き合いにくいからこそ「プレッシャーのある課題」かつ「子どもたちが見せ場を実感できる」という状況を作る．校区に修学旅行でやってくる他校の子どもたちの存在をうまく使い，行事として学校交流を企画することは，まさにそうした適度なプレッシャーと見せ場，達成した時の実感をつくることにつながっている．クラスの子どもの祖父から残留孤児の経験を聞くことも同様である．地域の人材を活用し，また，それがクラスの外国人児童のルーツとなる人であることを念頭に置きながら語りを聞くことが子どもたちにもたらす効果は，歴史の理解だけではない．学級の多くの子どもたちにとって関係する中国と日本の関係，そのルーツを持っていることの実感にもつながる．また，日本語をたどたどしいながら懸命に駆使して伝えようとする祖父の姿は，孫の子どもだけではなく，第二言語でこの社会に生きて行かざるを得ない多くの子どもたちにとって，確実に勇気を与えることになるはずである．参観日であるということは保護者たちもそれを見る．地域の中にいる外国人の大人はもとより，そこに接する日本人の保護者にも，それが意味することは大きい[*14]．

*14 このように，授業によってマイノリティの子どもたちをエンパリメントしていくことは学習の上でとても重要である．

第4節　社会科の実践とカリキュラム・マネジメント

　第3節では，Ａ小学校の西山先生とＢ小学校の藤沢先生の1年間の姿から，どのような点を意識して社会科を運営しているかを眺めてみた．

　二つの小学校は，一方は附属小学校，もう一方は公立小学校である．子どもたちの様子も，学校が持つ使命も，地域の課題も異なっている．しかし共通しているところがある．

　一つは，両教師は，ともに社会科の実践を「単元」を単位として常に見ているわけではないということである．たしかに，授業を新たに考えたりするとき，私たちは数時間の単位で「単元計画」を考えることは，計画の緻密性，目標や理念を具体化させるための練習として重要かもしれない．しかし，社会科の実践はそれだけで動いているわけではない．むしろ小学校の場合の教師の視点は「社会科で何をするか」以上に「子どもたちの能力を総体としてどう育てていくか」を重視している．小学校教師はその意味で全人教育の教師であり，教科はある意味でそれをつくるための一部門，ツールなのだ．そのため，必ずしも年間で見たとき「単元」に教師はこだわっているわけではない．

　ただし，何も考えていないわけではない．両先生とも強く「目標能力」を持っている．Ａ小学校の西山先生の場合，それは「問題解決の力」と先生が呼ぶ，考

える力や問いを追究する力である．B小学校の藤沢先生の場合，それは「自尊感情の形成」「文化とのつながり」という自己のアイデンティティと関係する部分である．それに関連して「わかるようになること」「自分たちで説明すること」への実感である．こうした地域や学校の子どもたちの特性と関わる部分から，重要な「目標能力」を捉えている．

　もう一つ共通しているのは，そうした「目標能力」をけして「単元」のみにそれを当てはめることを積極的にするのではなく，「日々の授業の活動や言葉かけ」や「行事」の中に入れ込み，それを常に関わらせているのである．そのためには，あらゆるツールを使う．地域の素材，学校行事，学校外の人材……そうしたリソースを駆使して日常の授業に関連付けていくのである．カリキュラム・マネジメントとはしたがって，学習指導要領というカリキュラムを「単元」の形で細分化し，それを連鎖させていくことではない．あらゆるリソースを戦略的に用いて，地域・学校・子どもたちの特性と関わらせながらロングスパンで人を育てていくための視点である．

　従来，教師の世界において「カリキュラム」とは「学習指導要領」を指していた．したがって，「カリキュラム」について考えるのは行政の役割で，教師の仕事はその中で具体的に示された内容をいかに単元化し，授業化するだと捉える歴史が長く続いた．

　しかし，現在はそうではない．「カリキュラム・マネジメント」とは，学習指導要領に書かれたことを参照しながら，自身や学校でそれぞれが地域や子どもの特性を見ながら「目標能力」は何かを具体的に考えること．そしてそれをロングスパンで育むこと（つまり毎日の実践として育むこと）．その目標を達成するためには，日常のあらゆる場面で常に，リソースを戦略的に関わらせていくような視点が必要となる．つまりは「学習指導要領」は参照枠であり，それをもとにオリジナルのロングスパンの運営・経営をいつも考える主体的調整者（ゲートキーパー）に教師はなっていく必要がある．そうした視点は結果的に，子どもたちに社会に生きていくための力をつけていくことはもとより，質の高い学校づくり，地域づくりにもつながっていくのである．

参考文献
ソーントン，S. J, 渡部竜也，山田英和，田中伸，堀田諭（訳）『教師のゲートキーピング-主体的な学習者を生む社会科カリキュラムに向けて』春風社．
ニューマン，F. M. 渡部竜也，堀田諭（訳）『真正の学び／学力-質の高い知をめぐる学校再建』春風社．

第5章

小学校社会科の学習指導計画づくりと教師の役割
―教師は様々な学習形態の社会科授業を見て，何を学び，自らの社会科授業をどのように構成すればよいのか―

第1節　小学校に見られる社会科の学習指導計画づくりのスタンダード

1．問題解決的な学習指導計画づくり

　社会科の授業において，これが正解という学習指導計画はない．それは小学校社会科授業が，計画を立てないまま，教師によって授業が成立するということではない．当然，指導計画を立てないままでは，社会科のつけたい力もつけることはできない．では，多くの教師は，正解のない多様な社会科の学習指導を，少ない時間の中でどのように計画立てているのであろう．

(1) 教科書を活用した学習指導計画のストロングポイント

　日常的な授業を行う際に，多くの教師が学習指導計画の指針とするのは，教科書である．教科書はすべての児童が必ず手元にもつ共通教材である．小学校では，社会科を専門としない教師も多い．学校によっては，専科制を導入する小学校も増えてはいるが，教師が社会科の教材研究は苦手という意識のまま，学習指導計画に臨む場合もある．そうした教師にとって，学習指導要領にも準拠した内容が盛り込まれている教科書は，大きな頼りとなっている．教科書どおりに学習を進めるということは，目標－内容で逸脱や漏れがなくなる．さらに，教科書には様々な資料が豊富に盛り込まれた優れた学習材でもあり，資料収集等の手間も省くことができる．

　同時に，児童に自覚化はされていないかもしれないが，単位時間の学び方も学ぶことができている．何を学ぶべきか参考となる課題が記され，その解決のために教科書内の学習者は発言をし，資料も活用している．教科書には，参考となる理想の教室の学びが描かれており，児童も教科書内の学習のように学ぶことが社会科授業のスタンダードなのだと感じ，実際の教室においても同じように学習を深めようとしている．

　例えば，多くの教科書会社の教科書では，単元を学習指導計画として，いくつかの段階に整理された構成がなされている．

> 学習問題をつかむ段階－調べる段階－まとめる段階－いかす（ひろげる）段階

多くの学校の社会科授業では，これから学習する社会的事象の中にある学習問題を把握し，その問題について数時間かけ調べていくことになる．最終的には最初の学習問題が解け，社会がわかるという構成がとられ，単元としてつかませたい知識が習得されていく．その後，その知識を用いて活用する段階となるのが，いかす段階やひろげるといった段階である．そのため児童と教師には，教科書どおり学習を展開すれば，単元の終わりへ至るというスタンダードな学び方が学ばれる結果となっている．

(2) 教科書を活用した学習指導計画のウィークポイント

学習が，成立することで，いつしか教科書の問題解決的な学習の構成に慣れ，教師自身も学習指導計画を立案する力を必要としなくなる．教科書は，学習指導要領に沿った学びの手引きではあるが，絶対的なものではない．

教科書の構成は，原則見開き1時間であり，限られたページの中には，日本中の児童が学べる典型例が紹介されている．当然，目の前のクラスの実態や地域の様子とは異なっている．教科書会社による社会の切り取り方にも意図があり，授業者が展開する授業の意図とは齟齬が生じるかもしれない．

同時に，中学年では地域ごとの副読本も活用される．副読本には，当然ながら地域性の高い教材例が掲載されている．中学年の学習においては，教科書よりも使用頻度は高い．一方で，教科書のような検定があるわけではなく，教科書以上に恣意性が高いともいえる．自治体によっては更新の期間も長く，最新の情報を反映していない場合もある．変化のスピードが激しい時代だけに，授業計画の段階で教科書以上に記された内容の吟味が必要である．

さらに，社会科教育では教師自身によって，社会的事象を反映した教材が開発されることも多い．教科書に慣れきると，教材の開発力も低下しかねない．そこで，教師自身が教科書や副読本を使用する場合も，批判的に捉え，子どもたちに合うように，教科書を教材としてどう使うか，教材研究を深め，学習指導計画を立てる力の向上に努めなければならない．

2. 学習指導計画の手順

学習指導計画の立案の中心は教師である．どんな学習にするのかといった最終決定も教師である．そこで教師にとって，学習指導計画に必要な手順と留意点について整理をしていきたい．

(1) 一年間の指導計画といわれるシラバス

シラバスは，学校の学習計画である．その学校に通う児童の学習が記されてい

る．そのため，学習指導要領の記述に立ち返り，その文言の検討から始める．当然，学習指導要領には社会科の目標，各学年の目標と学習内容，指導計画の作成と内容の取り扱いなどについて多くの情報が記されている．

　授業は，目標・内容・方法の統一体である．各学年の子どもへどのような認識内容を組み込むかは，地域や学校，児童の実態に即して一年間の中で学校・学年ごとに計画を立てればよい．しかし，単元の順序については，その学年で伝えたい内容に関する意図が貫かれているため，変更をする場合も教師は学習移動要領の記述について丁寧な理解が要求される．例えば，平成20年版までは6年生の学習では歴史単元が最初に位置付いていたが，平成29年版の改訂で政治単元が最初に位置付けられることになった．これは，主権者の育成[*1]を初等教育の最終学年でも，これまでより一層の取り組みを進めることが要求されていると捉えられる．同時に，歴史学習においても，社会科の見方・考え方が求められ，時間・空間・社会の在り方を複合的に考えることを，大事にするよう求められている．配列が変わることは小さなことのようだが，学習する児童の習得している見方・考え方を，どのように授業で活用するか考え合わせれば，6年生の目標で求められる到達点が，違いとなって現れることもある．

　授業には，「何のために」「何を」「どのようにして」学ばせていくのかという教師の一貫した理念が必要である．闇雲に一時間の授業を重ねていては，一年間の社会科像が見えなくなってしまう．学校として，3年生から6年生までの明確な計画を設置することは重要である．社会の変化が急速な昨今では，学習指導要領でさえも最新の社会の情勢が反映しきれていない場合も生じてくる．5年生の情報産業は，最新技術が数か月単位で発表され，人々の暮らしは影響を受け変化をしている．気を付けなければならないのは，実際の社会の変化は重要であるが，社会科は表面的な変化の学習を目指してはいない．「何を」学ぶのか，「何を」教えるかということに関わるが，社会科は個別の事象の背景にある社会の仕組みや人々の営みがわかることを目指している．指導計画の改善の際，その違いを誤解しないようにしたい．

(2) 社会諸科学の成果の検討

　社会科授業において，「何を」教えるのかを明確にすることは重要である．では，「何を」をはっきりするにはどうすればよいのであろう．

　小学校学習指導要領では，社会的事象の「見方・考え方」が明記された．小学校社会科教育で「位置や空間的な広がり，時期や時間の経過，事象や人々の相互関係に着目して，社会的事象を捉え，比較・分類したり総合したり，地域の人々や国民の生活と関連付けたりすること．」と定義され，中・高等教育までの教育課程全体において，一貫した用語として取り扱われるようになった．これまでも，学習内容のつながりの重要性は言われてきた．しかし，教師同士がその接続につ

[*1] 主権者教育
　主権者教育がクローズアップされたきっかけは，18歳への選挙権の引き下げだったため，狭義に見れば投票率を上げるための教育のような印象があるが，現実社会の諸課題について多面的・多角的に考察し，公正に判断する力などをつける教育ととらえ，主権者としての自覚を促す教育と考えなければならない．そのためには，小学校段階からの主権者の育成に関わる系統的なカリキュラムや学習指導計画の視点が必要である．

いて議論することは少なかったが，社会的事象の「見方・考え方」を一貫して育てるならば，その内容はこれまでよりも意識するべきである．

　小学校4年生の「地域の人々の生産や販売」の中で学習すべき内容にも，多くの社会諸科学の概念が含まれている．例えば，街の中で見かける生鮮食品も扱うドラッグストアがある．地域によっては，ドラッグストアだけでも半径数キロ以内に，異なる社名の店舗が多数見られる．数年前にはコンビニでも同様の出店が見られたドミナント戦略である．これだけでも児童は地理や経済の基礎が学べるが，生鮮食品の販売を実施するということは，既存のスーパーマーケットにも影響が出てしまう．異業種他店舗への影響も含めると考えることは多様になり，授業での扱い方にも深さが出てくる．

　立地という概念を認識させたいなら，なぜ，この場所に多くの似た店舗があるかという問いを解くことになる．子どもたちによって，日常の経験や資料から，大きな道や住宅の多い所などという答えが導かれる．そうした具体的な事実から，店舗の立地という抽象的な概念についての関係性を解明していく．これは商業立地論を考えている．ドミナント戦略をより細かに考えるなら，似た業態の店舗を出店する場合，どうすればより繁盛するかということを考え，行動経済学の研究成果を活用し，消費者心理を含めて学ぶこともできる．

　こうした社会科諸科学の研究成果は，教科書には詳細に記されてはいない．中学校でどのような「見方・考え方」の概念を使うかを知っておけば，小学校段階でいかに簡単な事例に置き換えられるか導き出すこともできる．こうして社会諸科学の研究成果が活用できれば，子どもたちが「何を」考えるかが，明確になってくる．社会科は教科内容として地理学や政治学，倫理学，社会学，歴史学の研究成果の上に成り立つ教科である．学習するべきものは，それぞれの学問の中で，現時点で最新の社会諸科学の研究成果を用意したい．

(3) 子どもの実態調査

　小学校3年生と6年生の成長には，学年の発達段階や個人の経験などに差が見られる．また，学校の実情も様々である．学習指導計画を立てる中で，学習指導要領や教科書に記されている典型事例とは異なり，授業を行う目の前の子どもたちの知的好奇心に沿った内容となるように，子どもたちの実態を何らかの方法で知る必要がある．

　実態把握に際して多く用いられるのは，簡単なアンケートやプレテストである．関連ある学習内容に関する環境の実態調査や，既習の学習内容をどこまで習得しているか．例えば，次のようなより具体的な質問をすることで，子どもたちの実態に即した計画を設定することもできる．

> 夕飯の買い物をする際に，あなたの家の人はスーパーに行きますか．個人の商店に行くことが多いですか．（4年生お店の販売の事前調査例）
> インターネットで，家族の人と書籍などを購入した経験はありますか．（5年生情報の事前調査例）

ただし，アンケートによる実態調査の際には，家庭の実態や個人情報に入り込んだ質問になっていないか，必要以上のことを問う内容になっていないか等，授業者の個人的判断だけではトラブルが生じることもあるので，実施内容について他者の目を通すなどの配慮が必要である．

(4) 現地調査

実感を伴い，わかる授業づくりのために，授業計画の段階で授業者ができることに現地調査がある．教材内容の表面的な情報の収集であれば，インターネットの情報でも収集をすることができる．ただし，授業者としてネットの情報を使うということは，情報に間違いがあった場合も，児童は真実として受け止めるという覚悟をして使用する必要がある．当然だが，信憑性の高い省庁のサイトや，複数のサイトを確認し，出典も明らかにして資料とするべきである．

現地調査は教師が実際の現地に足を運び，その地域の今を把握し伝えることができる．現地に赴く良さは，社会にある現実を教師自身がミクロに見ることができ，納得した後に教材化できることである．3年生のスーパーマーケットの学習でも，買い物客として夕食材料を購入しようと入店した時と，教師としてPOPや明かり，レジの並び方など教材はないかという教材吟味をするのでは，見方も解釈も異なってくる．教材としての視点が定まれば，働く人のインタビューも何を尋ねるかが明確になってくる．そうしたミクロな観察は，子どもたちの見学でも同様に可能である．また，問いを探究するために，地域であれば再訪問も可能である．

ただし，教師や子どもにも，現地調査には限度はある．社会科を指導する教師は，効率的に，旅行や出張の時にも高いアンテナを張り「見方・考え方」を鍛え，授業計画の中に驚きや人とのふれあいを盛り込められるようにしたい．子どもたちは，潜在的に教師の「見方・考え方」を学んでいる．

(5) 内容の確定

これまで述べてきたことを考慮し，日々の授業の中で教師は，クラスに合う一番良い学習材を選定し，学習指導計画を考えていくことになる．

例えば，5年生日本の工業の学習においても，地域にある自動車工場を教材として選択すれば，見学に行って海の近くであることが体感できる．輸送船が見られる・働く人の話が聞き取れる・家族に働いている人が数名いる・地元新聞に関

連記事が多いなど，教科書の事例より効果が期待でき，目標に到達できるのであれば，単元全体を地域の自動車工場で計画をすればよい．

こうした学習材の最終決定を含め，学習の単元計画は，教師の決定にかかってくる．しかし，教師がいくら最善と思って計画を立てても，実際の授業は計画どおりにいかないことも多い．特に初めて実施するような学習内容であれば，学習計画ありきにならず，目の前の学習者の心理に沿う形で柔軟に変更し，目標へ到達できるような指導計画の修正力も高めたい．

第2節　社会科授業の実践と教師の役割

1. 資質・能力の育成を目指す社会科授業

学習指導計画を立案する場合，教科書に沿った形で学習の展開を考えたとしても，学習指導要領に基づいて問題解決的な学習を目指しているという方法原理が内在していることは述べたとおりである[*2]．

学習指導要領でも問題解決的な学習は重視され，小学校社会科において，学習課題をつかむ段階－調べる段階－まとめる段階－いかす段階という展開は，授業づくりの基本形となっている．その一方で，多くの熟達した社会科教師は，その経験値から学習材や内容の選定について，児童がおもしろいと思えるものを嗅ぎ分けることができるのと同じように，その学習材をどういった方法で授業展開すればよいかを知り尽くしている．熟達者は教科書どおりの学習指導計画ではなく，多様な授業の方法原理から取捨選択や組み合わせ方を知っている．

また，平成29年版学習指導要領では，資質・能力の育成が求められている．子どもたちがおもしろいと思った内容や，社会諸科学の概念に迫るだけでは，これまでのように教室の中の学びとして閉じてしまう．社会科の授業を通して，社会の一員として考えることができ，「何を」に加えた「どのように」学びを展開していけば，資質の育成に直結していくのかという意識を教師自身は明確にしておかねばならない．

*2　選択・判断

29年版学習指導要領において，資質・能力を育てる二本柱が明記された．特に思考力・判断力・表現力については，「社会への関わり方を，選択・判断をする力」が記され，そうした学習が求められることになった．

初等社会科教育で選択・判断の授業を扱いやすい内容については，指導要領にも選択・判断という文言が明記されている．社会的事象について選択・判断しながら学ぶということは，必ずしも正解を探しているのではない．

判断の結果を重視するのではなく，その過程において，公的か私的か，個人かみんなか，主観的か客観的かなど，社会に出て通用するような考えを養いたい．

2. 多様な社会科授業の方法原理

昭和22年版の学習指導要領試案に始まり，社会科授業は社会系の学会において議論が繰り返され，授業の方法原理として分類整理が試みられてきた．社会科の教科目標は，平成29年度版以前においては大きな変化はなく，社会生活の仕組みの理解－公民的資質の基礎の育成を目指して実施されてきた．そのため内容はもちろん，授業方法においても社会で通用する学び方や共同体への参加の仕方など，公民的資質の育成が目指された．

初等社会科授業の方法原理としては，問題解決的な学習に見られたように，社会に見られる事象への興味・関心を児童自身がもち，その事象に内在する「問い」

を見つけ，その「問い」を様々な手法によって解明し，社会の仕組みを明らかにするという流れである．いわゆる社会認識を習得していくことに重きがおかれていた．教科書とは必ず対応はしていないが，つかむ段階－調べる段階－まとめる段階ということもできる．

　一方で，社会の仕組みや事実は，時代の変化によって変わることがある．社会問題も，明確な「問い」の解答ができないことも多い．そのため，人々がジレンマに陥るような問題の吟味や解決策を考えたり，子どもなりに社会の一員としてできることは何かと問いなおしたりするような方法論も考えられてきた．教科書の段階でいえば，いかしたり，ひろげたりする段階にあたる．

　そこで，代表的な社会科の授業スタイルやその背景となる方法原理を知り，教師自身が授業計画を立案するうえで，意図的に授業類型を使いこなしていく必要がある．ここでは社会認識教育学会で整理された分類に基づき，問題解決型，理解型，説明型，議論型，意思決定型，社会参加型といった六つの代表的な社会科授業の方法原理を見てみよう．

(1) 問題解決型

　児童に問題解決の経験をさせ，その過程において知識・理解，態度，能力を統一的されるような見方・考え方の育成することをねらっている．解決とは問題場面において，目的を実現させるために最も合理的な手段を考える行動であり，児童による自主的・自発的な学習活動を促す．

(2) 理解型

　「理解」を中心とする社会科は，人間の問題解決における行為で見られる目的・手段・結果の関係について，体験などをすることで共感的に理解すること目指す．社会生活の維持・向上・発展をさせようとする意識などの見方・考え方をねらっている．

(3) 説明型

　「説明型」社会科は，社会的事象や問題に対して「なぜ，どうして」と問いかけることで社会的事象を科学的に説明できるようになることを目指す．その説明の吟味の中で，児童に事象を「社会認識体制」という見方や考え方の育成をねらっている．

(4) 議論型

　意見の対立は，社会の中では起こり得ることである．しかも，グローバル社会の到来により，異なる価値観をもつ人々の意見の対立は，より顕著になった．対立をした時，民主主義社会における基礎である，異なる価値観に対して熟議を行

い，対立を解消することが必要であるということを目指す．互いの意見を考えていく上での根拠と，その有効性を冷静に判断できる見方・考え方の育成をねらっている．

(5) 意思決定型

社会的事象の中にある問題や課題に対して，「どうしたらよいか」「どの解決策が望ましいのか」と問い，自分なりの科学的な事実認識と反省的に吟味された価値判断に基づいて意見がもてるようになることを目指す．目的や目標の達成のために考えられる手段や方法の中から，最も合理的な選択・決定が判断できるようになる見方・考え方の育成をねらっている．

(6) 社会参加型

人口減少，高齢社会など一般市民の社会参加が必要とされている現代社会では，市民一人一人が自ら考えられるようにならねばならない．教室で閉じる学びではなく，現実社会，学校の文脈に即した子どもにとって必然性のある学びにより，実用的な問題解決策の立案を目指す．一連の学習過程で身に付けられた知識や思考力・判断力を，現実社会の文脈の中でどのように活用すればよいかという社会の見方・考え方の育成をねらっている．

3. 授業方法の柔軟な運用

様々な授業方法原理を用いた授業は，その論の達成を目指し，それぞれに特化した単元の計画が可能である．例えば，意思決定型であれば，意思決定すべき問題を単元の導入に位置付け，子どもたち自身がその解決に向けた情報を収集し，対話によってその論点の調整を図るという構成も可能である．その結果，まとめとしてAかBかという吟味を行った後，互いに折り合うにはどうしたらよいかという合意形成を考えるという指導計画を考えることもできる．しかし，初等社会科授業の場合，小学校3

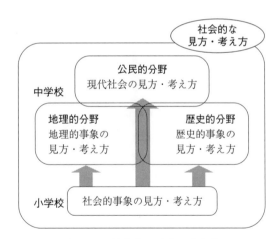

図5-1 社会的な見方・考え方
(http://www.nits.go.jp/materials/youryou/files/009_001.pdf より)

年生でできること，6年生だからできることでは開きもある．そこで，学級の児童に合った，各方法原理の扱いを大切にしながら，柔軟な組み合わせをすることも教師の大きな役割となる．

また，これまで初等社会科授業では議論型や意思決定型のような価値や判断に迫る社会科授業はあまり行われてこなかった．小学校では問題解決的な学習に沿い，子どもたちが学びやすい，人物の努力へ共感する理解型の授業が多く見られ

た．教師のそうした授業スタイルへの慣れから，これまで同様に人の努力に重点をおいた学習指導計画が繰り返されるかもしれない．しかし，資質・能力や見方・考え方の育成のため，小・中一貫して選択・判断する力の育成も求められている．初等社会科授業でも，社会科本来の目標に到達することができるような授業方法原理を，意識的に年間計画全体の中に組み入れていき，子どもたちの社会の理解を人の努力だけで終わらせないようにしたい．

第3節　授業から学ぶ教師の役割

1．授業を批判的に観るための眼を養う

　社会科の授業に関わらず，教師が授業力を成長させるためには，実際の授業を繰り返し見つめなおし，次にむけ考え続けるしかない．

　これまで述べてきたように，社会科授業の計画について社会的事象の吟味から，授業実施に至るまでの，様々な過程をまとめれば図5-2のような流れになる．そのうえで行われる社会科授業は，一連の過程において教師が児童の思考に沿うであろうと思い，様々な選択をしてきた結果，成立するものである．

　ただし，どの授業もそうであるように，実際の授業において子どもたちが見せ

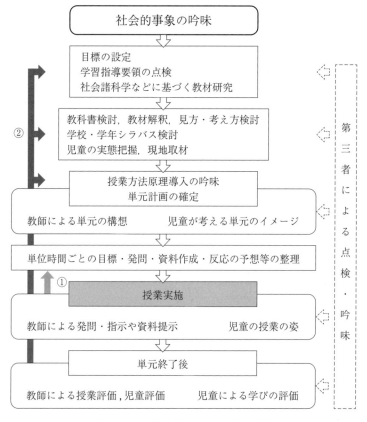

図5-2　学習指導計画の一連の過程

る姿は，教師が想定している到達してほしい姿と異なる場合がある．その要因は，教師の課題や発問が，子どもの学習のイメージとずれていたり，事前の知識の定着を把握しきれていなかったり，資料が難しすぎるなど様々な要因が考えられる．そのため，教師は次の授業や単元では，少しでも児童の理解を促せるように，現状を向上させるための計画を練り続けることになる．

　授業後に教師自身が単元末の子どもの姿から，改善点を把握することは可能である．しかし，授業者の主観だけの改善には，偏りが出て社会科授業の向上にも限界が生じる．

　そのため，自分で気付かない部分は，他者からの気付きや指摘の場が必要となる．例えば，研究授業後の授業協議が重要なのは，授業者も気付けていない部分の指摘を他者によって促されるためである．しかし，研究授業を参観しながら，協議に参観しない教師も多い．理由は批判的（クリティカル）な検討会とならず，協議の場に学ぶものがないと感じているからである．批判的な協議というのは，授業者にとっても，参観者にとっても授業の事実から学び合うことができる話し合いでなければならない．

2. どのような観点で授業から学ぶか

　協議の場で意見交換をするためには，授業を見る目が必要となる．図 5-3 にあるように，実際の授業を見て，①の段階に議論が集中をすることがある．これは，授業での計画（指導案）と実際に見られた授業のずれに関する議論である．この

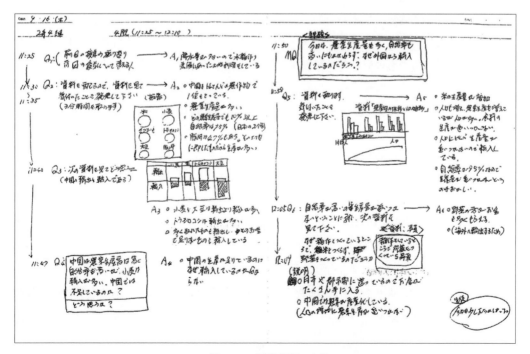

図 5-3　授業記録の例

場合，本時の目標-学習問題-授業後の姿を一つの軸で読み解き，軸がずれた要因は何であったかが協議の話題となる．分析者は，授業での主発問と児童の反応を対応させた授業記録（例えば図5-3）を取り，授業の事実から考えることが大切になる．また，授業記録からは，本時の発問や資料などの有効性が見えてくる．こうしたずれを起こした要因とその改善を考え，自分だったらどうするかという代案を考えられれば，一つの授業観察は複数の意味をもつことになる．いずれにしても，分析者の主観的な感想に留まらないよう留意したい．

次に，授業者が単元全体で何を提案したいのかという②のような読み解き（図5-2）を，授業分析者は意識し，参観をするように心がけたい．授業者は，どのような授業の方法論に基づいて授業展開をしようとしているのか，事前に単元の計画や指導案から読み解くことである．例えば，意思決定型の授業を提案しているのに，理解型の授業にした方が良かったというだけでは協議すべき議論はかみ合わない．授業者がやろうとした方法論と授業にずれがあるのであれば，その方法論に基づいた授業改善案を協議し，学び合うべきである．

そのためにも，各授業方法に基づいた実際の授業を参観し，それぞれの長所や短所を実際の子どもの姿から学び続ける教師となり，自らも積極的に授業提案をして改善する機会を増やすべきである．

3．環境に基づいた力量形成

資質・能力の育成が求められることになり，初等社会科授業にも様々な授業方法論の授業が要求されたことで，各県の社会科研究会で勧めてきた授業スタイルや，経験をしていない授業も，学習指導計画として立案していく必要に迫られる．また，授業改善としてPDCAが求められ，良いと思った計画案も，単元終了の子どもたちの姿から評価し，次の単元や次年度の授業では，より良いものへとバージョンアップが求められる．ただし，社会科教育の目標が大きく変化するわけではないので，校内の教師同士で社会科の授業観察や意見が言える同僚性を築き，これまでの授業のどこを変えれば，より子どもたちにとっての資質・能力の育成につながるのかを日常的に検討することである．

また，校内研修はもちろん，市や県の社会科の研究会，教育委員会や指導主事との連携，大学との連携，同じ志をもつ同好会などを活用することである．教師自身の周囲の環境を有効に利用しなければ，社会科教師としての力量形成は停滞し，学習指導計画も一面的になってしまう．

社会科授業の学習指導計画に正解はない．ただし，子どもたちにとっては，今日の授業よりも，有効な内容や方法論はあるかもしれない．入念な学習指導計画を目指す教師でありたい．

参考文献

文部科学省『小学校学習指導要領(平成29年告示)解説 社会編』日本文教出版,2018年.
社会認識教育学会(編)『新 社会科教育学ハンドブック』明治図書出版,2012年.
棚橋健治『社会科の授業診断−よい授業に潜む危うさ研究』明治図書出版,2007年.
全国社会科教育学会(編)『新 社会科授業づくりハンドブック 小学校編』明治図書出版,2015年.
日本社会科教育学会(編)『新版 社会科教育事典』明治図書出版,2012年.

第6章

小学校社会科第3学年の学習指導・評価
―実際に授業を単元で構想してみよう―

　第3学年社会科の学習に関して，政策レベルでは如何なることが想定されているのだろうか．また，具体的にどのような実践を行うことが可能なのだろうか．本章では，二つの節を立て，この二つの問いのそれぞれに答えていく．

第1節　第3学年社会科の学習指導

1. 第3学年社会科の基本的性格

(1) 第3学年社会科の目標

　今回の改訂において，これまでまとめて示されてきた第3学年及び第4学年の目標及び内容が分けて示された．2017（平成29）年3月に告示された小学校学習指導要領（以下，新学習指導要領と表記する）における第3学年社会科の目標を見ていこう[*1]．

> 社会的事象の見方・考え方を働かせ，学習の問題を追究・解決する活動を通して，次のとおり資質・能力を育成することを目指す．
> (1) 身近な地域や市区町村の地理的環境，地域の安全を守るための諸活動や地域の産業と消費生活の様子，地域の様子の移り変わりについて，人々の生活との関連を踏まえて理解するとともに，調査活動，地図帳や各種の具体的資料を通して，必要な情報を調べまとめる技能を身に付けるようにする．
> (2) 社会的事象の特色や相互の関連，意味を考える力，社会に見られる課題を把握して，その解決に向けて社会への関わり方を選択・判断する力，考えたことや選択・判断したことを表現する力を養う．
> (3) 社会的事象について，主体的に学習の問題を解決しようとする態度や，よりよい社会を考え学習したことを社会生活に生かそうとする態度を養うとともに，思考や理解を通して，地域社会に対する誇りと愛情，地域社会の一員としての自覚を養う．

　第3学年社会科の目標は，「柱書」と「資質・能力の3つの柱」で構成されており，他学年社会科の目標と同様の構成となっている．
　まず，「柱書」を見ていこう．「柱書」では，「社会的事象の見方・考え方」を働かせること，そして「学習の問題を追究・解決する活動」を充実させることという手段とともに，後述する3つの柱に沿った「資質・能力」を育成するとい

[*1] 文部科学省『小学校学習指導要領（平成29年告示）解説 社会編』日本文教出版，2018年．

う目標が端的に示されている．

「社会的事象の見方・考え方」とは，社会的事象の意味や意義，特色や相互の関連を考察したり，社会に見られる課題を把握して，その解決に向けて構想したりする際の「視点や方法」のことを指している．具体的には，位置や空間的な広がり，時期や時間の経過，事象や人々の相互関係などが着目する「視点」であり，また，社会的事象を捉え，比較・分類したり総合したり，地域の人々や国民の生活と関連づけたりすることが「方法」である．このような「視点」や「方法」を用いて，社会的事象について調べ，考えたり，選択・判断したりする学び方が「社会的事象の見方・考え方」を「働かせる」ということである．なお，「見方・考え方」は，新学習指導要領では上記のように示されているが，告示(2017年)以前の文献や資料においては，ニュアンスが異なる場合があることに注意されたい．

「学習の問題を追究・解決する活動」とは，換言すれば，問題解決的な学習過程である．具体的には，単元などにおける学習問題を設定し，その解決に向けて諸資料や調査活動などで調べ，社会的事象の特色や相互の関連，意味を考えたり，社会への関わり方を選択・判断したりして表現し，社会生活について理解したり，社会への関心を高めたりする学習などを指す．

次に，「資質・能力の3つの柱」を見ていこう．「資質・能力の3つの柱」には，(1)「知識及び技能」，(2)「思考力，判断力，表現力等」，(3)「学びに向かう力・人間性等」が設定されている．これは，もともと学校教育法30条2項に示された「知識及び技能」「思考力，判断力，表現力等」「主体的に学習に取り組む態度」を柱にして，社会科固有の要素を盛り込んだものである．ただし，「主体的に学習に取り組む態度」は，「学びに向かう力，人間性等」に変更されている．それぞれ，具体的に見ていこう．

「知識及び技能」とは，何を理解しているか（知識），そして，何ができるか（技能）ということである．小学校社会科における「知識」は，地域や我が国の地理的環境，地域や我が国の歴史や伝統と文化，現代社会の仕組みや働きを通して，社会生活についての総合的な理解を図るためのものである．第3学年における「知識」の目標には，身近な地域や市区町村の地理的環境，地域の安全を守るための諸活動や地域の産業と消費生活の様子，地域の様子の移り変わりについて，人々の生活との関連を踏まえて理解することが設定されている．なお，上記の「知識」は，後述する第3学年社会科の「内容」と一致する．一方，小学校社会科における「技能」は，社会的事象について調べまとめる技能である．第3学年における「技能」の目標には，調査活動，地図帳や各種の具体的資料を通して，必要な情報を調べまとめる技能を身に付けることが設定されている．

「思考力，判断力，表現力等」とは，理解していること・できることをどう使うかということである．小学校社会科における「思考力，判断力」は，社会的事象の特色や相互の関連，意味を多角的に考える力，社会に見られる課題を把握し

て，その解決に向けて，学習したことを基に，社会への関わり方を選択・判断する力である．第3学年における「思考力，判断力」の目標には，社会的事象の特色や相互の関連，意味を考える力，社会に見られる課題を把握して，その解決に向けて社会への関わり方を選択・判断する力が設定されている．小学校社会科における「表現力」は，考えたことや選択・判断したことを説明する力や，考えたことや選択・判断したことを基に議論する力などである．一方，第3学年における「表現力」の目標には，考えたことや選択・判断したことを表現する力が設定されている．なお，「思考力，判断力，表現力等」は，子どもの発達の段階を第3学年と第4学年，第5学年と第6学年のように2学年ごとのまとまりで捉えており，目標もそのまとまりごとに揃えている．また，第3学年・第4学年と第5学年・第6学年の2つのまとまりの関係を系統的，段階的に示している．

「学びに向かう力，人間性等」とは，どのように社会・世界と関わり，よりよい人生を送るかということである．小学校社会科における「学びに向かう力，人間性等」は，「よりよい社会を考え主体的に問題解決しようとする態度」（「学びに向かう力」）と，「多角的な思考や理解を通して涵養される自覚や愛情」（「人間性等」）などである．第3学年における「学びに向かう力，人間性等」の目標は，「学びに向かう力」と「人間性等」のそれぞれで設定されている．「学びに向かう力」に関する目標は，社会的事象について，主体的に学習の問題を解決しようとする態度や，よりよい社会を考え学習したことを社会生活に生かそうとする態度である．これらの目標は，各学年の内容に応じて，繰り返し養うことが意図されている．一方，「人間性等」に関する目標には，思考や理解を通して，地域社会に対する誇りと愛情，地域社会の一員としての自覚が設定されている．この目標は，各学年の内容に関連した思考や理解を通して涵養されることが意図されている．ただし，第3学年と第4学年は，スケールは異なるものの両方とも「地域学習」であるため，同じ目標となっている．

(2) 第3学年社会科の内容

内容を見ていこう．第3学年社会科は，市を中心とする地域の社会生活を学ぶために，次の4つの内容で構成されている．なお，新学習指導要領では，小学校と中学校の内容の関連が考慮されるようになった．具体的には，中学校の内容である「地理的分野」「歴史的分野」「公民的分野」に合わせ，小学校の内容を「①地理的環境と人々の生活」「②歴史と人々の生活」「③現代社会の仕組みや働きと人々の生活」と3区分されている．①〜③は，内容の区分を示す．

> (1) 身近な地域や市区町村の様子・・・・・・・・①
> (2) 地域に見られる生産や販売の仕事・・・・・③
> (3) 地域の安全を守る働き・・・・・・・・・・・③
> (4) 市の様子の移り変わり・・・・・・・・・・・②

第3学年では，これらの内容を取り上げ，自分たちの市を中心とした地域の社会生活を総合的に理解できるようにするとともに，地域社会に対する誇りと愛情，地域社会の一員としての自覚を養うことが目指される．具体的に見ていこう．

　「(1) 身近な地域や市区町村の様子」は，「①地理的環境と人々の生活」に区分されるものであり，自分たちが通う学校の周りの地域や自分たちの住んでいる市区町村の様子を学習する．新学習指導要領では，「身近な地域や市区町村の様子」は，「学校の周り」の時間を縮減し，「自分たちの市」に重点化することとなる．その理由は，「地域の安全を守る働き」と連動するため，そこで詳述する．

　「(2) 地域に見られる生産や販売の仕事」は，「③現代社会の仕組みや働きと人々の生活」に区分されるものであり，身近な地域や市の人々の農作物や工業製品などを生産する仕事や商品を販売する仕事を学習する．これまでは，生産と販売は両方とも「仕事の工夫を考える学習が設定されていたが，新学習指導要領では，生産が「地域の人々の生活との関連」を考える学習，そして，販売が「販売の仕事に携わる人々の工夫」を考える学習に改められている．

　「(3) 地域の安全を守る働き」は，「③現代社会の仕組みや働きと人々の生活」に区分されるものであり，消防署や警察署などの関係機関に従事する人々が相互に連携し，地域の人々と協力して，火災や事故などから人々の安全を守るために行っている働きを学習する．これまで「地域の安全を守る働き」は，多くの場合，第4学年で取り扱われていた．しかし，冒頭でも述べたように，新学習指導要領において第3学年と第4学年の目標及び内容が整理された結果，「地域の安全を守る働き」は第3学年の内容とされた．それにより，実質的に第3学年の内容が増加したため，「身近な地域や市区町村の様子」と「地域の安全を守る働き」の授業時数を縮減せざるを得なくなっている．

　「(4) 市の様子の移り変わり」は，「②歴史と人々の生活」に区分されるものであり，自分たちの市において，交通や公共施設が整備されたり人口が増えたり，土地利用の様子が変わったりしてきたこと，それらに伴い市や人々の生活が変化してきたことを学習する．2008年版学習指導要領では，「古くから残る暮らしにかかわる道具，それらを使っていたころの暮らしの様子」の学習であったが，上記の内容へと変更された．

　また，第3学年を通して，より主権者の育成を意識した内容が設定されている．具体的には，「身近な地域や市区町村の様子」における市役所など主な公共施設の場所と働き，「地域の安全を守る働き」における公共事業，そして，「市の様子の移り変わり」における市による公共施設の建設や運営や租税の役割である．

　以上の内容を学習する方法に関しては，調査活動（見学や観察，聞き取りなど）や資料（地図帳や地域の平面地図や立体地図，写真，実物など）を通して，必要な情報を集め，読み取り，白地図や年表などにまとめることが設定されている．なお，資料の中に地図帳が含まれているが，これまで第4学年から配布されてい

た地図帳が新学習指導要領より第3学年で配布されることとなっている．このことによって，地図に関わる基礎的な技能を習得することに関して，より一層の充実が図られている．

2. 第3学年社会科の位置づけ

第3学年社会科の目標及び内容を確認してきたが，「地域」がキーワードであることは一目瞭然であろう．第3学年と第4学年の社会科は，「地域学習」と称されており，第3学年は「市」に，第4学年は「県」に重点を置いた学習を展開する．ちなみに，その後は，第5学年では「国（日本全国）」，第6学年では「世界」へとその範囲を拡大していく[*2]．このように，良いか悪いかは別として，日本の社会科教育は，同心円的拡大主義の理論的枠組みをもつ教育課程となっている[*3]．このような視点から考えると，第3学年は，社会科という教科の中ではもっとも子どもの身近な地域の学習であることが見えてこよう．そして，身近な地域を扱っているが故に，子どもの発達段階に合わせた，地域の探検や社会科見学といった，直接的で体験的な学習活動が可能となるのである．

ただし，上記のように全てがきれいに切り分けられるわけではなく，第3学年で市の学習をしていても，世界とのつながりを意識する場面が出てくることが想定される．例えば，「地域に見られる生産や販売の仕事」で，スーパーで売られている商品の原産国の名称や位置を地図帳で調べることも出てこよう．ほかにも，「市の様子の移り変わり」において，地域に住む外国人が増加しており，「内なる国際化」が進んでいることが見えてきたりもするだろう．

また，社会科という科目としては，第3学年が起点であるが，子どもたちは，生活科，さらに言えば，幼児期の遊びを通して，社会の学びをしてきていると言える．このような子どもたちの学びの履歴や経験に関して，子どもたちから引き出したり，教員間で情報を共有したりしながら，緩やかに関連づけていくことは，社会科の学習をより充実したものとするだろう．

第2節 第3学年の学習指導事例

学習指導要領や教科書を踏まえ，日々の授業を堅実につくっていくことは，教師の重要な専門性である．しかし，実際問題，学習指導要領や教科書を読み解きながら，目の前の子どもや学校，そして，地域の実態に適合させて授業を設計，実施していくことは，容易なことではない．そこで，本節前半では，特に，その難しさが如実に現れている地域学習を事例に，そのような日常的な単元を如何につくっていくかということを考えてみたい．

一方で，教師一人一人は，大なり小なり，教育的な信念や教科観を有している[*4]．それを単元ないし授業という形で具体化しようとする際，時として，学習指導要

[*2] 小学校における地域学習とは，子どもが実際に生活している身近な地域社会を対象とした学習である．つまり，各学校で学習の対象とする地域社会がそれぞれ異なるため，全国版の教科書のみで授業を進めるのは困難である．したがって，多くの市区町村，そして，都道府県では，その地域固有の副読本（副教材）を開発しており，小学校における地域学習ではそれを活用することとなる．

[*3] 学年が上がるに従って，学校・家庭→近隣→市区町村→都道府県→国→世界というように，学習対象あるいは学習領域を同心円的に広げていくカリキュラムのこと．詳しくは，次の文献を参照されたい．
・安藤輝次『同心円的拡大論の成立と批判的展開』風間書房，1993年．
・山根栄次「同心円的拡大主義」日本社会科教育学会『新版社会科教育辞典』ぎょうせい，2012年，10-11頁．

[*4] 教師は，意識的無意識的を問わず，自らの授業のあり方に関して，様々な条件を考慮，調整し意思決定を行っている．そして，このような自立的な調整機能のことをゲートキーピングという．詳細は，以下の文献を参照されたい．
・ソーントン, S.著，渡部竜也・山田秀和・田中伸・堀田諭訳『教師のゲートキーピング』春風社，2012年．

領や教科書の枠内では収まりきらない場合も出てくるのではないだろうか．その際に有効なのが，投げ込み単元という発想である．そこで，本節後半では，前半で扱った地域学習を発展させた単元を事例に，そのような投げ込み単元を如何につくっていくかということを考えてみたい．

　上記2点を検討するにあたって，お茶の水女子大学附属小学校[*5]の佐藤孔美教諭の実践に着目したい．佐藤教諭は，論争問題を通して政治的リテラシーを涵養するための社会科実践を多く蓄積している．また，そのような創造的な授業を精力的に設計，実施すると同時に，日常的な授業においても，豊富なアイディアを単元や授業の中に散りばめながら，工夫を凝らした授業を展開している．

[*5] 以下，お茶の水女子大学をお茶大，附属小学校をお茶小とする．

1. 日常的な単元の設計・実施・評価

　ここでは，佐藤教諭の実践である小学校第3学年社会科単元「お茶小の周りの様子」を事例とする．本単元は，学習指導要領の「第3学年の内容」における「(1) 身近な地域や市町村の様子」の「身近な地域」にあたる．ここで言う「身近な地域」とは，具体的には，「自分たちが通う学校の周りの地域」の学習を指す．したがって，本事例に当てはめると，お茶大[*6]の周りの地域の学習ということになる．ただし，厳密には，学習指導要領の改訂において，「自分たちの市」の学習に重点が置かれたことで時間を縮減された．そのため，この後の事例で示すような内容構成での実施は難しくなる．しかし，敢えて，次の二つのような理由から，この内容を取り上げたい．第1に，本単元の構成は，特性の異なる複数の場所を探検し，それぞれ地図をつくって，それらの特色の違いを考察するというものであり，「自分たちの市」に応用できる事例であると考えられるためである．第2に，今回，「日常的な単元」とそれを発展させた「投げ込み単元」として二つの単元を位置づけているため，事例を変えてしまうと，二つの単元の関係性や体系性が損なわれてしまうためである．

[*6] お茶小はお茶大のキャンパス内に立地している．

　以下，(1)学習指導の計画案，(2)評価という二つの段階に分けて，単元を描き出していく．

(1) 単元「お茶大の周りの様子」の学習指導の計画案

　計画段階の本単元は如何なるもので，それは，如何に設計されたのか．ここでは，「ア．単元計画の概要」「イ．計画段階における学習過程の構成」「ウ．計画段階における単元の構成原理」「エ．単元計画の設計の実際」の四つを明らかにすることによって，本単元の計画段階を示そう．

≪単元構成案≫

単元「お茶大の周りの様子」

単元の目標

　学校の周りの地域の様子について，特色ある地形，土地利用の様子，主な公共施設などの場所と働き，交通の様子，古くから残る建造物などを観察，調査したり，地図記号や四方位などを用いて白地図等にまとめたりして調べ，学校の周りの地域の様子は場所によって違いがあることを考えることができる．

評価規準

ア　知識及び技能	イ　思考力，判断力，表現力等	ウ　学びに向かう力，人間性等
①学校の周りの地域の特色ある地形，土地利用の様子，主な公共施設などの場所と働き，交通の様子，古くから残る建造物の場所と様子などを理解している． ②地域の様子は場所によって違いがあることを理解している． ③観点に基づいて観察したり，地図や写真などの資料を活用したりして，学校の周りの地域の様子について必要な情報を集め，読み取っている． ④調べたことを主な地図記号や四方位などを用いて絵地図や白地図にまとめている．	①学校の周りの地域の特色ある地形，土地利用の様子，主な公共施設などの場所と働き，交通の様子，古くから残る建造物などについて，学習問題や予想，学習計画を考え表現している． ②学校の周りの土地利用の様子を地形的な条件や社会的な条件と関連づけたり，分布の様子を相互に比較したりして，地域の様子は場所によって違いがあることを考え適切に表現している．	①学校の周りの地域の特色ある地形，土地利用の様子，主な公共施設などの場所と働き，交通の様子，古くから残る建造物などに関心をもち，意欲的に調べている． ②学校の周りの特色やよさを考えようとしている．

単元構成「お茶大の周りの様子」（全20時間）

時	ねらい	学習活動	資料	評価規準
1	○お茶大のキャンパス内の様子（特に，土地の高低差）を把握することができる．	○お茶大のキャンパス内を探検する．	・お茶大のキャンパス内の絵地図	【ア－③】 【ア－④】 【ウ－①】 （絵地図）
2	○お茶大のキャンパス内の様子（特に，土地の高低差）を絵地図にまとめることができる．	○お茶大のキャンパス内の様子を絵地図にまとめる．	・お茶大のキャンパス内の絵地図	【ア－①】 【ア－④】 （絵地図・発言）
3	○お茶大の周りの様子に関心をもつことができる．	○お茶大の周りの様子を想起する．	・お茶大の周りの白地図	【イ－①】 【ウ－①】 （ノート・発言）
4・5	○お茶大の周りの様子を把握することができる．	○お茶大の周りを探検する．	・お茶大の周りの白地図	【ア－③】 【ア－④】 【ウ－①】 （白地図）
6	○お茶大の周りの様子を白地図にまとめることができる．	○お茶大の周りの様子を白地図にまとめる．	・お茶大の周りの白地図	【ア－①】 【ア－④】 （白地図・発言）
7・8	○大塚公園方面の様子を把握することができる．	○大塚公園方面を探検する．	・大塚公園方面の白地図	【ア－③】 【ア－④】 【ウ－①】 （白地図）

時	ねらい	学習活動	資料	評価規準
9	○大塚公園方面の様子を白地図にまとめることができる.	○大塚公園方面の様子を白地図にまとめる.	・大塚公園方面の白地図	【ア－①】【ア－④】(白地図・発言)
10・11	○茗荷谷駅方面の様子を把握することができる.	○茗荷谷駅方面を探検する.	・茗荷谷駅方面の白地図	【ア－③】【ア－④】【ウ－①】(白地図)
12	○茗荷谷駅方面の様子を白地図にまとめることができる.	○茗荷谷駅方面の様子を白地図にまとめる.	・茗荷谷駅方面の白地図	【ア－①】【ア－④】(白地図・発言)
13・14	○小日向方面の様子を把握することができる.	○小日向方面を探検する.	・小日向方面の白地図	【ア－③】【ア－④】【ウ－①】(白地図)
15	○小日向方面の様子を白地図にまとめることができる.	○小日向方面の様子を白地図にまとめる.	・小日向方面の白地図	【ア－①】【ア－④】(白地図・発言)
16・17	○千川通り方面の様子を把握することができる.	○千川通り方面を探検する.	・千川通り方面の白地図	【ア－③】【ア－④】【ウ－①】(白地図)
18	○千川通り方面の様子を白地図にまとめることができる.	○千川通り方面の様子を白地図にまとめる.	・千川通り方面の白地図	【ア－①】【ア－④】(白地図・発言)
19・20	○四つの方面の白地図を一つの地図にまとめ, 学校の周りの特色を考えることができる.	○四つの方面の白地図を一つの地図にまとめ, 学校の周りの特色を考える.	・四つの方面を統合した地図	【ア－②】【イ－②】【ウ－②】(ノート・発言)

a. 単元計画の概要

単元「お茶大の周りの様子」は, お茶大の周りを探検し, それを白地図にまとめ, 可視化することによって, その特色(特に, 土地利用)を分析, 考察する学習であり, 全20時間で構成されている.

第1時は, いわゆる「社会科開き」であり, お茶大のキャンパスの探検が行われる. 同キャンパスは, 土地の高低差が非常に顕著であり, 佐藤教諭は, 子どもたちが, その特性に着目できるように支援しようとしている.

第2時は, 探検の結果見えてきたお茶大のキャンパス内の様子を絵地図にまとめる(写真①). 土地の高低差を可視化する活動により, キャンパス内で生活する子どもたちは, 普段の生活の中で, 高低差を意識するようになる.

第3時は, お茶大の周りの白地図を手がかりに, 子どもたちがこれまでの自身の経験と記憶を頼りに, その様子を想起する. このような活動を通して, 佐藤教諭は, 子どもたちの実際に確認したいという気持ちを喚起し, 探検に行きたいという関心や意欲を高めようとしている.

第4時と第5時は，全員でお茶大の周りを一周する探検に出かけ，その様子を把握する．

　第6時は，お茶大の周りの様子を白地図にまとめる．その際，佐藤教諭は，お茶大の周りは建物が多いため，絵や言葉でそれらを地図に記入していくと，次第に，ごちゃごちゃになり，見にくくなっていくと予想している．そのような機会を捉え，佐藤教諭は，子どもたちが，地図記号の存在，そして，その必要性に気づけるように支援しようとしている．

　第7時と第8時は，全員で大塚公園方面を探検し，その様子を把握する．

　第9時は，大塚公園方面の様子を白地図にまとめる．第7時～第9時までの活動を通して，子どもたちは，「大塚公園方面は，消防署，病院，公園，寺院といったものがあること」を認識する．ここでも，上記のように，様々な種類の建物があるため，子どもたちは，多様な地図記号を使う機会となる．

　第10時と第11時は，全員で茗荷谷駅方面を探検し，その様子を把握する．

　第12時は，茗荷谷駅方面の様子を白地図にまとめる（写真②）．第10時～第12時までの活動を通して，子どもたちは，「茗荷谷駅方面は，人やお店，病院が多いということ，そして，土地が低い」ということを認識する．ちなみに，土地が低いというのは，茗荷谷駅から後楽園駅の辺りは，神田川沿いの低地のため，地下鉄やその駅が地上に出てきていることから，見て取ることができる．

　第13時と第14時は，全員で小日向方面を探検し，その様子を把握する．

　第15時は，小日向方面を白地図にまとめる．第13時～第15時までの活動を通して，子どもたちは，「小日向方面には，大学や短大等，学校が多い」ということを認識する．

　第16時と第17時は，全員で千川通り方面を探検し，その様子を把握する．

　第18時は，千川通り方面を白地図にまとめる．第16時～第18時までの活動を通して，子どもたちは，「千川通り方面には，印刷工場が多い」ということを認識する．ただし，佐藤教諭は，印刷工場の仕事内容は，小学校第3学年の子どもたちには少々難解であるため，深入りせずに，「印刷工場の数が多い」ということを掴むことに留めることを考えている．

　第19時と第20時は，上記の四つの方面の白地図を一つの地図にまとめ，お茶大の周りの特色を考える（写真③）．佐藤教諭は，主に，学校，寺院，そして，緑が多いといった特色を子どもたちが読み取ることを想定している．

　なお，佐藤教諭は，第3学年に公共を学ばせる際，わかりやすい教材である公園には，各方面への探検で必ず寄るようにしているという．後述する新大塚公園にも寄っており，そして，そこで遊ぶことにより馴染ませ，投げ込み単元への布石を打っている．

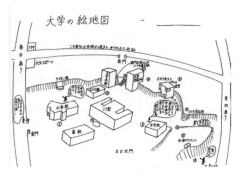
写真①　お茶大の絵地図

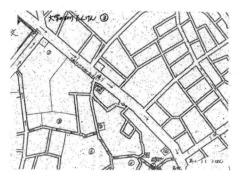
写真②　茗荷谷駅方面の白地図

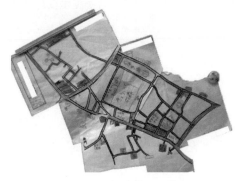
写真③　子どもが作成した地図

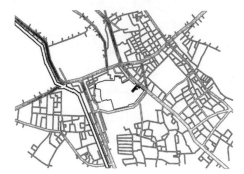
写真④　お茶大の周りの白地図

b. 計画段階における学習過程の構成

　本単元では，まず，お茶小の周りの四つの方面の特色を一つひとつ明確にしている．具体的には，「お茶小の周りの様子」は，消防署，病院，公園，寺院がある「大塚公園方面」，駅前で人や建物，病院の多い「茗荷谷駅方面」，学校が多い「小日向方面」，そして，印刷工場の多い「千川通り方面」というようなものである．

　そして，単元の終盤に，「学校の周りの特色とは何か？」という What 型の問いが立てられ，それに答えるため，各方面の特色をそれぞれ明らかにした上で統合し，「お茶小の周りの様子」の特色を描き出すことが行われている．つまり，帰納的な探究（認識形成）過程として組織されている．

　また，上記のような内容を把握するために，複数回の探検と地図づくりが行われている．特に，地図づくりは，地図記号の存在やその必要性に気づくところから始まり，繰り返し行われることによって，地図をつくったり，読んだりするスキルを習得することとなる．換言すれば，地域を可視化するスキルの習得もなされる構成となっている．

c. 計画段階における単元の構成原理

　本単元は，事実を関係づけて，地域の特色を帰納的に構築させることを目指すものであり，緩やかな「説明」を方法原理とした社会科の学習である．ここでは，このような単元を構成するための原理を検討していこう．

地域の特色の「説明」に主眼を置く際，まず，教材の選択に関しては，地域を多様性に富んだモザイクとして捉え，位置や土地利用の特性によって複数の場所に切り分け，それら一つひとつを取り扱う．

次に，それら一つひとつの場所の特色に関して，分析，考察を通して，それぞれ明らかにしていき，それらを統合して，地域の特色を描くという，帰納的な探究過程を組織する．統合の際，「〇〇（地域名）とは何か？」というWhat型の問いが立てられる必要がある．このWhat型の問いといった際，一問一答で返せるものと，一言では言い表せない多様な特性を有するため，それらを総合的に説明する必要があるものがある．ここでは，後者のWhat型の問いを指しており，複数の場所の特色を統合し，それを地域の特色として説明することを促す役割を果たす．

d. 単元計画の設計の実際

本単元は，如何にして設計されたのだろうか．ここでは，佐藤教諭への聞き取りやその際に提供していただいた本単元の資料を手がかりに検討していく．

まず，佐藤教諭は，学習指導要領・解説の「第3学年の目標及び内容」を確認し，本単元において育てようとする力や単元の位置づけを明確化している．佐藤教諭は，学習指導要領に示された目標と自身の教科観，子どもの実態（関心や学びの履歴等），そして，お茶小社会部（教科の研究部）の教科論を摺り合わせながら，単元目標を設定している．その際，評価規準を「知識及び技能」「思考力，判断力，表現力等」「学びに向かう力，人間性等」の三つの観点別に整理し，設定することも行っている．なお，単元目標に関しても，評価規準と同じく，上記の三つの観点別に整理し，本単元で特に重点化する観点を明確化しておくという方法を採ってもよいだろう．

次に，佐藤教諭は，教科書の内容構成や方法を分析することによって，本単元の主題，そして，学習過程を緩やかに確定している．第3学年・第4学年における地域学習では，教科書の内容は全国版であり，これを自身の地域の内容として再構成していくことが求められる．そこで，どのような内容構成や方法（ストーリー）で単元が展開しているかということを捉えておく必要がある．例えば，本単元の事例に引き付けて言えば，大まかに学校の周りを想起し，学習問題をつくり，複数の方面を探検しながら地図づくりをし，最後にそれをつなげてまとめる，といったストーリーを捉えることが考えられる．

そして，佐藤教諭は，入念な教材研究を行うことによって，主題，そして，学習過程を明確化し，同時に各時間の具体的なねらい，学習活動及び評価規準を設定している．本単元で言えば，教材は，お茶大とその周りの身近な地域であり，佐藤教諭は，その特色を明らかにすることをこの段階で行っている．そのために，副読本『わたしたちの文京区』はもちろん，区の地図，観光パンフレット，広報誌等，様々な資料を参照し，そして，自身の足で現地に出向くということも行っ

ている．例えば，茗荷谷方面の探検で低地であることを認識することが計画にあったが，現地を歩くことにより，地下鉄やその駅が地上に出てきていることを，授業で子どもたちに見せることができる．ほかにも，下を地下鉄が通過するとマンホールから風が出る場所（地下鉄の通っているルートが分かる）を発見したりする等，授業のネタと成り得るものを多く獲得している．

　上記のように，学習過程が確定したところで，佐藤教諭は，それを具現化する資料の準備を行っている．本単元では，お茶大のキャンパスの絵地図，お茶大周辺の白地図，大塚公園方面の白地図，茗荷谷駅方面の白地図，千川通り方面の白地図といったように，単元を通して，白地図が多く使われている．この中で，お茶大のキャンパスの絵地図は，以前，お茶小社会部に所属していた教員が手づくりしたものを受け継いでいるという．そして，それ以外は，市販の白地図に拡大コピーを繰り返しながら作成しているとのことである（写真④）．その三つの方面の地図は，元々一つの地図を四つに切ることにより，最後に統合した際に違和感がないように配慮されている．

　以上のように，本単元の設計は行われている．この後，一時間ごとのねらいに向けた具体的な指導案が設計されていく．

(2) 単元「お茶大の周りの様子」の評価

　本単元の評価は，如何に行われるのか．評価に関して佐藤教諭は，授業中の発言とノートの記述，作品（本単元では，地図）から評価規準により，子どもの学びを見取っている．他方，「学校での学習にきちんと向き合っているか」を問うため，全体が授業で取り扱われたもので構成されている自作のペーパーテストも実施している．紙幅の関係でテストの全体像は示すことはできないが，ここでは，佐藤教諭が作成した評価問題の要素を手がかりに，その評価活動に関して検討してみよう．評価問題は，大きく三つに区分することができる．

　第1に，地理的な技能（スキル）の定着を確かめるものである．ここで言う地理的な技能とは，方角や地図記号を指す．子どもたちは，本単元において，方角や地図記号を習得している．それらを問う評価問題として，例えば，「茗荷谷駅はお茶大から見てどの方角にありますか」や「次の地図記号は何を表していますか（「次の地図記号を書きなさい」）」といったものがある．

　第2に，社会的事象の構成要素に関する知識の定着を確かめるものである．子どもたちは，本単元において，通りや建物，公園等の名称を把握している．それらを問う評価問題として，例えば，「お茶大正門から茗荷谷駅につづくお店が多い通りは何通りですか」や「音羽通りと春日通りはどちらが高い所にありますか」といったものがある．

　第3に，事実を関連づける分析や説明を促しているものである．子どもたちは，本単元において，探検や地図づくりの中で，把握した社会的事象がそのように在

る理由を考えたり，また，各方面の地図を統合する中で，地域の特色を考察したりしている．

前者のようなことを問う評価問題として，例えば，「春日通りにお店が多いのはなぜですか」や「（上記の「どちらが高い所にあるか」に対して）そのように答えた理由を，学校の周りの探検を思い出して説明しなさい」といったものがある．ちなみに，これらの問題は，第2で示した二つの例とそれぞれ対応している．つまり，佐藤教諭は，事実の確認→理由の説明というセットで出題することで，理解することにとどまらず，思考することを子どもたちに促している．

後者のようなことを問う評価問題として，例えば，「お茶大の周りはどのようなところですか（お茶大の周りの特色とは何か）」といったものがある．

以上のように，佐藤教諭は，授業で取り扱ったことのみに出題する内容を絞り込み，学習成果を見取ることによって，指導と評価の一体化を実現している．また，上記の第1と第2は「知識及び技能」，第3は「思考力，判断力，表現力等」を問う出題をしているように，様々な観点から評価を行っている．

このような評価活動から，テストもただ闇雲に実施すればよいのではなく，指導と評価の一体化や様々な観点から評価を行うことを意識し，意図的・計画的に実施する必要があることが見えてこよう．

2. 投げ込み単元の設計・実施・評価

ここでは，佐藤教諭の実践である小学校第3学年社会科単元「公園に自動販売機を置くことについて考えよう」を事例とする[*7]．

第3学年における政治学習というものは，学習指導要領や教科書の枠で考えた際，存在しない．しかし，佐藤教諭やお茶小社会部は，主権者教育やそのための政治的リテラシーの涵養を重視しており，政治学習を第6学年に限定せず，もっと早い段階から育成すべきであると考えている．それを具現化し，第3学年でも政治学習が実行可能であることを示したのが，本単元である．

なお，本単元は，構成主義的な学力観に立ち[*8]，子どもたち主体で学習がつくられるように設計されているため，計画段階のみに着目して，単元の事実や「よさ」を描き出すのは困難である．したがって，(1)学習指導の計画案，(2)学習指導の実際，(3)評価（子どもの学びの成果）という三つの段階に分けて，単元を描き出していく．

(1) 単元「公園に自動販売機を置くことについて考えよう」の学習指導の計画案

計画段階の本単元は如何なるもので，それは，如何に設計されたのか．ここでは，1. の(1)と同じく，「a. 単元計画の概要」「b. 計画段階における学習過程の構成」「c. 計画段階における単元の構成原理」「d. 単元計画の設計の実際」の四つを明らかにすることによって，本単元の計画段階を示そう．

---

*7 ここでは，次の文献と佐藤教諭への聞き取りを参考に説明していく．
・お茶の水女子大学附属小学校社会部会「社会問題を通して「政治的リテラシー」を涵養する」お茶の水女子大学附属小学校・NPO法人お茶の水児童教育研究会『第79回教育実際指導研究会 発表要項』2017年，22-27頁．
・佐藤孔美「論争問題を通して「政治的リテラシー」を涵養する小学校社会科の学習－「争点を知る」に着目して－」お茶の水女子大学附属小学校『研究紀要』24，2017年，25-37頁．

*8 構成主義的な学習観において，学習者は知識を自ら構成する能動的な主体と見なされる．一方で，その対立軸として挙げられるのが，知識は客観的に把握できるものと見なす客観主義である．構成主義に関しては，次の文献を参照にされたい．
・久保田賢一『構成主義パラダイムと学習環境デザイン』関西大学出版部，2000年．

≪単元構成案≫

単元「公園に自動販売機を置くことについて考えよう」

単元の目標

「新大塚公園自動販売機設置問題」に関心をもち，よりよい公共施設づくりを目指して，根源的な価値観の対立（争点）を考える過程で，主体的に，様々な立場の人が幸せになれるような「判断の基準」をつくるようことができる．

評価規準

＊お茶小社会部が提案する「政治的リテラシー」の四つの要素に基づいて示す．

i 社会的事象や時事問題の対立点，論点や，それらの背景となる基本的事実を理解する．	「新大塚公園自動販売機設置問題」についての基本的事実や，この問題に関わる人々の多様な価値観，そして，この問題の争点を理解することができる．
ii 社会的事象や時事問題の対立点，論点について，多面的な見方（他者の視点）で考える．	「新大塚公園自動販売機設置問題」に対して，問題の「争点」を考える過程で，身近な人々の価値観，社会の中の多様な価値観を踏まえ，さらに，対話的な学びを通して，様々な立場から考えることができる．
iii 読み取った情報・知識を，自分の根拠にする．	「新大塚公園自動販売機設置問題」に対する家の人や地域の人へのインタビュー，ニュース，インターネット・新聞記事・文献・書籍等の資料などから，それらを自分の考えの根拠として活用することができる．
iv 様々な立場の人々が幸せになれる条件を考えて決定する．	よりよい公共施設づくりを目指して，主体的に，様々な立場の人々が幸せになれるような「判断の基準」を自分たちの力でつくることができる．

単元構成「公園に自動販売機を置くことについて考えよう」（全7時間）

時	ねらい	学習活動	資料	評価規準
1	○自身の経験や既有の知識を踏まえ，「問題」に関して判断することができる．	○新大塚公園の新しい公園整備にあたって出てきた自動販売機設置問題を知り，1回目の価値判断を行い，考えを発表し合う．	ー	【i】【ii】【iii】【iv】（ノート・発言）
2	○身近な人々の考えと出会い，「問題」に関して判断することができる．	○事前に，子どもたちが家の人や地域の人にインタビューしてきたことを発表し合う．	・インタビューメモ ・災害支援型自動販売機 ・「自動販売機」を主題とした本を書いた人の感想 ・自動販売機の設置台数と電気代	【i】【ii】【iii】【iv】（ノート・発言）
3・4	○社会の中の多様な考えに出会い，「問題」に関して判断することができる．	○新聞記事や書籍の抜粋等の資料を読み解きながら，自動販売機を置くことに対するよい点や問題点を知り，2回目の価値判断を行う．	・「大助かりした地震時の自販機」 ・「災害時は無料 病院に自販機 熱湯や水も提供」 ・「自販機荒らし」 ・「飲料自販機の節電を進めて」 ・「地域住民の方の話」	【i】【ii】【iii】【iv】（ノート・発言）

時	ねらい	学習活動	資料	評価規準
5・6	○判断するために大切なことを中心に，自分の考えを発表することができる．	○判断するために大切なことを中心に，そして，証拠となる事実を挙げながら，発表し合う．	・ここまで挙がってきた「判断の基準」のまとめ	【ⅰ】 【ⅱ】 【ⅲ】 【ⅳ】 （ノート・発言）
7	○これまでの学習を踏まえ，「問題」に関して判断し，意見文にまとめることができる．	○文京区役所の方から，実際の世の中の判断のプロセスと結果を伺い，自分の考えをまとめる．	・文京区のみどり公園課の方のお話	【ⅰ】 【ⅱ】 【ⅲ】 【ⅳ】 （ノート・発言）

a. 単元計画の概要

　単元「公園に自動販売機を置くことについて考えよう」は，地域の論争問題に関して判断するための，自身の「判断の基準」をつくることを志向した学習であり，全7時間で構成されている．

　第1時は，学校の近くの新大塚公園の新しい公園整備にあたって出てきた「新大塚公園自動販売機設置問題」を知る．この問題は，自動販売機を設置するか否かで意見が分かれているというものである．このような事実を押さえた上で，「新大塚公園には，自動販売機を設置した方がよいだろうか」という問いを学級で共有する．そして，問題に対する自分の考えを記述し，その結果を発表し合う（1回目の価値判断）．最後に，授業の感想を記述する．

　第2時は，事前に，子どもたちが家の人や地域の人にインタビューしてきたことを発表し合い，そこに現れている身近な人々の多様な価値観を共有する．その上で，その多様な価値観を具体化，明確化するために資料を読む．この資料は，佐藤教諭が提出される多様な価値観を推測し，予め準備しているものである．具体的には，賛成意見を補完する資料「災害支援型自動販売機」，反対意見を補完する資料「「自動販売機」を主題とした本を書いた人の感想」（ごみ問題），「自動販売機の設置台数と電気代」である．最後に，授業の感想を記述する．

　第3・4時は，まず，前時に書いた感想を読み合う．次に，それに関連する新聞記事や書籍の抜粋等の資料を読み解き，そこに現れている社会の中の多様な価値観を共有する．ここで佐藤教諭が使用しようと考えている資料は，賛成意見と反対意見それぞれを補完するものである．賛成意見を補完する資料として，「大助かりした地震時の自販機」，「災害時は無料 病院に自販機 熱湯や水も提供」がある．一方，反対意見を補完する資料として，「自販機荒らし」，「飲料自販機の節電を進めて」，「地域住民の方の話」がある．以上の活動を踏まえ，問題に対する自分の考えを記述する（2回目の価値判断）．それに際し，佐藤教諭は，ここまでに挙がってきた「判断の基準」を模造紙に印刷して貼りだし，多様な価値観を可視化することを考えている．そして，様々に出されている双方の立場の「判断の基準」に対して，「便利」や「環境」等，小見出しを付けながら，緩やかにカ

テゴリー化することで，争点を明確化することを計画している．

第5・6時は，真の争点を見つけることを目的とし，前時にまとめた問題に対する自分の考えについて，判断するために大切なことを中心に，そして，証拠となる事実を挙げながら，発表し合う．この話し合い後に，それを踏まえた問題に対する自分の考えを記述する．

第7時は，文京区役所の方から，実際の世の中の判断のプロセスと結果に関するお話を伺うことによって，子どもたち自身がつくった「判断の基準」を相対化する．そして，これまでの学習をふり返って，意見文を記述する．

b. 計画段階における学習過程の構成

本単元では，単元の序盤から中盤にかけて，人々の多様な価値観と出会いながら，自身の「判断の基準」を量的に拡大させている．具体的には，自身の経験や既有の知識を起点とし，身近な人の価値観，そして，社会の中の多様な価値観に出会っている．その過程で，学級の中の多様な価値観にも触れている．

このような「判断の基準」の量的な拡大は，個人的なものから社会的なものへと質的に深化させるものでもある．換言すれば，個人の欲求や経験に基づくレベルから，様々な立場の人の幸せを考えるレベルへの深化である．

また，単元の終盤には，争点を明確化することによって，「判断の基準」をより深化させている．具体的には，対立する双方の立場に対して出された「判断の基準」を緩やかにカテゴリー化し，争点を絞り込んでいく過程を可視化したり，「真の争点」を見つけ出すことを目的とした話し合いが行われたりしている．

以上のように，本単元は，自身の「判断の基準」を量的に拡大させるとともに，質的にも深化させていく，帰納的な探究（価値判断）過程として組織されている．

c. 計画段階における単元の構成原理

本単元は，目標にもあるように，地域の論争問題に対して，「様々な立場の人が幸せになれるような「判断の基準」をつくる」ことを最終的に目指すものであり，いわゆる「選択・判断」を方法原理とした社会科の学習である．ここでは，このような単元を構成するための原理を検討していこう．

「選択・判断」に主眼を置く際，まず，教材の選択に関して，その解決策を巡って意見が対立している論争問題を取り上げる．その際，本単元のように，小学校第3学年を対象としている場合，子どもたちにとって「身近な」地域の論争問題を選択するのが有効であろう．このように，身近な地域における論争問題を取り上げることにより，「学校の周りの様子」との連続性，発展性をつくりだすことを可能にする．本単元も「お茶小の周りの様子」のスピンオフ（もしくは，「お茶小の周りの様子」がプロローグ）であり，地域学習との連続性，発展性が充分に意識されている．

次に，単元の組織に関して，論争問題を議論しながら，子どもたち一人ひとりが自身の「判断の基準」をつくる過程として組み立てる．その際，本単元のよう

に，小学校，特に中学年を対象としている場合は，帰納的な探究（価値判断）過程として組織するのが有効であろう．それは，自身の価値観を起点として，無理なく，量的に拡大させるとともに，質的にも深化させながら，子ども一人ひとりが「判断の基準」をつくりあげていくことを保障するためである．つまり，結果としてつくられる「判断の基準」の中身の充実は本単元でも目指される．しかし，それ以上に，「私の「判断の基準」とは何か」を問い続けることによって，「深めようとする」「深めるために考える」「深めるために考え続ける」といった過程が重視されるのである．

また，このように考え続ける習慣を身につけていく中で，本当の意味で，子どもが社会的問題を所与の問題ではなく，自分にとっての問題として構成し，そして，自分を社会の中に位置づけていくことを可能としていくだろう．

d. 単元計画の設計の実際

本単元は，如何にして設計されたのだろうか．ここでは，佐藤教諭への聞き取りや『第79回教育実際指導研究会 発表要項』を手がかりに，検討していく．

まず，佐藤教諭は，次に示すような社会部の研究の蓄積と自身の教科観を踏まえて，単元の目標を設定している．佐藤教諭の所属するお茶小社会部では，主権者育成のために「政治的リテラシーを涵養する」という教育目標を掲げている[9]．そして，それを実際の授業のレベルに具現化する手段として，論争問題を通して「争点」を知る過程で，様々な立場の人が幸せになれるような「判断の基準」をつくるという授業構成論を構築している．佐藤教諭は社会部で研究する当事者であるため，その教科観も研究の影響を強く受けている．また，目標の設定に伴い，評価規準の設定も行っている．評価規準は，お茶小社会部が提案する「政治的リテラシー」の四つの要素がそのまま観点となっており，各時間の評価規準に関しても，全ての時間，その四つの観点から設定されている．

次に，佐藤教諭は，主題の設定を行う．上記の目標を達成するためには，主題として，論争問題を取り上げる必要がある．それに加え，小学校の第3学年ということもあり，子どもにとって身近な地域の問題であることが望ましい．このような視点から，佐藤教諭も身近なところに何か題材となる地域の論争問題はないかと，常に，アンテナは張り巡らせて，情報収集しているとのである．本単元の設計に際しては，以前，授業で知り合った文京区役所の方と連絡を取り，区で起きている問題の情報をもらい，それに関わる調べを進める中で「公園整備」という問題に行きついたという．また，それ以外にも，身近な地域から題材を探す際は，新聞や区報のようなものからも情報を得ているようである．

主題が確定した後，佐藤教諭は，入念な教材研究によって内容の確定を行う．本単元に関しては，「問題」に関わる多様な「判断の基準」を想定しておくことが必要となる．そこで，佐藤教諭は，広報誌にて，「問題」に関する行政と住民の話し合いがこの後4度行われることを知り，それに自らも参加することで，多

---

[9] お茶小社会部の研究に関しては，次の文献を参照されたい．
- 岩坂尚史「政治的リテラシーを涵養する社会科学習―第5学年「八ッ場ダム」実践からの考察―」お茶の水女子大学附属小学校『研究紀要』22，2015年，1-18頁．
- 岡田泰平「「政治的リテラシー」を涵養する小学校社会科学習のあり方―時事的な問題を「判断の規準」に基づいて論争する―」『社会科教育研究』129，2016年，14-27頁．
- お茶の水女子大学附属小学校「市民」研究部『提案や意思決定の学びを市民的資質につなげる』三友社，2004年．
- お茶の水女子大学附属小学校「市民」研究部『社会的価値判断や意思決定を育む「市民」の学習』三友社，2010年．
- 柳沼良太・梅澤真一・山田誠『「現代的な課題」に取り組む道徳授業』図書文化，2018年．

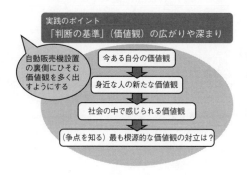

図 6-1 判断の基準の広がりと深まり
（佐藤（2017）による図表を一部修正）

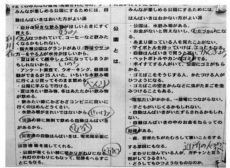

写真⑤ 「判断の基準」の整理（予定）

様な「判断の基準」を目の当たりにしたという．その他にも，「自動販売機」に関わる言説を新聞，書籍，そして，インターネットから収集し，必要に応じて，それを資料としている．

　内容が確定した後，佐藤教諭は，学習過程の組織化を行う．「b．」「c．」でも見てきたとおり，自身の「判断の基準」を量的に拡大させるとともに，質的にも深化させていく，帰納的な探究（価値判断）過程として組織している．佐藤教諭は「この形が自分の中で今一番しっくりいっている」と語っており，題材を変えながら実践を蓄積する中で，自身の単元構成論として確立していることがわかる（図6-1）．

　学習過程を明確化したところで，佐藤教諭は，各時間のねらいと学習活動を設定し，それを具現化する資料の準備を行っている．資料の準備は，片方の立場に偏らないで，必ず両方の立場のものを用意するように意識しているという．このことに関しては，「a．単元計画の概要」の中で資料名とその特性に関する具体を示しているので，参照されたい．

　以上のように，本単元の設計は行われている．この後，一時間ごとのねらいに向けた具体的な指導案が設計されていく．

（2）単元「公園に自動販売機を置くことについて考えよう」の学習指導の実際

　計画が実践された際，本単元は如何に展開していったのか．ここでは，「学びの履歴」を整理することによって事実を確定し，学習過程のストーリーを大まかに描いてみよう．

a．学びの履歴

　まず，実践された単元の記録を整理し，「学びの履歴」としてまとめることによって，単元の事実を確定する．

学びの履歴

第1時	○新大塚公園の整備に関わる一つの問題として，自動販売機の設置問題があることを知る． ○学級で問いを共有する． 　　新大塚公園には，自動販売機をおいた方がよいだろうか．

第1時	○自身の経験や既有の知識を基に，第1回目の価値判断を行い，自分の考えを記述する． ○価値判断を踏まえ，考えたことを発表し合い，学級で共有する．

置く派の「判断の基準」	置かない派の「判断の基準」
・お金が儲かるから． ・野球やサッカーをやる人がいるため，水分がいる． ・小さい子はジュースを飲みたがる． ・大人はコーヒーを飲みたいと思う． ・緑を見に来た人は，コーヒー等を飲んで休みたいと思うかもしれない． ・冬は温かいもの，夏は冷たいものが飲める． ・水飲み場が汚い． ・仕事帰りの大人は疲れており，飲み物を飲みたいかもしれない． ・サッカーや野球をやっている人が熱中症になるかもしれない． ・好きな物が飲める． ・アンケート調査からウォーキングする人がいることが分かり，いちいち水飲み場へ行くよりすぐ買える方がいい．	・水飲み場がある． ・お金がないと買えない． ・マイボトルを持っていけばいい． ・自販機で買うと高い． ・ペットボトルや缶などのごみがでる． ・ごみが出ると環境問題が起きる． ・ごみ箱を置くとにおい等がでる． ・あまり使っている人を見たことがない． ・無駄にお金を使うことになる． ・ジュースは体によくない．

○授業の感想を記述する．
※次の時間までに，家の方や地域の方にインタビューをしてくるように伝える．

第2時	○家の方や地域の方にインタビューしてきたことを発表し合い，学級で共有する．

置く派の「判断の基準」	置かない派の「判断の基準」
・小さい子が飲みたい時に飲めるからいい． ・近くに自販機が少ないから置いた方がよい． ・飲みたい時にわざわざ買いに行くのは面倒くさい． ・自販機は，公園が夜くらい時に明かり代わりになる． ・外灯の代わりになる． ・水飲み場が清潔でない． ・災害の時に無料で飲める自販機があるとよい．	・子どもがいじくるかもしれない． ・自販機がいたずらされるかもしれない． ・悪いことをするかもしれない． ・電気代がかかる．

○災害用自動販売機や自動販売機の電気代についてのことが出てきたので，予め用意しておいた資料を読む．
　・資料「災害支援型自動販売機」
　・資料「自動販売機」を主題とした本を書いた人の感想（ごみ問題）
　・資料 自動販売機の設置台数と電気代

○授業の感想を記述する．

第3・4時	○第2時に書いた授業の感想を読み合い，それに関連する新聞記事や書籍の抜粋等の資料を読む． ・資料「大助かりした地震時の自販機」 ・資料「災害時は無料 病院に自販機 熱湯や水も提供」 ・資料「自販機荒らし」 ・資料「飲料自販機の節電を進めて」 ・資料「地域住民の方の話」 ○ここまでに挙がってきた「判断の基準」を模造紙に印刷して貼りだし，多様な価値観を可視化すると同時に，「判断の基準」に対して，「便利」や「環境」等，小見出しを付けながら，緩やかにカテゴリー化する（写真⑤）． ○第4時までの学習を基に，第2回目の価値判断を行い，自分の考えを記述する．
第5・6時	○判断するために必要なことを中心に，そして，証拠となる事実を挙げながら，発表し合う． | 置く派の「判断の基準」	置かない派の「判断の基準」
・好きなものが飲める．好みを大事にしたい． ・飲みたい時にわざわざ買いに行かなくてすむから便利． ・野球やサッカーをする人がいるから，夏など熱中症にならぬよう置いた方がよい． ・災害時に無料で飲み物が飲める．命を優先しなければいけない． ・自動販売機があると明かり代わりになるから，犯罪も減らせて安心．	・ごみのポイ捨てがあり，ごみの問題が心配． ・公園が汚くなって不愉快になる． ・近所に住む人たちがうるさいかもしれない． ・自動販売機は電気代もかかるし，節約すべきだ． ・電気を使うことは地球温暖化につながる． ・自動販売機荒らしがあるから，犯罪も増えて安全・安心の公園でなくなる． | ○話し合いを踏まえ，問題に対する自分の考えを記述する．
第7時	○文京区のみどり公園課の方のお話を伺う． ・①最終結論（新大塚公園には自動販売機は設置しない），②結論に至るまでの経緯（置くメリット・デメリット，判断に至る前に），③子どもたちの質問タイム ○これまでの学習をふり返って，意見文を記述する．

b．学習過程の実際

実践された単元の記録である「学びの履歴」に着目しながら，学習過程を概観してみよう．第1時の話し合いに着目すると，「冬は温かいもの，夏は冷たいものが飲める」や「自販機で買うと高い」といったように，個の観点（自身の感覚や感情）に基づいた「判断の基準」が多く挙がっている．換言すれば，自分が自動販売機を使うことを想定していると解される．一方，この時点で既に「ごみが出ると環境問題が起きる」「無駄にお金を使うことになる」といったように，社会的な観点に基づいた「判断の基準」もいくつか見られる．

第2時の話し合いに着目すると，「災害の時に無料で飲める自販機があるとよい」「自動販売機がいたずらされるかもしれない」「電気代がかかる」といったように，社会的な観点に基づいた「判断の基準」が増加している．これは，家の方や地域の方へのインタビューによって，小学校3年生の子どもたちが自分たちと

はまた違った価値観と出会った結果である．

　第5・6時の話し合いに着目すると，第2時のものは，「災害時に無料で飲み物が飲める．命を優先しなければいけない」「自動販売機荒らしがあるから，犯罪も増えて安全・安心の公園でなくなる」「自動販売機は電気代もかかるし，節約すべきだ」となっている．このように，社会的な観点に基づいた「判断の基準」が増加し，より具体的なものとなっている．

　以上のように，当初，個の観点に基づいた「判断の基準」が多く挙げられていたが，学習が進むに連れて多様な立場の人々の価値観に気づいていき，社会的な観点に基づいた「判断の基準」が増加していることが分かる．

(3) 単元「公園に自動販売機を置くことについて考えよう」の評価

　本単元は，何のために何をどのように評価すべきか．ここまで見てきたように，本単元は，「私の「判断の基準」とは何か」ということを問い続ける，個々の子どもの思考を重視したものとなっていた．

　思考を評価する際，例えば，説明型の授業であれば，概念を用いた事象の説明，議論型の授業であれば，根拠・論拠やその裏づけといったように，結果として出来上がったものを評価することを思い浮かべるだろう．これまで，筆者は，それに加えて，そこに至るまでの思考の過程を評価することの必要性を主張してきた[*10]．なぜなら，思考をつくり，そして，つくりかえていく過程を見て取らねば，その支援も空回りしてしまう可能性が生じるためである．

　本単元における佐藤教諭の行っている評価は，子どもの記述に密着し，個々の学習過程，思考過程を見て取ろうとしており，まさに，指導と評価の一体化を体現していると言える．したがって，ここでは，佐藤教諭の評価活動に着目し，思考の評価の実際を示そう．その手順は，大きく次の二つである．まず，子どもの思考過程に関わる事実を確定する．次に，確定した事実を基に考察を加える．なお，紙幅の関係で，AとBという，特徴的な思考過程を辿っていた2名の子どものみを対象として示そう．

a. 子どもの思考過程の事実の確定－「判断の基準」の量的拡大－

　子どもの思考過程の事実を確定する際，佐藤教諭は，次のように進めていた．まず，学習の成果である意見文を読み込み，到達点を明確化した（表6-1）．次に，2回の価値判断や授業の感想を収集し，それを時系列に並べ，子どもの思考過程の再現に努めた．そして，子どもの記述に密着し，自動販売機を置くメリット（＋）とデメリット（－）を記述している箇所に下線を引き，それに＋か－を明示し，小見出しを付け，「判断の基準」を明確化していった（表6-2）．

　では，具体的に見ていこう．表6-2を参照されたい．例えば，第1時の第1回目の価値判断の段階における2名の分析に関しては，次のとおりである．

　まず，Aに関しては，「水筒などを持ってくるのを忘れる人がいたら，自動販

[*10] 例えば，次のようなものがある．
・岡田了祐「社会科学習評価への質的研究法 Grounded Theory Approach の導入－社会認識形成過程における評価のための視点提示に関する方法と実際－」『社会科教育研究』121, 2014年, 91-103頁.

売機ですぐに買える」と「夏で公園で病気になったら水が必要」を「判断の基準」として見いだしている．前者に関しては，メリットとし，小見出しとして「便利さ」を付け，後者に関しては，同じくメリットとし，小見出しとして「大切さ」を付けている．

一方，Ｂに関しては，「町中にたくさんあるから，あまり必要性はない」と「設置にお金もかかる」を「判断の基準」として見いだしている．前者に関しては，デメリットとし，小見出しとして「自動販売機の必要性」を付け，後者に関しても，同じくデメリットとし，小見出しとして「設置代」を付けている．

このような作業を踏まえ，最後に，1回分の記述で，また，7時間トータルで「判断の基準」がいくつずつあり，そして，その内訳として，メリットとデメリットがそれぞれいくつずつあるかということを分析し，考察している．

以上により，佐藤教諭は，「判断の基準」の量的な拡大，そして，自分と異なる価値観を踏まえて判断しているか否か，いるとすれば，如何なる形で記述に現れているか，ということを見取っている．

表6-1　子どもの学習成果に関する対照表

A	全員の利用者は，一人ひとり考え方が違うので，一人に合わせてしまうと他の人が楽しめなくなる可能性があります．そこで，私は一つの条件があるだけで，「公園」とは難しくなるものだなと思いました．・・・みんなの希望をかなえるには，なるべくよくなるようにいいところを新しい案に取り入れるとよいということを学びました．・・・自動販売機を置くかのときは，私は真っ先に置くを選びました．便利だという理由だけでした．でも，話し合いを進めていくうちに，簡単には決めてはいけないと気が付きました．・・・何事も軽はずみに決めてはいけないと気が付きました．全体を通して，私は公園とはみんなが楽しめる日常的に大切な存在なので，それを決めるには，利用者の思いを考え，希望がかなっている素敵な場であるように，真剣に決めていかなければいけないと学びました．
B	Ａ案かＢ案か決めるとき，大事だと思ったことは，いろいろな人の立場になるということです．Ａ案かＢ案の場合は，お母さんの立場や，休みたいサラリーマンの人や，毎日公園に来ている人の立場になったりしました．自動販売機を置くか置かないかを決めるときには，スポーツをやっている人などの立場になってみました．いろいろな立場になると，自分はこっちの方がいいななどと思っていたことも，少し変わってくることがわかりました．他にも，私が判断するときに大事だと思ったことは，証拠の事実を見つけることです．自分は，こう思っていたけど，実際に見てみたり，聞いてみたりしたら，違ったり，同じ意見だったりするので，証拠の事実はとても大事だと思いました．・・・いい意見も悪い意見も出すと，みんなのことを考えさせてくれるので，いいと思いました．自販機では，普段を大切にするか，災害時を大切にするかでもめました．それぞれに，メリットデメリットがあり，これもとても考えました．でも実際に大石さんの話を聞くと，犯罪が起きてしまうかもしれないと，普段のことを大切にしていました．そして災害時の場合は，音羽中学校へ行けばいいと，この意見にも納得できました．なので，実際に聞いてみることは本当に大切なことがわかりました．

表 6-2　子どもの思考過程の事実に関する対照表

	A	B
1回目の価値判断	置いた方がいい．理由は<u>水筒などを持ってくるのを忘れる人がいたら，自動販売機ですぐに買える</u>[1]し，<u>夏で公園で病気になったら水が必要</u>[2]です．のどが渇いた時に，家にいったん帰らなくてもすむし，すぐに買えば水分も補給できるから．	自動販売機はあまり使っている人をみたことが少ないのに，町中にたくさんあるから，<u>あまり必要性はない</u>[i]と思う．もし水を飲みたいなら水を飲めばいいし，お茶がほしければコンビニで買ったりしてもってくるのでもいいし，ソーダなど買いたければコンビニでいいと思う．<u>設置にお金もかかる</u>[ii]し，置かない方がいい．
判断の基準	1 ＋便利さ 2 ＋大切さ	ⅰ －自動販売機の必要性 ⅱ －設置代
感想	<u>公園に初めて来た人の印象がよくなる</u>[3]と思う．<u>人々のためを考えている</u>[4]から．	自販機はあっても<u>ポイ捨てが増えるだけ</u>[iii]だと思います．やっぱり，自販機はない方がいいと思います．
判断の基準	3 ＋公園の印象 4 ＋公共	ⅲ －ポイ捨て
感想	置いた方がいいと思う．<u>公共施設なので，もしものことを考えておくのはあたり前</u>[5]だと思う．<u>もしものさいがいの時のことを考える．</u>[6]	置く方のいいところは，<u>災害時に無料で飲み物をくれる</u>[iv]こと．置かない方のいいところは，<u>4590億円に＋17万円になってしまう</u>[v]こと．
判断の基準	5 ＋公共 6 ＋災害時	ⅳ ＋災害時 ⅴ －電気代
2回目の価値判断	置いても悪いことはあるけど，それはふせげる．自販機は<u>もしもの時に役立つ</u>[7,8]し，置かない方がよいと思っている意見をこれから自販機の工夫につなげて生かしていけばいい．	①<u>ガチャンという音がうるさい</u>[vi]と近所の人が言っている．②莫大なお金がかかる．[vii]③ポイ捨てがあると，せっかく緑が多くて気持ちいい公園なのに<u>ふゆかい</u>[viii]になる．
判断の基準	7 ＋災害時の安全と情報確保 8 ＋便利さ	ⅵ －騒音 ⅶ －コスト ⅷ －本来の公園の意味
感想	<u>ポイ捨て</u>[9]だと置かない方がいいし，災害時だと必要なので，どちらもいい方があるので迷いました．けれど，<u>もしもの時に命がすくわれるかもしれない</u>[10]ので置いた方がよい．	一番迷っているのは，災害時のことを大切にするか，ふだんのことを大切にするか．災害というのは，しょっちゅうおきる物でないから，<u>ふだんのことを大切に</u>[ix, x]する．
判断の基準	9 －ポイ捨て 10 ＋災害時，命の安全	ⅸ ＋災害時 ⅹ －普段のことを大切に

b. 子どもの思考過程の考察－「判断の基準」の質的深化－

　子どもの思考過程を考察する際,佐藤教諭は,「ア.」で確定した事実を基に,「思考過程は如何なるものか」というリサーチクエスチョンを立て,ストーリーを描いていた.表6-3にその具体を示そう.

表6-3　子どもの思考過程の考察に関する対照表

Aは,初めから設置する考えを貫き通している.初めは,自販機があるとすぐに買える便利さや病気になったら水が必要という命の安全のことをあげていた.最終判断の前までに,設置することのマイナス点も認めているが,最後には災害時のことをあげ,もしもの時に命が救われるという理由で設置する判断をした.命の安全という価値判断が,病気になったら水が必要だから,万が一のことも想定した判断に成長していることがわかる.
Bは,元々,便利な世の中に批判的な価値観をもつ生活経験の持ち主.自販機の設置には,初めから反対意見を述べている.話し合いの度に,新しい価値観が対話的学びを通してBの中に生まれ,災害に無料で配られる良さと,自販機を置くマイナス面で自己内対話を行っている.そして,公園がもつ本来の意味や新たな視点として,普段のことを大切にするか万が一のことを重視するか,自分なりの「争点」をもちながら,判断している.

　以上のような佐藤教諭の評価活動は,データに密着し,解釈しながら,子どもの実態をダイナミックに描き出そうとする,質的帰納的なものである.このような発想で評価を行うことにより,個々の子どもたちにとって必要な支援や授業改善のための有力な指針を得ることを可能とするだろう.

参考文献
澤井陽介『小学校 新学習指導要領 社会の授業づくり』明治図書,2018年.
棚橋健治『社会科の授業診断－よい授業に潜む危うさ研究－』明治図書,2007年.
安野功・加藤寿朗・中田正弘・石井正弘・唐木清志・児玉大祐・小倉勝登『平成29年版 小学校新学習指導要領ポイント総整理社会』東洋館出版社,2017年.

第7章

小学校社会科第4学年の学習指導・評価
―実際に授業を単元で構想してみよう―

第1節　第4学年社会科の学習指導

1. 第4学年社会科の基本的性格

　第4学年の目標と内容は，従来（平成10年度と平成20年度の学習指導要領），第3学年と併せて2学年まとめて示されていた．2017（平成29）年3月に告示された新しい『小学校学習指導要領』では，知識・理解の質を高め，確かな学力を育成するために，学年別に系統的，段階的に目標と内容が示されている[*1]．

　第4学年では，社会的事象の見方・考え方を働かせ，学習の問題を追究・解決する活動を通して，次のとおり(1)「知識・技能」，(2)「思考力・判断力・表現力等」，(3)「学びに向かう力・人間性等」の涵養）」の三つの柱に沿った資質・能力を育成することが目指されている．

　このうち，(1)は，生きて働く「知識・技能」の習得に関する目標である．前

*1 見比べてみよう：第3学年で何を学び，どのような見方・考え方を育成するのか，それらの学力を第4学年でどのようなものに高めようとしているのか，目標や内容，児童用教科書の記述を見比べ，系統性を調べてみよう．
（例）暮らしを守る

第3学年
消防署や警察署等が関係機関と協力して暮らしを守っている

第4学年
自助・共助・公助・互助がそれぞれ役割を担っている

> (1) 自分たちの都道府県の地理的環境の特色，地域の人々の健康と生活環境を支える働きや自然災害から地域の安全を守るための諸活動，地域の伝統と文化や地域の発展に尽くした先人の働き等について，人々の生活との関連を踏まえて理解するとともに，調査活動，地図帳や各種の具体的資料を通して，必要な情報を調べまとめる技能を身に付けるようにする．
> (2) 社会的事象の特色や相互の関連，意味を考える力，社会に見られる課題を把握して，その解決に向けて社会への関わり方を選択・判断する力，考えたことや選択・判断したことを表現する力を養う．
> (3) 社会的事象について，主体的に学習の問題を解決しようとする態度や，よりよい社会を考え学習したことを社会生活に生かそうとする態度を養うとともに，思考や理解を通して，地域社会に対する誇りと愛情，地域社会の一員としての自覚を養う．

半部分が知識に関する目標（何を理解しているか），後半部分が技能に関する目標（何ができるか）を示している．

　知識に関する目標については，理解する人々の生活舞台を学年ごとに系統的，段階的に拡大させている．第4学年は，第3学年の自分たちの市から学習対象を広げ，県を中心とする地域社会を理解する．第3学年及び第4学年の市や県を中

心とする地域社会に関する知識は，第5学年の我が国の国土，第6学年の我が国と関係の深い国の生活やグローバル化する国際社会における我が国の役割を理解する際の土台となる．中学年のうちから，学習内容に関わる国名等に触れさせて世界への関心を高めつつも，子どもの発達段階を踏まえて，身近な地域から徐々に学習対象を広げていく同心円的拡大[*2]という構成は従来どおりである．

　技能に関する目標については，第3学年と共通にしてあり，自分たちの市，自分たちの県，という内容に応じて，社会的事象に関する情報を調べてまとめる技能を繰り返し身に付けることが求められている．観察や見学，聞き取り等の調査活動の技能については第3学年及び第4学年において身に付け，第5学年及び第6学年では各種資料を通した情報収集の技能習得が中心となる．とはいえ，第5学年及び第6学年においても調査活動の技能を必要に応じて取り上げて小学校を卒業するまでに身に付けるように指導することが大切である[*3]．

　必要な情報を調べまとめる技能については，第4学年では第3学年と同様に地図帳や具体的資料（地域の平面地図，立体地図，写真，実物等）を，第5学年及び第6学年では各種の基礎的資料（地球儀，統計，年表等）を通して育成する．また，第4学年では各種資料を集めて読み取り，白地図や年表にまとめることが中心だが，第5学年からは，情報手段の特性や情報の正しさ，資料の特性に留意する等，適切に情報を集めることができるようにすることが求められている．このように，第4学年は第3学年で育成した具体的な調査活動や資料からの情報収集の技能を定着させ，第5学年以降のより高度な情報収集の技能習得に向けた基礎を育成する段階であるといえる．

　(2)は，未知の状況にも対応できる「思考力・判断力・表現力等」の育成に関する目標である．児童の発達の段階が2学年ごとのまとまりで捉えられており，第4学年は第3学年と同様の目標となっている．

　思考力については，第3学年及び第4学年で社会的事象の特色や相互の関連，意味を考える力を育成し，第5学年及び第6学年では，それらを複数の立場や意見を踏まえて多角的に考える力へと発展させていく，というように「理解していること・できることをどう使うか」が系統的，段階的に示されている．第4学年で養う思考力は，自分たちの県の地理的環境の特色，飲料水，ガス，電気を供給する事業や廃棄物を処理する事業が果たす役割，自然災害から人々の安全を守る活動の働き，文化財や年中行事に込められた人々の願いや努力，地域の発展に尽くした先人の役割等を考える力である．

　判断力については，第3学年から第6学年まで共通で，社会に見られる課題を把握して，その解決に向けて自分たちにできること等社会への関わり方を選択・判断する力の育成が求められている．問題解決的な学習の充実を図り，学校教育が長年その育成を目指してきた「生きる力」を社会科教育全体で育もうとしていることがわかる．「生きる力」とは予測困難な社会の変化に主体的に関わり，感

---

*2 同心円的拡大

第3学年
市区町村
（例）暮らしを守る消防や警察の仕事

第4学年
関わりのある他の県や国
県　国
自分の都道府県
市区町村
（例）暮らしを守るご近所づきあいや個々の備え，市の防災計画，他県や他国の支援

第5学年
国際社会　国土
都道府県　市区町村
（例）暮らしを守る国の対策や復興支援，他国や他県との広域防災支援体制

*3 情報収集や調査活動の技能：教師自身が地図読解や施設見学から情報や知識を得る方法を身につけておく必要がある．児童の技能向上のために，地理学や歴史学や社会学の調査方法を文献から学んだり，郷土の歴史家等と一緒に地域を歩いたり，博物館等の学習会に参加したりすることが役立つ．

性を豊かに働かせながら，どのような未来を創っていくのか，どのように社会や人生をよりよいものにしていくのかという目的を自ら考え，自らの可能性を発揮し，よりよい社会と幸福な人生の創り手となる力である．第4学年では，「生きる力」として節水や節電，ゴミの減量や水を汚さない工夫，自然災害に対する日頃からの備え，伝統や文化の保護・継承に関して，地域や生活における課題を見つけ，それらの解決のために自分たちにできることを選択・判断する力の育成が求められている．

表現力については，第3学年及び第4学年では，考えたことや選択・判断したことを文章で記述したり図表等に表したりすることが求められている[*4]．この表現力は，第5学年及び第6学年で求められる，根拠や理由等を明確にして論理的に説明する力や他者の主張につなげたり，立場や根拠を明確にして自分の考えを主張したりする力の基礎となっている[*5]．

(3)は，学びを人生や社会に生かそうとする「学びに向かう力・人間性等」の涵養に関する目標である．この目標は，「知識及び技能」や「思考力，判断力，表現力等」に関する目標において示されている事項と密接に関連しているものであり，児童の発達の段階を踏まえて，系統的，段階的に示されている．

社会的事象について，「主体的に学習の問題を解決しようとする態度や，よりよい社会を考え学習したことを社会生活に生かそうとする態度」は，各学年の内容に応じて繰り返し養うことが求められている．第4学年は自分たちの県の特色や生活環境を支える事業等について「どのように社会・世界と関わり，よりよい人生を送るか」を考えていく．

(3)の後半部分は，各学年の内容に関連した思考や理解を通して涵養される愛情や自覚等について示している．第4学年では，学習する生活舞台である自分たちの県を中心とする地域社会に対する誇りと愛情，地域社会の一員としての自覚を養う．これらは強制するものではなく，第3学年の身近な地域や市と第4学年の県の様子や伝統文化や先人の働きについての思考と理解を通して，養われるものである．それが第4学年で養われることではじめて，第5学年及び第6学年における我が国の国土や歴史に対する理解と愛情を育てていくことができる．

2. 第4学年社会科の内容

第4学年の内容は，県を中心とする地域社会の社会的事象について，次の五つの項目から構成されている．なお，これらは，中学校で学ぶ内容との関連を考慮して，①地理的環境と人々の生活，②歴史と人々の生活，③現代社会の仕組みや働きと人々の生活に区分して捉えることができる．

---

*4 表現力：社会科固有の表現方法として，地図や年表にまとめることが考えられる．総合的な学習の時間との連携をはかり，電子機器を用いた4コマCMを作成したり，算数との連携で表やグラフで表したりする等多様な方法も経験させたい．

*5 思考ツールの活用：考えを整理し，視覚化するベン図やフィッシュボーン図などの思考ツールを中学年のうちから活用しておくと，第5学年以降の論理的説明力や議論する力の基礎が培いやすい．

> (1) 都道府県の様子・・・・・・・・・・①
> (2) 人々の健康や生活環境を支える事業・・・・・③
> (3) 自然災害から人々を守る活動・・・・・・③
> (4) 県内の伝統や文化，先人の働き・・・・・②
> (5) 県内の特色ある地域の様子・・・・・・・①

第4学年では，これらの内容を取り上げ，自分たちの県を中心とした地域の社会生活を総合的に理解できるようにするとともに，地域社会に対する誇りと愛情，地域社会の一員としての自覚を養うようにする．

主として「地理的環境と人々の生活」に区分される内容については，平成20年度の学習指導要領における県の様子に関する内容が二つに分けられ，「都道府県の様子」と「県内の特色ある地域の様子」が独立して示された[*6]．

「都道府県の様子」では，自分たちの県の地理的環境の概要と47都道府県の名称と位置を理解するようにする．概要とは，国内における自分たちの県の位置，隣接する県との位置関係，県全体の地形や主な産業，交通網の様子や主な都市の位置等を指す．指導にあたっては，地図上で自分たちの県の位置を言い表す活動，県の白地図に地形や産業の分布，交通網，主な都市の位置を書き表す活動，47都道府県の位置を地図帳で確かめ，その名称を白地図に書き表す活動等，県の地図や地図帳を十分に活用することが大切である．都道府県名の名称に用いる漢字表記については，国語科と指導する時期の連携を図り，児童が慣れるようにする必要がある．

「県内の特色ある地域の様子」では，人々が協力し，特色あるまちづくりや観光等の産業の発展に努めていることを理解できるようにする．特色ある地域として取り上げる地域は，世界との関わりに関心が高まるよう，これまでの「自然環境，伝統や文化等の資源を保護・活用している地域や伝統的な工業等の地場産業の盛んな地域」に「国際交流に取り組んでいる地域」[*7]が加えられた．具体的には，姉妹都市提携等を結び外国の都市と様々な交流を行っている地域や，国際都市を目指して市内で外国との交流活動を盛んに行っている地域等を指している．特色ある地域を選定する際には，広く県内から地域を選択し，自分たちの住んでいる市と比較しながら，それらの地域の特色を捉えることができるよう配慮する必要がある．その際，地場産業が盛んな地域や国際交流に取り組んでいる地域については両方とも必ず取り上げ，地域の資源を保護・活用している地域については自然環境，伝統的な文化のいずれかを選択して取り上げる．

主として「歴史と人々の生活」に区分される「県内の伝統や文化，先人の働き」[*8]には，地域の人々が県内の文化財や年中行事を受け継いできたことや，それらには地域の発展等人々の様々な願いが込められていることを理解する内容と，地域の発展に尽くした先人が，様々な苦心や努力により当時の生活の向上に貢献したことを理解する内容とがある．

*6 地理的環境と人々の生活

*7 調べてみよう：国際交流に取り組む地域には，姉妹都市や留学生との交流活動，フェスタ等の観光イベントを通じた交流が考えられる．県内にはどのような事例があるだろうか．

*8 歴史と人々の生活

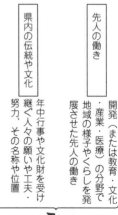

地域の様子や暮らしが時間と共に移り変わってきた

県内の伝統や文化については，主な文化財や年中行事の名称や位置等が大まかにわかるようにすることが新しく明示された．「地理的環境と人々の生活」に区分される「県内の特色ある地域の様子」の学習が，伝統的な文化を保護・活用してまちづくり等を行っている地域の様子を学ぶこととの違いに配慮し，文化財や行事を保護・継承している人々の努力を取り上げることが必要である．具体的には，文化財が生まれた時期や保存されてきた理由，年中行事のおこりや成り立ち，大切に保存したり受け継いだりしている人々の工夫や努力，地域の人々の願いを取り上げる．また，第4学年の内容の(4)において「年中行事」の事例として地域の祭りを取り上げて学習した場合には，内容の(5)における「県内の特色ある地域」の事例として自然環境を保護・活用している地域を取り上げ，事例の重複や偏りが生じないように配慮することが大切である．

先人の働きについては，内容の取扱いにおいて，これまでの「開発，教育，文化，産業等」に「医療」が加えられた．具体的には，新しい医療技術等を開発したり病院を設立したりして医学の進歩に貢献した人を指し，その他の開発（用水路の開削や堤防の改修，砂防ダムの建設，農地の開拓等を行って地域を興した人），教育（藩校や私塾等を設けて地域の教育を発展させた人），文化（新聞社を興す等文化を広めた人），産業（地域の農業・漁業・工業等の産業の発展に尽くした人）等の地域の発展や技術の開発に尽くした先人の具体的事例の中から一つを選択して取り上げる．

主として「現代社会の仕組みや働きと人々の生活」に区分される内容については，「人々の健康や生活環境を支える事業」と「自然災害から人々を守る活動」が示されている[*9]．防災に関する内容の充実が求められる中，これまで「地域社会における災害及び事故の防止」の内容の取扱いに示されていた「風水害，地震等」が「自然災害から人々を守る活動」として独立して示された．自然災害については，「地震災害，津波災害，風水害，火山災害，雪害等の中から，過去に県内で発生したものを選択して取り上げる．」その際，政治の働きに関心を高めるようにすることを重視して，「県庁や市役所の働き等を中心に取り上げ，防災情報の発信，避難体制の確保等の働き，自衛隊等国の機関との関わりを取り上げる」必要がある．

「人々の健康や生活環境を支える事業」に関する内容については，飲料水，電気，ガスを供給する事業において「安全で安定的」な供給を，ゴミや下水等の廃棄物の処理において「衛生的な処理や資源の有効利用」を扱うことが示された．それぞれ，供給・処理の仕組みや経路・再利用の他に，県内外の人々の協力に着目することが明記されている．県内外の人々の協力とは，飲料水，電気，ガスの供給に関係する施設や事業所等の建設に関わる県内外の人々，節水（節電や省エネ）等に関わる県内の人々，廃棄物の処理に関係する施設や事業所，ごみ処理場や下水処理場等の建設に関わる県内外の人々，ごみ資源のリサイクルや水の再利用等

*9 現代社会の仕組みや働きと人々の生活

第3学年学習内容：災害や事故から暮らしを守る諸機関の連携
↓
・人々の健康や生活環境を支える事業：飲料水（または電気・ガス）の安全で安定的な供給　ゴミや下水などの衛生的な処理や資源の有効利用
・自然災害から人々を守る活動：県内で過去に発生した地震災害（または津波災害・風水害・火山災害・雪害等）

に関わる人々等の連携や協力のことである．

　電気を取り上げる場合には，電力を大量に消費する大都市圏に住む人々の生活は，消費地から離れた県等にある発電所から電力の供給を受けることで成り立っていることに触れるようにする．その際，先の東日本大震災において原子力発電所で大きな事故が発生したことに伴って生じ，現在なお直面している多くの困難を踏まえ，当該地域やその住民，一時避難者に十分配慮して指導することが必要である．

　廃棄物の処理については，内容の取扱いに「現在に至るまでに仕組みが計画的に改善され公衆衛生が向上してきたことに触れること」が加えられた．例えば，川の水や井戸水をそのまま飲んでいたこと，かまどやランプを使って生活していたこと，下水を十分に処理しないまま川や海等に流したり，ごみをそのまま埋めたり燃やしたりしていたこと等に触れ，その後，上水の仕組み，ごみや下水の処理の仕組み等が計画的に改善されてきたことにより，公衆衛生が向上し，環境に与える負荷が軽減してきたことに気付くようにする．

　「法やきまり」については，廃棄物の処理に限定して扱うこととなった．例えば，ごみの処理，下水の処理に関わって，ごみの出し方や生活排水の処理，資源の再利用等に関する法やきまりを取り上げる等，地域の人々の健康な生活や良好な生活環境の維持と向上を図るための法やきまりを扱うようにする[10]．

3. 第4学年社会科の位置付け

　これまで第3学年及び第4学年の2学年の目標や内容は，まとめて示されてきた．新学習指導要領では，学年ごとに目標と内容が示されている．そのため，第4学年では，第3学年の学習をより定着させ，第5学年及び第6学年のより抽象度の高い学習へと発展させていく系統性に配慮することが大切である．

　ただし，先述したように，知識に関する目標が，世界を視野に入れながらも学年を追うに連れて学習対象を地域社会から国際社会へと同心円的拡大の構成をとっているのに対し，その他の目標は，内容に応じて繰り返し身に付けられるように，第3学年，または全学年と共通にしてある．具体的には，次のように第3学年及び第4学年と，第5学年及び第6学年の2学年ごとに段階的に身に付けることが求められている．技能に関する目標は，具体的な調査活動や具体資料による情報収集から，より抽象的な資料による適切な情報収集へ，思考力に関する目標はより多角的に考える力へ，表現力に関する目標は文章や図表による表現から，より論理的な説明や根拠・理由を明確にした議論する力へ，学びに向かう力や人間性等に関する目標は，地域社会に対する誇りと愛情，地域社会の一員としての自覚から国土や歴史に対する愛情，国民としての自覚や世界の国々の人々との共生へと，段階的に身に付けられるようにする．

　地図帳の活用についても系統的，段階的に示されている．これまで地図帳は，

*10　調べてみよう：人口やごみの量の増加，プラスチックなどのごみの種類の変化に応じて，ごみの衛生的な処理から，持続可能な社会の発展に向けたごみの減量化のための法やきまりへと変化してきている．どのような法やきまりがあるだろうか．また，ESD（持続可能な社会の発展のための教育）やSDGs（持続可能な開発目標）の視点から地域の廃棄物処理を研究してみよう．

第4学年から給与されていたが，新学習指導要領では，グローバル化等への対応を図っていくために，第3学年から第6学年の全学年において活用されることとなった．社会科の学習においては，社会の変化に自ら対応する資質・能力の育成を図る観点から，学び方や調べ方を大切にし，児童の主体的な学習を一層重視することが必要である．すなわち，児童一人一人が自らの問題意識をもち，問題解決の見通しを立て，必要な情報を収集したり，収集した情報を読み取ったり，読み取った情報を分類・整理してまとめたりする学習活動を構成することが求められている．地図帳は，その学習活動を支える重要な教材のひとつで，位置や空間的な広がりに着目して社会的事象を捉える見方・考え方を養うことができる．地図帳を日常的に活用し，地図帳への親しみをもち，問題解決のための教材として効果的に活用する技能や意欲を育てるようにすることが大切である．

　第3学年では，地図帳の内容構成や方位，主な地図記号を理解できるように指導がなされ，地域の人々の生産や販売についての学習の中で様々な都道府県の名称や，世界の国の名称が扱われる．第4学年は，第3学年で折に触れて親しんだ都道府県の名称を基礎に，我が国が47の都道府県によって構成されていることがわかり，都道府県の名称と位置を地図帳で確かめ，日本地図（白地図）上で指摘できるようにする．また，自分たちの県の様子，飲料水，電気，ガスの供給や廃棄物の処理についての学習を中心に，他の教科等の学習や家庭等においても，折に触れて，都道府県や世界の国の位置，大陸や主な海洋との関係を地図帳や地球儀で確認したり，学習した事柄を日本地図（白地図）や世界地図（白地図）に整理したり，教室環境を工夫して日本の都道府県を表す地図を常掲したり，地球儀を常備したりして，活用を促したりすることが大切である[*11]．このように，日常的に様々な都道府県や世界の国の名称を度々扱っていくうちに，第5学年で学習する世界の大陸や主な海洋の位置や広がり，それらと我が国の国土との位置関係等に自然と親しむことができる．さらに，第5学年では，我が国の位置と領土の範囲，地形や気候の概要，農業や水産業，工業の盛んな地域，貿易や運輸等についての学習の中で，第6学年では歴史学習の中で，様々な都道府県の名称，世界の国の名称が度々扱われることで，第4学年において修得した47都道府県の名称と位置が小学校卒業までに確実に身に付き，活用できるようになる．

4．第4学年社会科の課題

　社会科の指導にあたっては，「知識及び技能」の習得，「思考力，判断力，表現力等」の育成，「学びに向かう力，人間性等」の涵養が偏りなく実現されるよう，単元等，内容や時間のまとまりを見通しながら，主体的・対話的で深い学びの実現に向けた授業改善を行うことが重要である．

　「主体的な学び」の実現については，児童が社会的事象から学習問題を見いだし，その解決への見通しをもって取り組むようにすることが求められる．そのために

*11 調べてみよう：給食の食材の原産地を調べたり，朝の会等でスリーヒントクイズ等のゲーム感覚で楽しく地域を見つける活動を行ったりして，地図帳を日常的に開くことを習慣づけることが望ましい．休日や長期休暇での外出先を地図帳で調べたり，地図上を指でなぞりながら旅行の話をしたりする等，具体的な方法を保護者に伝え，協力をあおぐことも大切である．

は，学習対象に対する関心を高め問題意識をもつようにするとともに，予想したり学習計画を立てたりして，追究・解決方法を検討すること，また，学習したことを振り返り，学習成果を吟味したり新たな問いを見いだしたりすること，さらに，学んだことを基に自らの生活を見つめたり社会生活に向けて生かしたりすることが必要である．

　例えば，人々の健康や生活環境を支える事業において，飲料水を供給する事業を取り上げる際は，「生活の中でどのような時に水を使うのか」「もし水不足等で水が使えなかったらどのようなことに困るのか」を話し合う等して，水が自分たちの生活にとって欠かせない資源であることに気付かせる．子どもたちが水に関心を抱いた所で，増加していた市の給水量が減る等の変化を表すグラフや学校に送られてくる水の通り道の流れ図を見たり，学校の水道管や水道メーター等の設備を観察したりする．これらの調査活動や資料で得られた基礎情報を手がかりにして，「生活に欠かせない水はどのようにしてきれいにされ，どこから送られてくるのか」といった学習問題を子どもたちが見いだしていく．そして，その学習問題について予想し，調べることは何か，どうやって調べるのか，わかったことをどのようにまとめるのかという学習計画をたてていく．最後は，かぎりある水[*12]を安心して使い続けることができるようにするために，自分たちにできることを話し合う等して，学んだことを生かしていく．

　「対話的な学び」の実現については，学習過程を通じた様々な場面で児童相互の話合いや討論等の活動を一層充実させることが求められる．また，実社会で働く人々から話を聞いたりする活動についても今後一層の充実が求められる．さらに，対話的な学びを実現することにより，個々の児童が多様な視点を身に付け，社会的事象の特色や意味等を多角的に考えることができるようにすることも大切である．例えば，浄水場，水質試験所，ダム等の施設で働く人や，水源の森を守る活動をしている人や森の大切さや良さを伝える活動をしている人から話を聞くことが考えられる．子どもたち同士の対話は，導入部では生活中の水を使う場面について，展開部では水の循環について，終結部では持続可能な水資源利用について，というように学習過程の各段階で行うことができる．

　「深い学び」の実現については，児童が社会的事象の見方・考え方を働かせ，調べ考え表現する授業改善を図ることが必要である．社会的事象の見方・考え方は，社会的事象の特色や相互の関連，意味を考えたり，社会に見られる課題を把握して，その解決に向けて社会への関わり方を選択・判断したりする際の「視点や方法（考え方）」である．具体的には，「位置や空間的な広がり，時期や時間の経過，事象や人々の相互関係等に着目して（視点），社会的事象を捉え，比較・分類したり総合したり，地域の人々や国民の生活と関連付けたりすること（方法）」である．「社会的事象の見方・考え方を働かせ」るとは，これらの視点や方法を用いて，社会的事象について調べ，考えたり，選択・判断したりする学び

*12　かぎりある水：蛇口をひねればいつでも簡単に水が得られる児童にとっては，水がいかに貴重でかぎりある物か，実感がわかない．そこで，特別活動における野外体験活動で水道のない生活を体験したり，災害時等で水で困った体験談を聞いたり，地球儀を使って地球上の水と，それらのうち，安心して生命維持や生活に利用できる水がどれだけあるのかを視覚化したり，緑のダムの減少等，水不足になる可能性をあげたりして，水の確保が切実な問題であることをつかませたい．

方を示している．例えば，次のように三つの「視点」からそれぞれ問いを設定して，社会的事象について調べてその様子等を捉えることである．

> (1) 位置や空間的な広がり…どのような場所にあるか，どのように広がっているか等と，分布，地域，範囲等を問う．
> (2) 時期や時間の経過…なぜ始まったのか，どのように変わってきたのか等と，起源，変化，継承等を問う．
> (3) 事象や人々の相互関係…どのようなつながりがあるか，なぜこのような協力が必要か等と，工夫，関わり，協力等を問う．

そして，どのような違いや共通点があるか等と，比較・分類したり総合したり，どのような役割を果たしているか等と，地域の人々や国民の生活と関連付けたりする「方法」で，考えたり選択・判断したりすることである．

各単元でどのような「社会的事象の見方・考え方を働かせ」るのか，すなわち，どの視点・方法から，どのような問いを設定して調べていくのかは，教師の教材研究に基づく学習問題の設定や発問の構成の工夫に左右される．

なお，一つの単元で働かせる視点・方法は，一つとは限らない．必要に応じて複数の視点・方法を組み合わせて学習を構成する必要がある[*13]．それは，小学校社会科では，総合性を重視する観点から，歴史に関わる事象であっても空間的な広がりに着目すること，地理的環境に関わる事象であっても時間の経過に着目すること，現代社会の仕組みに関わる事象であっても地理的位置や始まった時期や変化等に着目すること等が考えられるからである．また，位置や空間的な広がり，時期や時間の経過，事象や人々の相互関係（因果関係等）に着目するほかにも，効率や公正等，視点は多様にある．

*13 複数の視点：各単元でどのような見方・考え方を働かせるのか，時間・空間・相互関係から教材研究してみよう．

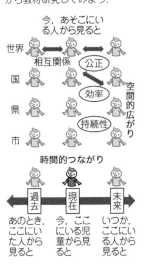

例えば，現代社会の仕組みや働きと人々の生活に区分される「自然災害から人々を守る活動」では，「災害に備えて，どのような協力が必要か？」「被害が予想される地域では，どのような工夫をしているか？」等の相互関係の視点からの問いが中心となることが考えられる．しかし，「今まで，県内のどこで，どのような地震が起こり，どのような対策がとられてきたのか？」「自主防災組織がなぜ作られたのか？」等，空間や時間の視点からの問いを設定して調べなければ，地域の自然災害の特徴や人々を守る活動を捉えたり，その働きを考えたりすることはできない．また，乳幼児や高齢者や障害者や外国人等の立場から公正な避難所のあり方を考えることも可能である．方法としては，「家でできる工夫と学校や地域でできる工夫はどのような違いや共通点があるのか？」「自助，共助，公助，互助のそれぞれがどのような役割を果たしているのか？」等と比較したり，分類したり，関連付けたりすることが考えられる．教師は，教科書を参考にしながら，地域の社会的事象を教材研究し，上述のような視点・方法からの問いの順序を考え，各種資料の選定や効果的な活用，学んだ事象相互の関係を整理する活動等を工夫して，児童が社会的事象の見方・考え方を働かせ，調べ考え表現する授業を

実現していく必要がある．

第2節　第4学年の学習指導事例

1．単元「人々の健康や生活環境を支える事業」の学習指導計画案
(1) 単元名「わたしたちのくらしをささえるごみのしょり」
(2) 単元設定の理由

a. 教材観 [*14]

　本単元は，主として「現代社会の仕組みや働きと人々の生活」に区分される小学校学習指導要領第4学年2内容(2)(イ)人々の健康や生活環境を支える廃棄物を処理する事業を扱う．具体的には，廃棄物の処理の仕組みや再利用，県内外の人々の協力等に着目して，見学・調査したり地図等の資料で調べたりしてまとめ，廃棄物の処理のための事業の様子を捉え，その事業が果たす役割を考え，表現する．そのことを通して，廃棄物を処理する事業は，衛生的な処理や資源の有効利用ができるよう進められていることや，生活環境の維持と向上に役立っていることを理解できるようにする．その際，現在に至るまでの仕組みが計画的に改善され公衆衛生が向上してきたことや，社会生活を営む上で大切な法やきまりについて触れ，ごみの減量等自分達にできることを考えたり選択・判断したりできるよう配慮する．

　これらの学びを進めていくために[*15]，本単元では，広島市のごみ処理を教材として扱う．本市は，1975年に「ごみ非常事態宣言」を発し，翌年，全国に先駆けて全市域で家庭ごみの5種類分別収集を実施した．2001年からは，ペットボトルを，2004年からはごみを可能な限りゼロに近づけ環境への負荷を極めて小さくする「ゼロエミッションシティ広島を目指す減量プラグラム～110万人のごみゼロ宣言」を策定してリサイクルプラスチックを分別収集する等，ごみの減量化や資源化に努めてきた．2004年から2013年までの10年間は「ゼロエミッションシティ広島の実現」を基本理念に，「広島市一般廃棄物（ごみ）処理基本計画」を策定して市民・事業者・行政が協力しながら，ごみの減量やリサイクル等により，循環型社会の形成に取り組んできた．

　その結果，2005年度から2013年度まで1人1日当たりのごみ排出量が政令指定都市の中でも最も少ない都市になる等，ごみの減量，資源化に大きな成果を挙げてきた．しかし，その後のごみ排出量は微増，微減を繰り返し，ほぼ横ばいで推移している．そのため，2015年度から2024年度までの10年間の計画として新たに「一般廃棄物（ごみ）処理基本計画−ゼロエミッションシティ広島への挑戦−」を策定し，市民・事業者・行政の協働によるごみの減量化・資源化に取り組んでいる．目標は，1人1日当たりのごみ排出量を平成2013年度実績の859g/人日から，2019年度までに33g（中間目標），2024年度までにさらに41g（最終目

[*14] 学習指導要領の研究：教材観1段落目は，学習指導要領を読み解き，本単元で最低限おさえるべき目標・内容・方法を整理している．

[*15] 教科書や地域の社会的事象の研究：2～4段落目は，教科書を複数見比べ，目標を達成するためには具体的にどのような事象（地域の事例）を教材に選べば良いかをつかみ，本単元を実践する小学校のまわりに似た事例や先駆的取り組みはないかをフィールドワークや文献講読（法律・経済・地理などの図書，新聞等）を通して見つけ，その特徴や教材としての有効性を説明している．

標），合計で74g削減し，785g/人日以下にすることである．

具体的な取り組み例として，「ひろしまエイト」と称してごみを可燃ごみ，ペットボトル，リサイクルプラ，その他プラ，不燃ごみ，資源ごみ，有害ごみ，大型ごみの8種類に分別収集して，ごみ減量化や資源化を図っていることがあげられる．この取り組みの結果，平成30年3月に環境省が取りまとめた報告によると，2016年度の1人1日当たりのごみ排出量は，全国平均の925gを大きく下回って，840.8g/人日と目標に順調に近づき，愛媛県松山市（789.3g/人日），東京都八王子市（799.1g/人日）についで全国ベスト3に輝いた．

このように，本市のごみ処理は先駆的な取り組みを計画的に実施してきており，未来に向けてゼロエミッションシティという持続可能な社会の実現を明確に設定した取り組みが見られる．したがって，社会的事象の見方・考え方[*16]として，過去，現在，未来という「時期や時間の経過」の視点からごみ処理の仕組みが計画的に改善され公衆衛生が向上してきたことや「ごみの処理をする社会」から「ごみを減らす社会」へとうつりかわってきたこと，持続可能な循環型社会の形成に向けて自分ができることを調べ考えるのに適した教材といえる．また，それらの思考や理解を通して，本市に対する誇りと愛情，地域社会の一員としての自覚を養うことができると考えられる．

「位置や空間的な広がり」という視点から教材としての本市のごみ処理を捉えると，本市では，北海道にある民間の処理施設において，有害ごみ等の無害化処理を行っていることを除けば，可燃ごみ，不燃ごみ，資源ごみ，粗大ごみ，処理残渣，焼却残渣等をすべて本市内の多様な区に整備された各施設において処理していることがわかる．焼却施設は沿岸部と山間部の幹線道路沿いに立地し，周辺には温水プールが分布し，焼却時に発生する熱が利用されている．ごみ焼却発電による電気は処理施設内で利用し，余剰電機は周辺の電気事業者に売却している．埋立地や大型ごみ破砕処理施設は広い土地がある山間地域に，リサイクルセンターや廃プラスチック圧縮梱包施設は広い土地や倉庫や工場があり船舶輸送に便利な沿岸部に立地している．また，ペットボトルの中には，中国に輸出されているものもある．このように，本市のごみ処理は市内に整備された施設へ計画的に運搬，処理されるだけでなく，必要に応じて北海道や中国等の市域を超えて[*17]処理，利用されていることが分かる教材といえる．

「事象や人々の相互関係」の視点からは，次の3点において本市のごみ処理が新学習指導要領において追記された「県内外の人々の協力」に着目することや学習内容に関わる国名等の世界への関心を高めるのに適した教材と考えられる．

第1は，本市の最終処分場である玖谷埋立地が平成31年度に受け入れを終了し，平成32年度からは恵下埋立地（仮称）が整備される点である．埋立地は安定したごみ処理体制に欠かせない施設であるが，用地の確保が難しく，計画から埋立開始までには長期間を要する．恵下埋立地周辺の住民の協力や田畑や温泉地等の自

*16 深い学びに向けた本単元で働かせる社会的事象の見方・考え方の明確化：5段落目以降では，取り上げた教材を時間的つながり等から捉えると，どのような法則や社会の見方・考え方が育成できるかを考え明記している．

*17 県内外の人々の協力：グローバルな広がりの中で事象を捉えることが大切である．

然豊かな地域の一画をごみ埋立地にすることによって，自分たちの健康的で清潔な生活環境が守られていることに気付かせることができる．また，恵下埋立地が，災害発生時のための予備容量を確保しながら，できるだけ長く（計画では約30年間）受け入れを行うには，埋立量を平成36年度までに約3割（40,000t/年以下）に減らすことが必要である．自分たちの暮らし方やごみの出し方が埋立地の延命化や地球環境の維持を左右するというつながりに気付かせることができる．

　第2は，ごみ処理施設の集約化等によって環境負荷・財政負担を低減すると共に，大規模災害により発生する大量の災害廃棄物の処理に対応するため，ごみ処理に係る近隣自治体等との広域的な連携を推進しようとしている点である．本市は2014（平成26）年豪雨災害に伴う災害廃棄物処理計画を策定・実施し，広島県は2018（平成30）年3月に災害廃棄物処理計画を策定している．しかし，2018（平成30）年7月の西日本豪雨時は，県内で最大量の災害廃棄物が生じた呉市をはじめほとんどの自治体が計画を策定しておらず，仮置き場の選定や他部署との連携に時間がかかる等した．広域圏での人々の協力が欠かせないことに気付くことができる．

　第3は，ペットボトルの資源化を巡る問題である．市内で処理されたペットボトルは日本容器包装リサイクル協会を通じて資源化が図られている．全国で80％の回収率を誇っているものの，ペットボトルの消費が増え，少なくとも4,000万本のペットボトルが回収されずに，河川や海洋に流出している．それらは，その他のプラスチックごみと共に紫外線や波によって砕かれ，マイクロプラスチックとなって様々な有害物質を吸着させながら水中を漂い，生物の体内に取り込まれていることが問題視されている．また，ペットボトルの国内循環が十分進められず，高値で売却できる中国等海外に輸出されるものも多い．しかし，2018（平成30）年に中国がペットボトル等プラスチックごみの受け入れを停止したため，世界的にペットボトルの処理場が不足している．ごみの減量化，資源化には各施設の切れ目ない連携が欠かせないことが理解しやすい．

b. 児童観 [*18]

　ごみを可能な限りゼロに近づけ健康で清潔な生活環境を守るため，広島市は「ゼロエミッションシティ広島の実現」を掲げて取り組んでいる．この理想の実現には，市民・事業者・行政の協力が欠かせない．しかし，児童の多くは，ごみの問題解決に協力していく主体者意識を抱く以前に，ごみに対する関心が薄く，ごみの減量化や循環型社会の形成を切実な問題として認識していない．

　例えば，校区内の公園は，児童にとって大切な場所であるにもかかわらず，お菓子のごみをポイ捨てする姿が見られる．特別活動においてネイチャーゲームをすると，自然物の中に人工物が混じっているのを見つける力が弱く，見つけても自然の美しさが汚れることへの違和感がない様子である．そのためか，滑り台の上がごみだらけでも目に留まらないのか，そこで座り込んでおしゃべりを楽しん

*18　児童の研究：本単元に関する児童の学級内外での様子を観察し，どのような授業が必要かを探っている．ここでは，観察にとどまったが，ごみに対する意識調査をしたり，心理学や子どもを取り巻く環境に関する図書や論文を読んで，児童理解を深めることが大切である．

でいる児童もいる．地域の方々による清掃や風雨のおかげで，翌日にはまたきれいな公園で遊ぶことができるからか，ごみはいつか消え去るものなので気にしないという感覚のようである．机の周りにあるごみを払いのけたり，押しやったりして，ごみが自身から遠ざかればそれでよく，いつの間にか消え去ってくれるのを待っている．また，紙ごみは，児童の手のひら（名刺大）以上であればリサイクルでき，ひもで縛ることがむつかしい場合は紙の封筒に入れる等して資源ごみとして出すことができる．しかし，児童は紙ごみのほとんどを焼却ごみとして出している[19]．

c. 指導観[20]

主体的な学びに向けて[21]，次の三つの活動を工夫し，児童のごみに対する関心やごみ減量化の主体者意識を喚起したい．一つは，特別活動の時間と連携して，河川の上流域と下流域での川遊びとゴミ拾いを行い，その経験を比較したり，地域の清掃活動に参加したりしてごみの存在を意識化する体験活動である．もう一つは，清掃工場を見学したり，ゼロエミッションシティづくりを目指している市役所の担当者や地域の清掃ボランティアを招いたりして，聞き取りや見学等の調査活動を行うことである．最後は，資料活用の工夫で，社会的事象を児童一人ひとりの生活に引き付けて捉えさせることである．例えば，市のごみ処理費用を調べる際は，一人当たりいくらかかるのか，そのお金（約 13,000 円）があったら何ができるかを考えさせたり，もし学校の運動場が埋立地やごみ置き場になったらと想像させたりする．地図帳を見ながら，ごみ処理施設の位置や，関連する国名や都道府県名（中国や北海道）を白地図にまとめる際も，児童がごみを捨てる場所（家，学校，公園等）を書き込み，そこから矢印を伸ばしてごみ処理の流れを表す．このようにして，社会的事象と児童の密接な関わりを常に意識化させたい．

対話的で深い学びに向けて，本単元では，法やきまりに着目した話し合いを重視したい．導入部では，広島市のごみ分別表，ごみの量のグラフ，ごみ置き場の看板を教科書で取り上げられている地域のものと比較し，相違点，共通点，それらに関わる自分たちの経験を話し合わせる．それにより，本市が 8 種類と他県よりも分別の種類が多いこと，焼却ごみだけ週 2 回集めること，その他のごみは週1回～月 2 回と収集回数が少ないこと等から，各自治体が細かいきまりを工夫してごみを分別して計画的，効率的に収集していることを学べるようにする．また，なぜごみを分別するのかについて，それぞれのごみの種類に応じた適切な方法で処理されているのではないか，リサイクルをしてごみを減量化するのではないかという予想をたてさせ，各処理施設を調べる展開部の学びを主体的に行えるようにする．

展開部では，過去から現在に至るまでに法やきまりが改善され，公衆衛生が向上してきたことについて話し合わせる．ごみをそのまま埋めたり燃やしたりしていた頃，市がごみを収集して処理していた頃（プラスチックごみが増えてきた頃，

---

[19] 特別支援を必要とする児童：ここでは明記しなかったが，自閉症スペクトラム児等，児童の実態に応じて，視覚的情報を増やしたり，見学時の配慮をしたり，個別に興味関心を引き出したりする必要性を明確化することが大切である．

[20] 指導上の留意点：地図の活用や調査活動，他教科との連携，博物館などの活用，地図帳の活用といった学習指導要領で重視されている活動を意識して取り入れている．

[21] 指導の工夫：主体的な学びや対話的な学びに向けて指導の工夫を考え，明記したい．

ペットボトルが増えた頃等），ごみを分別してリサイクルするようになった頃のきまりについて，何が変わり，何が変わらないのかについて話し合わせ，「ごみの処理が〇〇から〇〇へ大きく変わった」という文を完成させる．このような話し合いにより，私的処理から公的処理へ，ごみが増量する時代から減量（抑制）する時代へ，処分から循環利用へ，という構造的な変化に気づかせたい[*22]．終結部では，法やきまりを改善して，公衆衛生が向上してきたことをまとめ，それを維持したり，まだ残された課題を解決したりするために自分たちにできることを話し合わせる．その際，きまりを守るだけの消極的な生活者の立場からできることを話し合うのに加えて，きまりを作っていく積極的な生活者の立場からも考えさせたい[*23]．具体的には，これまでがそうであったように，今あるきまりを改善して公衆衛生を向上させていくことが大切であることから，中間目標の達成度を見極めて「広島市一般廃棄物（ごみ）処理基本計画」を見直す平成31年度というタイミングをとらえて，自分だったらきまりをどのように改善するかを考えさせる．導入部で焼却ごみの収集回数が多く，資源ごみ収集の回数は少ないことを話し合いで気づき，展開部で焼却ごみの中に資源ごみが混じっている問題点を知る機会があるので，児童によっては，資源ごみの収集回数を増やし，焼却ごみの収集を減らせばよいという案を考えるかもしれない．クラスの多様な改善案をまとめ，ゼロエミッションシティを促進する市役所の担当者にプレゼンして講評をいただく[*24]ことで，ごみ処理と利用についての理解を深め，主体者意識を喚起して授業後も暮らしの中でごみとの付き合い方を考えていけるようにしたい．これらを通して地域社会の一員としての自覚を養いたい．

[*22] 表現力：どのような深い学びを得させるのかという目指す見方・考え方に向けて，どのように表現する活動を工夫すれば良いのかを考えることが大切である．

[*23] 最新の情報：公民的資質や市民性についての文献を読み，社会科を通して育成する資質についての新しい議論を踏まえて単元目標を再考したり，新しい指導方法を調べたりして，常に改善していくことが大切である．

[*24] 対話的な学び：児童間の話し合いだけでなく，地域の多様な立場の方々との対話的学びの場を設けることが表現力の向上と共に，事象のより深い理解を促すのに役立つ．

(3) 単元の目標

　社会的事象の見方・考え方を働かせ，学習の問題を追究・解決する活動を通して，次のとおり資質・能力を育成することを目指す．

知識・技能	思考力・判断力・表現力等	学びに向かう力・人間性等
地域の人々の健康と生活環境を支える働きについて，人々の生活との関連を踏まえて理解するとともに，調査活動，地図帳や各種の具体的資料を通して，必要な情報を調べまとめる技能を身に付けるようにする．	社会的事象の特色や相互の関連，意味を考える力，社会に見られる課題を把握して，その解決に向けて社会への関わり方を選択・判断する力，考えたことや選択・判断したことを表現する力を養う．	社会的事象について，主体的に学習の問題を解決しようとする態度や，よりよい社会を考え学習したことを社会生活に生かそうとする態度を養うとともに，思考や理解を通して，地域社会に対する誇りと愛情，地域社会の一員としての自覚を養う．

　具体的には，広島市における人々の健康や生活環境を支えるごみ処理事業について，学習の問題を追及・解決する活動を通して，次の事項を身に付けることが

できるよう指導する．

a. 知識・技能

　廃棄物を処理する事業は，ごみの減量化と資源化に努め，県内外の人々の協力によって衛生的な処理や資源の有効利用ができるよう進められていることを理解する．具体的には，10年ごとにごみの減量化と資源化を目指した計画を策定し，5年ごとに中間目標の達成度から計画を見直して実施している．現在は，「ひろしまエイト」として，8種類の分別収集に応じた各処理施設を整備し，市民・事業所・行政の協働により，ごみをできるだけ抑制し（リデュース），できるだけ資源として有効に利用し（リユース・リサイクル），どうしても利用できないごみは衛生的に処分することでゴミを限りなく0にするゼロエミッションシティを目指している．

　市民・事業所・行政の取り組みは，1人1日当たりのごみ排出量が政令指定都市の中で最も少ない都市になる等，生活環境の維持と向上に役立っていることを理解する．

　見学・調査したり地図などの資料で調べたりして，まとめる．具体的には，清掃工場を見学したり，地図や関係機関（環境省や広島市）が作成した資料で調べたりして，白地図や図表にごみの処理と利用をまとめる．

b. 思考力・判断力・表現力等

　処理の仕組みや再利用，県内外の人々の協力などに着目して，廃棄物の処理のための事業の様子を捉え，その事業が果たす役割を考え，表現する．

　具体的には，焼却ごみは市の焼却施設で燃やし，焼却灰は埋立処分したり，セメントなどに資源化したりし，焼却熱や電気は温水プールや施設内の運営に利用したりしていることやそれらに携わる人々の連携や協力について，見学や資料を通して調べる．

　ごみ処理の仕組みは，種類や量が増え続けるごみを衛生的に処分していくことから，適切に処理をして減量化，資源化を図り，ごみを利用していくものへと変わってきたことを考える．

c. 学びに向かう力・人間性等

　「ごみがどのように処理されたり，利用されたりしているのか」等の学習問題をたてて，その答えを予想し，何について調べるかを話し合って計画をたてて調べる．

　ごみを減らすために自分たちが協力できることを考えたり，ごみの出し方のきまりの改善方法を考えたりして，地図や流れ図や表にまとめる．

(4) 単元指導計画（全18時間扱い）

　本単元までに，特別活動において，河川の上流域と下流域での川遊び・ごみ拾いを行い，気付きを比較しておく．

時	段階	主な学習活動と問い	主な児童の反応
1・2	つかむ	○広島市では、ごみはどのように出し、どのように収集されているのだろう？ （日本地図で広島県広島市の位置を確認する。分別表や市からのお願いを見ながら、川遊びの時に集めたごみの写真を分別してみる。） ・ごみは何種類に分けているのか？ ・どのようなきまりがあるのだろう？ ・それぞれ何曜日に出すのだろう？ ・どの種類のごみが多いか？ ・一人当たりどれくらいのごみを出しているのか？	・8種類に分けている。 ・手のひらより大きな紙は資源ごみで出す。 ・可燃ごみは週二回収集する。 ・資源ごみを持ち去ってはいけない。 ・可燃ごみが多いので減らした方が良い。
		○教科書のごみの分け方と同じ点と違う点は何か。 （広島市と教科書に掲載されている地域のごみの分別表、ごみ置場の看板の写真、ごみの量のグラフを見比べる。）	・分別する種類が多い。 ・広島市は資源ごみを月二回しかないが、教科書の地域では毎週出せる。 ・どの市もきまりを決めて分別収集をしている。
		○どうしてこのように分別しているのだろう？ （ごみと収集車とごみ処理施設の写真カードを組み合わせる。疑問を出し合う。） ・きまりを守らないと何が困るのか？ ・きまりを守らないと誰が困るのか？ ・収集されたごみは、どのごみ処理施設に運ばれるのか？ ・何で運ぶのか？	・集めた後の処理の仕方が違うから？ ・「混ぜればごみ、分ければ資源」だから？ ・ごみを減らすため？ ・きまりを守らないと収集できないのは、運ぶ場所が違うから？
		○どのような学習問題を作り、どのように調べ、まとめていくか？ ・調べることは何か？ ・どうやって調べるか？ ・調べたことをどうやってまとめるか？	・どの種類のごみをどの車でどの施設に運ぶか調べよう。 ・ごみを燃やした後、灰はどうするのか。 ・清掃工場を見学したり、パンフレットを読んだりしよう。 ・メール等で聞こう。 ・カードにまとめよう。
		収集されたごみは、どのように処理されるのだろう？	
3・4・5・6・7・8・9	調べる①	○清掃工場では可燃ごみをどのように処理しているのか？ （清掃工場を見学して、分かったことをノートに書く。） ・収集車は1日に何台くるのか？ ・どこから運んでくるのか ・どれくらいのごみを燃やすのか？	・コンピューターで温度を一定にし、排ガス装置で、有害なガスを出さないようにする。 ・市内には4カ所清掃工場があり、全部で1,500 t燃やしている。 ・きまりを守らないと炉が痛む。 ・戸別収集が増えて集めるのが遅くなった。

時	段階	主な学習活動と問い	主な児童の反応
		・どうやって燃やすのか？ ・働く人はどれくらいいるのか？ ・働く人は，どのような道具や機械を使って，どのような仕事をしているのか？ ・においや煙はどうしているのか？ ・きまりを守ってごみを出さないと何が困るのか？ ・どれくらいの費用がかかるのか？それは一人当たりいくらか？ ○灰や温水はどうするのか？ （清掃工場周辺や埋立地を見学して分かったことをノートに書く．） ・処分場がいっぱいになったらどうするのか？ ・雨が降ったらどうするのか？ ・もし学校の隣が処分場だったら？ ○収集されたごみがどこで，どのように処理されているのか？ （見学で分かったことや考えたことを話し合う．自分達がどこでごみを出すかを白地図に書き込み，それがどこの施設に運ばれて処理されるのか矢印を書いて，広島市のごみ処理マップを作る．）	・熱や蒸気を使って発電し，工場で利用したり売ったりしている． ・一人13,000円のごみ処理費用がかかる． ・温水プールや大浴場が隣接している． ・灰の一部はセメント等に再利用される． ・残された灰は最終処分場に埋める． ・ごみは衛生的に安全に処理され，できる限り再利用したり，減らしたりすることが必要である．
10	調べる②	○これまでごみはどのように処理されてきたのか？ （人口やごみの量の変化のグラフ，「ごみ非常事態宣言」が出された頃，「110万人のごみゼロ宣言」が出された頃，「広島市一般廃棄物（ごみ）処理基本計画」が出された頃の資料から，ごみ処理の仕組みの変化を調べる．ごみ処理のきまりの何が変わり，何が変わらないのかを話し合い，「ごみの処理が○○から○○へ大きく変わった」という文にまとめる．） ・人口が増えているのにごみが減ったのはなぜか？ ・きまりがどのように変わってきたのか？ ・ごみの処理の仕方が大きく変わったのはいつだろう？ ・どのような考え方からどのような考え方へと，処理をする仕組み，きまりが変わったのだろう？ ・きまりを変えた結果，どのようなことに成功したのだろう？	・個人で，空き地で燃やしたり，穴に埋めたりしていたが，不衛生で病気が広まる恐れもあった． ・ごみの量が増え，市が収集・処理するようになったが，プラスチックごみ等の新しいごみを燃やすと炉が痛んだり有害物質が出ることが分かった． ・市は，増え続けるごみを適切に処理しようと，ごみの分別収集を始め，再利用やごみの減量化を行うようになった． ・市はごみを減らしリサイクルを増やす目標を定めて，様々な取り組みを行った． ・家庭での処理から市による処理へ，ごみが増える時代から減らす時代へ，処分から利用へと変わってきた． ・きまりを改善してごみの処理の仕方を変えた結果，ごみが減ってきた．

時	段階	主な学習活動と問い	主な児童の反応
11・12	調べる③	○きまりを変えてもまだ解決できていない問題は何だろう？ （「ひろしまエイト」や新聞記事から，問題を見つけて話し合う．出てきた問題を話し合って分類して，個人，事業者，市が工夫して解決すべきことに分ける．） （ゼロエミッションシティを目指す市役所担当者に話を聞く．） ・なぜごみを減らさないといけないのか？ ・他県よりも多くの種類に分別して収集することで一人当たりのごみの排出量が全国の中でも低いのに，何が問題なのか？	・資源ごみとして出すべき紙ごみの多くが，可燃ごみに混ざっている． ・手付かずの食品や食べ残しが多い． ・リサイクルできるプラスチックごみが可燃ゴミに混ざっている． ・施設の修理や建て替え，埋立地の整備や埋立後の土地の有効利用に多額のお金が必要となっている． ・災害ごみは周りの町や県と協力しないと処理しきれない． ・戸別収集が増えてきてステーション化を図らないと収集コストがかかる．
13・14	調べる④	○ごみを減らすために，どのような人がどのように協力しているのだろう． （市役所の担当者の話から考えたり，地域の取り組みを家庭・学校・お店・工場・町内会にインタビューして調べたりして話し合い，前の時間に分けた問題の解決に向けた取り組みに分類する．） ・ごみを減らすのには，どのような問題があるのか？ ・ごみを減らすには何が必要か？ ・ごみを減らすために，家庭，学校，お店，工場，町内会では，どのような取り組みをしているのか？	・家族がごみを分けて捨てたり，お手伝いでごみを収集場所に出したりと家庭で協力している． ・フリーマーケットでリサイクルを進める． ・学校や家庭の生ゴミや落ち葉は堆肥にして学校の畑や花壇に利用している． ・お店ではトレイや牛乳パックやペットボトルの回収箱が置いてある． ・廃品回収を町内会で進めている．
15・16	まとめる	○収集されたごみがどのように処理されるのか？ （グループで話し合って担当のテーマを決め，それぞれの担当が，これまで調べて分かったことや考えたことをカードにまとめる．まとめたカードをグループで話し合い，自分の考えをまとめる．前の時間に作成した広島市のごみしょりマップや見学でもらったパンフレットの地図や写真や絵図を使ってカードを作る．）	・様々な施設や人々が協力してごみを処理していることが分かった． ・リサイクルすれば良いと思っていたが，最終処分場がもうすぐいっぱいになるのを見てごみを減らさなければと感じた．
17・18	いかす	○ごみを減らすために自分達にできることは何だろう？ （自分達にできることを話し合い，実践してみる．） ・何ができるか？ ・それをするために，どのような工夫が必要か？	・学校では，手のひらサイズより大きな紙を可燃ごみにしているから，資源ごみにするよう，ポスターを書こう．封筒を置いておいて，小さな紙を資源ごみに出しやすく工夫しよう． ・ごみ置場のそうじを手伝おう．そうじ道具を置いておいて，ごみを出す人が気付いた時にきれいにできるようにしよう．

時	段階	主な学習活動と問い	主な児童の反応
		○もし，市のゼロエミッションシティ実現担当者だったら，来年，中間目標の達成度をふりかえる際，きまりをどのように改善するか？ （これまできまりを改善して，ごみを減らしてきたことから，これからのきまりを考え，話し合い，市役所の担当者に提案する．）	・可燃ごみの回収回数を減らし，資源ごみの回収回数を増やして，資源ごみを出しやすくし，紙ごみを減らす意識づけを図るのはどうか？ ・資源ごみを分けやすいごみステーションを作るのはどうか？ ・ごみ袋の有料化は？

2. 指導計画の改善

　本単元は，分別収集というきまりに着目した話し合いを重視して市の策定した計画とそれに沿った家庭，学校，店，各ごみ処理施設の取り組みを教材化した．終結部では，よりよいきまりを作ることで，より積極的な生活者としての資質・能力を育成しようとした．しかし，住民や事業者の取り組みは，分別収集という行政に従ったものしか取り上げなかった．そのため，本単元で育成される市民性は，行政や法律に従って日々の暮らしをより良くしていく受動的な消費的な生活者としての資質・能力にとどまった．より積極的な市民性として，住民や事業者の柔軟な発想や主体的な新しい挑戦を通してより良い未来を創り出していく資質・能力の育成につながる取り組みを取り上げる必要がある．

　例えば，広島市で盛んなかきの養殖に用いる大小様々なパイプが，漂着ごみとして各地の海岸にたまり，問題となっていることを取り上げる．台風などが原因で，業者にとっても貴重な資材が流出するために生じるコストがかかるため，長年，業者と沿岸部の住民の悩みの種だった．受動的な市民性だけが育成されていると，解決策は，地域で協力して海岸の清掃活動を行い，分別収集すること等に限られがちである．しかし，かき業者は，主体的に漂着したパイプをキロ単位で買い取る仕組みを作り，実践している．他にも，海洋マイクロプラスチックの問題を「いかす」の場面で取り上げて，プラスチック製のストローやおもちゃの製造，販売，利用を自主的にやめるなどの事業者の主体的な取り組みが世界的に広がっていることに着目することができる．

　また，現代は2025年問題として，老々介護や一人世帯の高齢者の増加に伴って，ごみを出すことが難しい人やごみに対する多様な習慣を持つ外国人労働者が増えてくることや，災害ごみなど，新しい問題への対応についても考えていかなくてはならない時代である．2011年の東日本大震災や2018年の西日本豪雨災害を受けて，各自治体は，災害時の広域廃棄物処理計画の策定にようやく取りかかり始めている．しかし，国内での処理が中心で，河川や海洋を通じて他国に流れ着くごみについての広域的な協力・連携体制を図るには至っていない．国際社会の中で世界の国々と共に持続可能な社会を担っていく児童に，これらの問題解決に主

体的に取り組む,積極的な市民性を育成する指導計画を工夫する必要がある.

第3節　第4学年の学習指導上の留意点

1. 障害のある児童等への対応

　新学習指導要領では,個々の児童によって,見えにくさ,聞こえにくさ,道具の操作の困難さ,移動上の制約,健康面や安全面での制約,発音のしにくさ,心理的な不安定,人間関係形成の困難さ,読み書きや計算等の困難さ,注意の集中を持続することが苦手であること等,学習活動を行う場合に生じる困難さが異なることに留意し,それらに応じた指導内容や指導方法を工夫することが示されている.その際,社会科の目標や内容の趣旨,学習活動のねらいを踏まえ,学習内容の変更や学習活動の代替を安易に行うことがないよう留意するとともに,児童の学習負担や心理面にも配慮する必要がある.そのためには,個別の指導計画を作成し,必要な配慮を記載し,翌年度の担任等に引き継いだりすることが大切である.

　第4学年においても,第3学年の授業担当者等から個々の児童についての引き継ぎを綿密に行う等して,どのような困難さを個々の児童が抱えているか,どのような対応が望ましいのかを事前に考え,指導に生かしていく必要がある.例えば,もし,地図等の資料から必要な情報を見つけ出したり,読み取ったりすることが困難な場合には,読み取りやすくするために,地図等の情報を拡大したり,見る範囲を限定したりして,掲載されている情報を精選し(地形,交通網,産業,浄水場等),視点を明確にする等の配慮をする.

　社会的事象に興味・関心がもてない場合には,その社会的事象の意味を理解しやすくするため,社会の営みと身近な生活がつながっていることを実感できるよう,特別活動等との関連付け等を通して,具体的な体験や作業等を取り入れ,学習の順序をわかりやすく説明し,安心して学習できるよう配慮すること等が考えられる.例えば,特別活動における地域の清掃活動への参加,川遊び等の野外体験活動,地域行事等への協力が,衛生的な廃棄物の処理の学習や文化財や年中行事の学習と関連付けることができる.学習問題に気付くことが難しい場合には,社会的事象を読み取りやすくするために,写真等の資料や発問を工夫すること,また,予想を立てることが困難な場合には,見通しがもてるようヒントになる事実をカード等に整理して示し,学習順序を考えられるようにすること,そして,情報収集や考察,まとめの場面において,考える際の視点が定まらない場合には,見本を示したワークシートを作成する等の指導の工夫が考えられる.第4学年は自分たちの県を中心とする地域社会について学習を進めるため,実際に生活の中で見聞きしたり,体験したりしたことのある事象の実物や写真やエピソードを提示することも考えられる.

2. 地域との連携

　新学習指導要領では，各学年の内容の取扱いについて，これまでの博物館や資料館等の施設の活用や，身近な地域及び国土の遺跡や文化財等の調査活動に加えて，内容に関わる専門家や関係者，関係の諸機関との連携を図るようにすることが示された．例えば，人々の健康や生活環境を支える事業を取り扱う際は，水源の森の保護や地域の清掃活動等，地域の健康な生活や良好な生活環境を守るための諸活動に関わる人の協力を得て，話を聞いたり，活動の様子を見学したり，社会に見られる課題の解決に向けて意見交換をしたりすること等が考えられる．ほかにも，自然災害から人々を守る活動では，県庁や市役所や自主防災組織の関係者と，県内の伝統や文化，先人の働きでは，古くから残る祭り，太鼓等の芸能，用水路等の建造物等の保護・活用をしている人と連携を図ることが考えられる．

　国，地方公共団体，企業等によって整備された地域の教育的な施設の利用は，児童の知的好奇心を高め，学習への動機付けや学習の深化を図り，実物や本物に触れる感動を味わうのに効果的である．このような学習を通して，生涯に渡ってこれらの施設を活用する態度や能力の基礎を養うことも期待できる．

　第4学年では，都道府県や県内の特色ある地域の様子について，地場産業（農業や漁業，林業，伝統的な工業等）に関する地域産業振興センター，様々な遺跡や文化財，歴史博物館等を直接訪ねて観察・見学したり，調査したりする活動を組み入れることができる．ほかにも健康や生活環境を支える事業に関わって水道，電気，ガス，原子力等資源・エネルギーに関する博物館を訪れたりすることも可能である．

　指導計画の作成にあたっては，事前に施設，遺跡や文化財等の実情を把握するとともに，関係の機関や施設等との連携を綿密にとることが大切である．その際，施設の学芸員や指導員等から話を聞いたり協力して教材研究を行ったりして，指導計画を作成する手掛かりを得ることも一つの工夫である．また，特別活動の遠足・集団宿泊的行事や総合的な学習の時間における伝統や文化に関する学習活動等との関連を指導計画に示すことも考えられる．

3. 地域の実態を生かした学習と表現活動や言語活動の充実

　これまでの学習指導要領でも示されてきたように，各内容を取り扱う際は，次の三つの配慮が必要である．

> (1) 地域の実態を生かし，児童が興味・関心をもって学習に取り組めるようにすること．
> (2) 観察や見学等の調査活動を含む具体的な体験を伴う学習やそれに基づく表現活動の一層の充実を図ること．
> (3) 社会的事象の特色や意味，社会に見られる課題等について，多角的に考えたことや選択・判断したことを論理的に説明したり，立場や根拠を明示の上，議論したりする等言語活動に関わる学習を一層重視すること．

(1)は，地域にある素材を教材化すること，地域に学習活動の場を設けること，地域の人材を積極的に活用すること等に配慮した指導計画を作成することである．それにより児童が興味・関心をもって楽しく学習に取り組めるようにし，第4学年の学習対象である地域社会への理解を一層深め，地域社会に対する誇りと愛情を育てるようにする．地域の実態を生かした学習を充実させるには，教師自身がその場所を訪れて人に話を聞いたり，地図や統計や郷土の図書や新聞等の各種資料を読み解いたりして，各学校の置かれている地域の実態把握に努め，地域に対する理解を深めるようにすることが欠かせない．そして，地域の素材をどのように受け止め，地域の人々や施設等からどのような協力が得られるかについて明確にする必要がある．それらを基に，地域の素材を教材化し，地域の施設を積極的に活用したり地域の人々と直接関わって学んだりする学習活動を位置付けた指導計画を作成することが大切である．その際，教科書から，どのような社会的事象を取り上げて目標を達成しようとしているのか，それと同様な事象が地域にみられないか，どのような視点をもってどのような人に話を聞き，どのような場所を調査しているのか，どのような学習活動が想定されているのかを読み解くと指導計画を作成するのに有効である．

　(2)は，観察や見学，聞き取り等の調査活動を含む具体的な体験を伴う学習やそれに基づく表現活動を指導計画に適切に位置付けて効果的に指導することにより，具体的な体験を伴う学習や表現活動の一層の充実を図ることである．児童が実物や本物を直接見たり触れたりすることを通して社会的事象を適切に把握し，具体的，実感的に捉えることができるように，社会科としてのねらいを明確にした上で，事前・事後や現地における指導の充実を図ることが大切である．また，観察や見学，聞き取り等によってわかったことや考えたこと等を適切に表現する活動を指導計画に効果的に位置付け，調べたことを基にして思考・判断したことを表現する力を育てるようにする必要がある．表現方法は，地図，流れ図等の図表，絵カード，4コマ漫画，タイムライン等，単元に応じて様々に考えられる．

　(3)は，言語活動の充実に向けて新しく加えられた配慮事項である．社会科の学習では，社会的事象について調べたことをまとめるとともに，その特色や意味を考えることが大切である．その際，学年の段階に応じて，生産者と消費者，情報の送り手と受け手等複数の立場から多角的に考えるようにすることが重要である．第4学年では，防災について，自分(自助)，学校や地域(共助)，市や役所(公助)，他地域(互助)の四つの立場が，ごみの減量について家庭，学校，お店，地域の立場が考えられる．

　また，社会科においては，主権者として求められる資質・能力を育成する観点から，社会に見られる課題を把握して，その解決に向けて，自分たちの行動や生

活の仕方や，これからの社会の発展等よりよい社会の在り方等について考えることも大切である．その際，考えたり選択・判断したりしたことを根拠や理由を明確にして論理的に説明したり，他者の主張を踏まえて議論したりする等，言語活動の一層の充実を図るようにすることが大切である．

4. 多様な見解のある事柄，未確定な事柄への留意点

　社会科が学習の対象にしている社会的事象の捉え方は，それを捉える観点や立場によって異なる．そのため，児童が多角的に考えたり，事実を客観的に捉え，公正に判断したりできるようにすることが必要である．そのためには，児童の発達段階を考慮し，多様な見方や考え方のできる事柄，未確定な事柄を取り上げる場合には，特定の事柄を強調し過ぎたり，一面的な見解を十分な配慮なく取り上げたりする等，特定の見方や考え方に偏った取扱いとならないよう配慮することが大切である[25]．

*25 多面的・多角的見方・考え方：歴史博物館に行けば，「100文の束」がどれも「97文」と，現在とは異なる商習慣で暮らしていたことがわかるなど，同じ地域でも時代によって多様な価値観が存在する．熱帯に行けば，電気の光だけで暑さを感じ，店や工場を暗くして働く理由が経済的貧しさからではないことがわかる．これらの多様な見方・考え方，価値観は，文献から学べることも多い．社会科授業をより良くしていくには，教師が普段から足を運び，人や文献に触れ，視野を広げ，違う見方はないかと異なる立場や視点から教材を研究することが大切である．

参考文献

安野功・加藤寿朗・中田正弘・唐木清志・児玉大祐・小倉勝登『平成29年版 小学校新学習指導要領ポイント総整理　社会』東洋館出版社，2017年．
地理教育研究会『知るほど面白くなる日本地理』日本実業出版社，2016年．
矢野恒太記念会（編）『データでみる県勢2019』2018年．
矢野恒太記念会（編）『表とグラフでみる日本のすがた2018 日本をもっと知るための社会科資料集』2018年．
山谷修作『ごみゼロへの挑戦　ゼロウェイスト最前線』丸善，2010年．

第8章

小学校社会科第5学年の学習指導・評価
―実際に授業を単元で構想してみよう―

第1節　第5学年社会科の基本的性格

第5学年社会科の性格を学習指導要領に示された「目標・内容・方法」から検討しよう．

1．目標

第3・4学年では，地域が学習対象であるのに対し，第5学年では国民生活の舞台である国土と国内の産業が主な学習対象となる．つまり，第3学年と第4学年の「地域学習」を受けて，国土といった空間的な広がりの中で，子どもたちの社会的見方・考え方の成長につながる学習を構想しなければならない．では，どのような資質・能力を育成すべきか，2017年版『小学校学習指導要領　社会』[*1]には，第5学年の目標が次のように記述されている．

*1　以下：2017年版学習指導要領．

> 社会的事象の見方・考え方を働かせ，学習の問題を追究・解決する活動を通して，次のとおり資質・能力を育成することを目指す．
> (1) 我が国の国土の地理的環境の特色や産業の現状，社会の情報化と産業の関わりについて，国民生活との関連を踏まえて理解するとともに，地図帳や地球儀，統計などの各種の基礎的資料を通して，情報を適切に調べまとめる技能を身に付けるようにする．
> (2) 社会的事象の特色や相互の関連，意味を多角的に考える力，社会に見られる課題を把握して，その解決に向けて社会への関わり方を選択・判断する力，考えたことや選択・判断したことを説明したり，それらを基に議論したりする力を養う．
> (3) 社会的事象について，主体的に学習の問題を解決しようとする態度や，よりよい社会を考え学習したことを社会生活に生かそうとする態度を養うとともに，多角的な思考や理解を通して，我が国の国土に対する愛情，我が国の産業の発展を願い我が国の将来を担う国民としての自覚を養う．

2008年版に比べ，育成すべき資質・能力が次の3点から，より具体的に明記されている．

第1は，「知識・技能」に関わる目標(1)である．「国土の地理的環境の特色，

産業の現状,情報化と産業の関わりについて,国民生活との関連を踏まえて理解する」といった知識目標と「地図帳や地球儀,統計などの資料から情報を活用する技能を身に付ける」といった技能目標によって構成されている.

第2は,「思考力・判断力・表現力等」に関わる目標(2)である.「社会的事象の特色や関連,その意味を多角的に考える力,課題解決に向けて選択・判断する力,考えたことや選択・判断したことを説明したり,議論したりする力」といった思考面と判断面,表現面を中心とした目標で構成されている.

第3は,「学びに向かう力・人間性等(主体的な態度など)」に関わる目標(3)である.「主体的に問題解決しようとする態度,学習したことを生活に生かそうとする態度とともに,多角的な思考や理解を通して,国土と産業に対する愛情,国民としての自覚」といった態度面を育成する目標によって構成されている.

以上の3点の資質・能力を「社会的事象の見方・考え方を働かせ,学習問題を追究・解決する活動」を通して育成するといった,子どもたちの学び方を目標の文頭に示すことで,小学校社会科改定の趣旨の一つである,問題解決的な学習の充実に向けた授業改善の視点をより強調した記述となっている.

2. 内容と主な内容の取扱い

次に,2017年版学習指導要領における第5学年の内容は,「a. 我が国の国土の様子と国民生活,b. 我が国の農業や水産業における食糧生産,c. 我が国の工業生産,d. 我が国の産業と情報との関わり,e. 我が国の国土の自然環境と国民生活」の5点に分類される.各内容とも「知識・技能」に関わる内容と「思考力・判断力・表現力」に関わる内容により構成されている.各内容と関連する,新たに付け加えられた等の主な「内容の取扱い」は,次のように示されている.

(1) 我が国の国土の様子と国民生活

> (1) 我が国の国土の様子と国民生活について,学習の問題を追究・解決する活動を通して,次の事項を身に付けることができるよう指導する.
> ア 次のような知識及び技能を身に付けること.
> (ア) 世界における我が国の国土の位置,国土の構成,領土の範囲などを大まかに理解すること.
> (イ) 我が国の国土の地形や気候の概要を理解するとともに,人々は自然環境に適応して生活していることを理解すること.
> (ウ) 地図帳や地球儀,各種の資料で調べ,まとめること.
> イ 次のような思考力,判断力,表現力等を身に付けること.
> (ア) 世界の大陸と主な海洋,主な国の位置,海洋に囲まれ多数の島からなる国土の構成などに着目して,我が国の国土の様子を捉え,その特色を考え,表現すること.
> (イ) 地形や気候などに着目して,国土の自然などの様子や自然条件から見て特色ある地域の人々の生活を捉え,国土の自然環境の特色やそれらと国

>   民生活との関連を考え，表現すること．
>   3　内容の取扱い
>   (1) ア　アの「領土の範囲」については，竹島や北方領土，尖閣諸島が我が国の
>   固有の領土であることに触れること．

　第5学年の目標にある「国土の地理的環境の特色について国民生活との関連を踏まえて理解する」ことに対応して，「国土の位置，国土の構成，領土の範囲」の大まかな理解と「国土の地形や気候の概要と人々は自然環境に適応して生活していること」を理解することを求めている．また，前者の理解に至るために，「世界の大陸と主な海洋，主な国の位置，海洋に囲まれた多数の島からなる国土の構成」に着目して国土の特色を考え表現すること，後者の理解に至るために，「地形や気候など」に着目して，国土の自然環境の特色や国民生活との関連を考え表現することを求めている．

　なお，内容の取扱いにおいて，これまで北方領土しか記載されていなかった「領土の範囲」に，「竹島や北方領土，尖閣諸島が我が国の固有の領土であることに触れる」ことが示され，現代的諸課題として様々な領土問題を学習する必要性が示されている．

(2) 我が国の農業や水産業における食糧生産

>   (2) 我が国の農業や水産業における食料生産について，学習の問題を追究・解決
>   する活動を通して，次の事項を身に付けることができるよう指導する．
>   ア　次のような知識及び技能を身に付けること．
>   (ア) 我が国の食料生産は，自然条件を生かして営まれていることや，国民の
>   食料を確保する重要な役割を果たしていることを理解すること．
>   (イ) 食料生産に関わる人々は，生産性や品質を高めるよう努力したり輸送方
>   法や販売方法を工夫したりして，良質な食料を消費地に届けるなど，食
>   料生産を支えていることを理解すること．
>   (ウ) 地図帳や地球儀，各種の資料で調べ，まとめること．
>   イ　次のような思考力，判断力，表現力等を身に付けること．
>   (ア) 生産物の種類や分布，生産量の変化，輸入など外国との関わりなどに着
>   目して，食料生産の概要を捉え，食料生産が国民生活に果たす役割を考え，
>   表現すること．
>   (イ) 生産の工程，人々の協力関係，技術の向上，輸送，価格や費用などに着
>   目して，食料生産に関わる人々の工夫や努力を捉え，その働きを考え，
>   表現すること．
>   3　内容の取扱い
>   (2) イ　イの(ア)及び(イ)については，消費者や生産者の立場などから多角的
>   に考えて，これからの農業などの発展について，自分の考えをまとめること
>   ができるよう配慮すること．

　第5学年の目標にある「我が国の産業の現状について国民生活との関連を踏まえて理解する」ことに対応して，「食料生産は自然条件を生かして営まれていることや国民の食糧を確保する重要な枠割を果たしていること」の理解と「生産者

は，生産性や品質を高めるよう努力したり，輸送方法や販売方法を工夫して消費地に届けるなど，食糧生産を支えていること」を理解することを求めている．また，前者の理解に至るために，「生産物の種類や分布，生産量の変化，輸入などの外国との関わり」に着目して，食糧生産が国民生活に果たす役割を考え表現すること，後者の理解に至るために，「生産の工程，人々の協力関係，技術の工場，輸送，価格や費用など」に着目して，生産者の工夫や努力を捉え，その働きを考え表現することを求めている．

なお，内容の取扱いにおいて，生産者や消費者の立場などから多角的に考え，これからの農業などの発展について考えることが示され，社会科の改訂のポイントである社会的事象の意味を多角的に考えることや持続可能な社会形成に向けて提案型の授業を構成する必要性が示されている．

(3) 我が国の工業生産

> (3) 我が国の工業生産について，学習の問題を追究・解決する活動を通して，次の事項を身に付けることができるよう指導する．
> ア　次のような知識及び技能を身に付けること．
> 　(ア) 我が国では様々な工業生産が行われていることや，国土には工業の盛んな地域が広がっていること及び工業製品は国民生活の向上に重要な役割を果たしていることを理解すること．
> 　(イ) 工業生産に関わる人々は，消費者の需要や社会の変化に対応し，優れた製品を生産するよう様々な工夫や努力をして，工業生産を支えていることを理解すること．
> 　(ウ) 貿易や運輸は，原材料の確保や製品の販売などにおいて，工業生産を支える重要な役割を果たしていることを理解すること．
> 　(エ) 地図帳や地球儀，各種の資料で調べ，まとめること．
> イ　次のような思考力，判断力，表現力等を身に付けること．
> 　(ア) 工業の種類，工業の盛んな地域の分布，工業製品の改良などに着目して，工業生産の概要を捉え，工業生産が国民生活に果たす役割を考え，表現すること．
> 　(イ) 製造の工程，工場相互の協力関係，優れた技術などに着目して，工業生産に関わる人々の工夫や努力を捉え，その働きを考え，表現すること．
> 　(ウ) 交通網の広がり，外国との関わりなどに着目して，貿易や運輸の様子を捉え，それらの役割を考え，表現すること．
> 3　内容の取扱い
> 　(3) イ　イの(ア)及び(イ)については，消費者や生産者の立場などから多角的に考えて，これからの工業の発展について，自分の考えをまとめることができるよう配慮すること．

第5学年の目標にある「我が国の産業の現状について国民生活との関連を踏まえて理解する」ことに対応して，「様々な工業生産が行われていることや，工業の盛んな地域が広がっていること，工業製品は国民生活の向上に重要な役割を果たしていること」の理解と「生産者は，消費者の需要や社会の変化に対応し，優れた製品を生産するよう様々な工夫や努力をして工業生産を支えていること」を

理解することを求めている．また，前者の理解に至るために，「生産物の種類や分布，生産量の変化，輸入などの外国との関わり」に着目して，工業生産が国民生活に果たす役割を考え表現すること，後者の理解に至るために，「製造の工程，工場相互の協力関係，優れた技術など」に着目して，生産者の工夫や努力を捉え，その働きを考え表現すること，「交通網の広がり，外国との関わりなど」に着目して，貿易や運輸の様子を捉え，それらの役割を考え表現することを求めている．

なお，内容の取扱いにおいて，農業などと同様に，生産者や消費者の立場から多角的に考え，これからの工業の発展について考えることが示されている．

(4) 我が国の産業と情報との関わり

> (4) 我が国の産業と情報との関わりについて，学習の問題を追究・解決する活動を通して，次の事項を身に付けることができるよう指導する．
> ア　次のような知識及び技能を身に付けること．
> 　(ア) 放送，新聞などの産業は，国民生活に大きな影響を及ぼしていることを理解すること．
> 　(イ) 大量の情報や情報通信技術の活用は，様々な産業を発展させ，国民生活を向上させていることを理解すること．
> 　(ウ) 聞き取り調査をしたり映像や新聞などの各種資料で調べたりして，まとめること．
> イ　次のような思考力，判断力，表現力等を身に付けること．
> 　(ア) 情報を集め発信するまでの工夫や努力などに着目して，放送，新聞などの産業の様子を捉え，それらの産業が国民生活に果たす役割を考え，表現すること．
> 　(イ) 情報の種類，情報の活用の仕方などに着目して，産業における情報活用の現状を捉え，情報を生かして発展する産業が国民生活に果たす役割を考え，表現すること．
> 3　内容の取扱い
> 　(4) ア　アの(ア)の「放送，新聞などの産業」については，それらの中から選択して取り上げること．その際，情報を有効に活用することについて，情報の送り手と受け手の立場から多角的に考え，受け手として正しく判断することや送り手として責任をもつことが大切であることに気付くようにすること．
> 　　イ　アの(イ)及びイの(イ)については，情報や情報技術を活用して発展している販売，運輸，観光，医療，福祉などに関わる産業の中から選択して取り上げること．その際，産業と国民の立場から多角的に考えて，情報化の進展に伴う産業の発展や国民生活の向上について，自分の考えをまとめることができるよう配慮すること．

第5学年の目標にある「社会の情報化と産業の関わりについて国民生活との関連を踏まえて理解する」ことに対応して，「放送，新聞などの産業は，国民生活に大きな影響を及ぼしていること」の理解と「大量の情報や情報通信技術の活用は，様々な産業を発展させ，国民生活を向上させていること」を理解することを求めている．また，前者の理解に至るために，「情報を集め発信するまでの工夫や努力」に着目して，放送，新聞などの産業の様子を捉え，それらの産業が国民生

活に果たす役割を考え表現すること，後者の理解に至るために，「情報の種類，情報の活用の仕方など」に着目して，産業における情報活用の現状を捉え，情報を生かして発展する産業が国民生活に果たす役割を考え表現することを求めている．

なお，内容の取扱いにおいて，情報の送り手と受け手の立場から多角的に考え，受け手として正しく判断することや送り手として責任をもつことが大切であることに気付くようにするといった，メディアリテラシー育成の視点が明記されている．また，情報活用により発展している産業として，販売，運輸，観光，医療，福祉などの第3次産業が新たに明記され，情報技術を活用する産業の発展や国民生活の向上について，考えをまとめる学習を構成する必要性が示されている．

(5) 我が国の国土の自然環境と国民生活

> (5) 我が国の国土の自然環境と国民生活との関連について，学習の問題を追究・解決する活動を通して，次の事項を身に付けることができるよう指導する．
> ア 次のような知識及び技能を身に付けること．
> 　(ア) 自然災害は国土の自然条件などと関連して発生していることや，自然災害から国土を保全し国民生活を守るために国や県などが様々な対策や事業を進めていることを理解すること．
> 　(イ) 森林は，その育成や保護に従事している人々の様々な工夫と努力により国土の保全など重要な役割を果たしていることを理解すること．
> 　(ウ) 関係機関や地域の人々の様々な努力により公害の防止や生活環境の改善が図られてきたことを理解するとともに，公害から国土の環境や国民の健康な生活を守ることの大切さを理解すること．
> 　(エ) 地図帳や各種の資料で調べ，まとめること．
> イ 次のような思考力，判断力，表現力等を身に付けること．
> 　(ア) 災害の種類や発生の位置や時期，防災対策などに着目して，国土の自然災害の状況を捉え，自然条件との関連を考え，表現すること．
> 　(イ) 森林資源の分布や働きなどに着目して，国土の環境を捉え，森林資源が果たす役割を考え，表現すること．
> 　(ウ) 公害の発生時期や経過，人々の協力や努力などに着目して，公害防止の取組を捉え，その働きを考え，表現すること．
> 3　内容の取扱い
> 　(5) ア　アの(ア)については，地震災害，津波災害，風水害，火山災害，雪害などを取り上げること．
> 　　　イ　アの(ウ)及びイの(ウ)については，大気の汚染，水質の汚濁などの中から具体的事例を選択して取り上げること．

第5学年の目標にある「我が国の国土の地理的環境の特色について国民生活との関連を踏まえて理解する」ことに対応して，第一に「自然災害は国土の自然条件などと関連して発生していることや自然災害から国土を保全し国民生活を守るために国や県などが様々な対策や事業を進めていること」の理解と第二に「森林は，その育成や保護に従事している人々の様々な工夫と努力により国土の保全など重要な役割を果たしていること」の理解と第三に「関係機関や地域の人々の様々な努力により公害の防止や生活環境の改善が図られてきたことや公害から国土の

環境や国民の健康な生活を守ることの大切さ」を理解することを求めている．また，第一の理解に至るために，「災害の種類や発生の位置や時期，防災対策など」に着目して，国土の自然災害の状況を捉え，自然条件との関連を考え表現すること，第二の理解に至るために，「森林資源の分布や働きなど」に着目して，国土の環境を捉え，森林資源が果たす役割を考え表現すること，第三の理解に至るために，「公害の発生時期や経過，人々の協力や努力など」に着目して，公害防止の取組を捉え，その働きを考え表現することを求めている．

なお，内容の取扱いにおいて，第4学年と同様に，地震災害，津波災害，風水害，火山災害，雪害などが明記されている．昨今，頻繁に起こる自然災害に関して，地域学習と国土学習の双方で，具体的な事例を通して学習するといった「災害学習」を重視する姿勢が示されている．

3．第5学年社会科の位置付け

以上の2017年版学習指導要領を踏まえ，目標・内容・方法の特色について検討しよう．

目標面では，社会科の全体目標と同質の3点の「資質・能力」の観点から明記されている．つまり，全体目標と5学年目標が同様にまとめられることで，系統的に学年の段階に応じた3点の「資質・能力」を育成することを目指している．また，これらの3点は，2016年12月の中央教育審議会答申[*2]において示された次の資質・能力が三つの柱で整理されたことを受けていると言える．

*2 以下：中教審答申．

- ○「何を理解しているか，何ができるか」・・・知識・技能
- ○「理解していること・できることをどう使うか」・・・思考・判断・表現
- ○「どのように社会・世界と関わり，より良い人生を送るか」・・・学びに向かう力・人間性等（主体的な態度など）

また，知識目標と並列で技能目標が示され，5学年においては，これまでと同様，地球儀，統計などの基礎的資料を活用して情報処理できる技能を身に付けることが明記されている．

内容面では，目標と同様に「資質・能力」を前面に打ち出しているが，記述されている内容は，「知識・技能」と「思考力・判断力・表現力」に関する内容のみであり，「主体的な態度など」に関しては，学年目標(3)に依存する構造となっている．また，内容記述の特徴として，旧学習指導要領で強調された「調べ，考える」の視点が，より具体的になり，「何に着目して調べるのか」「捉えた事実に基づきどのように考えるのか」「その結果，何を理解すればよいのか」といった学習プロセスや結果までも示した詳細な記述内容となっている．

特に，5学年においては，中教審答申に挙げられた具体的な改善事項「小・中学校社会科の内容を『地理的な環境と人々の生活』『歴史と人々の生活』『現代社会の仕組みや働きと人々の生活』の三つの枠組みに位置付ける」ことを受け，『地

理的な環境と人々の生活』に，a. 我が国の国土の様子と国民生活，e. 我が国の国土の自然環境と国民生活，『現代社会の仕組みや働きと人々の生活』に，b. 我が国の農業や水産業における食糧生産，c. 我が国の工業生産，d. 我が国の産業と情報との関わり，が主に位置付き，中学校の地理的分野，公民的分野につながる小学校段階の中心的な学習内容を示している．

　また，従来と比べ大幅に改善された内容は，d. 我が国の産業と情報との関わりである．これまでの「情報化した社会の様子と国民生活との関わり」に替えて，「情報を生かして発展する産業」が位置付き，その事例として，販売，運輸，観光，医療，福祉などに関する産業から選択することが示された．今後，新たな学習内容として検討することが必要であり，本章では，「販売」を事例に授業開発した内容を後述している．

　方法面では，「社会的事象の見方・考え方を働かせ，学習の問題を追究・解決する活動」といった各学年共通した学習活動が，学年目標の文頭に示されている．特に「見方・考え方」は新学習指導要領のキーワードであり，それらを働かせた「問題を追究・解決する活動」について検討しよう．

　この度の改訂では「主体的・対話的で深い学び」の実現に向けて授業改善を進めることを求めている．その中で，特に「深い学び」を実現する鍵として「見方・考え方」を働かせることが指摘されている．

　社会科においては，これまでも「社会的な見方や考え方」を育成する教科だとされてきた．しかし，その中身については，単元ごとの認識内容や思考内容に依存し，共通項としての曖昧さを残していた．この度の改訂では，2017 年版小学校学習指導要領解説社会編[*3]において，「社会的な見方・考え方」を次のように説明している．

*3 以下：解説.

> 「社会的な見方・考え方」は，課題を追究したり解決したりする活動において，社会的事象等の意味や意義，特色や相互の関連を考察したり，社会に見られる課題を把握して，その解決に向けて構想したりする際の視点や方法であると考えられる．そこで，小学校社会科においては，「社会的事象を，位置や空間的な広がり，時期や時間の経過，事象や人々との相互関係などに着目して捉え，比較・分類したり総合したり，地域の人々や国民生活との関連付けたりすること」を「社会的事象の見方・考え方」として整理した．

　つまり，「社会的事象の見方・考え方」とは，学習の問題を追究・解決する活動における視点や方法であり，位置や空間的な広がり，時期や時間の経過，事象や人々との相互関係といった視点と社会的事象を比較・分類したり総合したり，地域の人々や国民生活との関連付けたりする方法を合わせ持った概念であると指摘できるであろう．

　特に 5 学年においては，「社会的事象の意味を多角的に考える力」，「社会に見られる課題を把握して，その解決に向けて社会への関わり方を選択・判断する力」，「考えたことや選択・判断したことを説明したり，それらを基に議論したりする力」

が求められており，複数の立場を踏まえて考える際の視点，課題解決に向けて判断する際の方法，考え判断したことを説明したり議論したりする際の視点や方法であり，各内容の「思考力・判断力・表現力」の部分に示された「〜に着目して」の部分に明確に示されている．このような見方・考え方に着目して，課題を追究することで，「深い学び」が実現できると捉えられているのである．

また，「見方・考え方」を働かせた「問題を追究・解決する活動」とは，従来から示されてきた問題解決的な学習のことである．問題解決的な学習に関して解説では，次のように説明している．

> 問題解決的な学習とは，単元などにおける学習問題を設定し，その問題の解決に向けて諸資料や調査活動などで調べ，社会的事象の特色や相互の関連，意味を考えたり，社会への関わり方を選択・判断したりして表現し，社会生活について理解したり，社会への関心を高めたりする学習などを指している．問題解決的な学習過程の充実を図る際には，主体的・対話的で深い学びを実現するよう，児童が社会的事象から学習問題を見いだし，問題解決の見通しをもって他者と協働的に追究し，追究結果を振り返ってまとめたり，新たな問いを見いだしたりする学習過程などを工夫することが考えられる．

また，問題解決のプロセスについて解説では，次のように記述されている．

> そうした学習活動を充実させる学習活動の例としては，大きくは課題把握，課題追究，課題解決の三つが考えられる．また，それらを構成する活動の例としては，動機付けや方向付け，情報収集や考察・構想，まとめや振り返りなどの活動が考えられる．

以上のことを整理しているのは，「社会，地理歴史，公民における学習過程のイメージ」といった中教審答申の別添資料[*4]である．上記に応じ，6段階に細分化され，主な学習過程の例を含めて，次のように示されている．

*4 中教審答申「幼稚園，小学校，中学校，高等学校及び特別支援学校の学習指導要領等の改善及び必要な方策等について」の別添資料(3-6)

表8-1 社会，地理歴史，公民における学習過程のイメージ

学習活動	課題把握		課題追究		課題解決	
	動機付け	方向付け	情報収集	考察・構想	まとめ	振り返り
主な学習過程の例	●学習問題を設定する	●課題解決の見通しを持つ	●予想や仮設の検証に向けて調べる	●社会的事象等の意味や意義，特色や相互の関連を考察する．●社会に見られる課題を把握して解決に向けて選択・判断する	●考察したことや構想したことをまとめる	●学習を振り返って考察する

(筆者作成)

この問題解決的な学習過程は，1単元のまとまりを示している．単元計画においては，問題解決的な学習過程を強く意識した上で，単元を計画することが強く求められている．解説では，社会科学習で「主体的・対話的で，深い学び」を実現するには，問題解決的な学習過程に沿うことが有効であることを主張しているのである．ただし，この学習過程は一つの例示に過ぎないことを忘れてはならない．当然，問題解決の過程の中で，新たな問題が設定される場合も有り得るだろうし，構想した内容を深める中で新たな追究課題が生まれることも有り得るだろう．例示された学習過程に固執するのではなく，子どもたち自らが，追究できる問題解決の過程を，教師自身が工夫して計画することが肝要であると言えるであろう．

　また，5年生にとっては，この学習過程の中で，特に情報収集する場面，また，考察・構想する場面といった課題追究の段階が最も大切となる．5学年目標の特徴の一つである「社会的事象の意味を多角的に考える」には，様々な情報ソース（本やWeb情報，インタビューなど）から，様々な立場に関する豊かな情報を収集し，各々の立場に応じて情報を整理・分析する必要があるからである．また，今回の改訂では，収集した情報に基づき，「社会的事象等の意味や意義，特色や相互の関連を考察する」だけでなく，「社会に見られる課題を把握して解決に向けて選択・判断する」といった構想場面が設定された．このことは，5学年において特に重視される学力形成の一つであり，国土や産業に関する社会問題を，様々な立場を念頭に追究し，より望ましい社会の在り方（改善案）を構想することが求められるのである．

　以上，第5学年の新学習指導要領に関して検討してきた．では，この学習指導要領に基づく授業構成では，どのようなことが課題となるのか，次に検討してみよう．

4．第5学年社会科の授業構成上の課題と留意点

　5学年の子どもたちは，一般的に直接的な経験や体験に基づき認知発達を果たす段階から，それまでの経験や既有知識を生かし，資料や教材を使って，離れた事柄に対しても抽象的に思考できる発達段階に達しているとされる．つまり，直接的に体験できない，日本の国土や産業に関しても追究することは十分可能な発達段階とされている．

　しかし，身近な事象が学習対象とならない場合，十分な実感を伴った学習に至らず，他者的で表面的な学習に陥りがちである．したがって，次のことに留意して授業を構成する必要がある．

　<u>a．</u>「子どもたちの既有知識に基づく授業を構成すること」である．

　小学校5年生といった学齢までに，子どもたちは，様々なメディア（書物，テレビ，インターネット，そして，人など）から，学習対象に関する様々な情報を，

ある程度知っている段階にある．つまり，学習対象について何も知らない子どもは存在しないのである．しかし，子どもの知っている情報の多くは，関連のない断片的で表面的な情報であることが多く，様々な情報を関連させたり，新たな情報を付加させたりして，体系的な知識に構成し直すことが，社会科授業づくりの中心課題にならなければならない．そのためには，学習前の既有知識を教師自身が把握し，そのことに基づき授業を構成することが大切となる．目の前の子どもの社会認識に関わる状況を把握せずに授業を構成すれば，子どもの関心・意欲は高まらず，主体的に追究させることは難しいと言えるであろう．

　次に，先述したように今回の改訂では，考察だけでなく構想する場面が位置付けられている．よりよい社会の在り方を構想するには，その社会の抱えている問題を多面的に把握する場面とよりよい改善策(対案)を構想する場面を具体的に位置付けることが求められる．前者に関しては，b.「問題を形成する社会構造を多面的・多角的に認識させること」，後者に関しては，c.「子どもたちなりの改善案(対案)[*5]を表現させること」として検討しよう．

*5 本稿では，改善案形式の主体が子どもであり，現状に対抗する案を形成する意図から，改善案(対策)として表記している．

　b. について，社会問題は社会の様々な要因により形成される問題である．つまり，社会問題は，一面的要因だけで成立するわけではなく，多面的な問題構造を伴っている．例えば，「食料自給率の問題」の背景には，農家の経済性や消費者の嗜好，政府の農業政策など，様々な立場の違いによる要因が関連する．また，「領土問題」の背景には，相互の歴史認識の違いだけでなく，資源といった経済性や国内政治との関係性など，日本と他国の立場の違いによる様々な要因が関連する．問題を形成する要因を多面的・多角的に認識させることで，問題構造に対する多様な見方を獲得することが可能になるのである．

　c. について，社会問題の構造を多面的・多角的に認識したうえで，問題を形成する要因を改善する手立てを子どもたちなりに構想させるのである．そのためには，問題の形成要因を批判的に追究させ，どのような点を改善すれば，よりよくなるのか，単に批判に終わらない改善策を構想させることが責任ある民主社会の担い手育成に欠かせない学習活動であると言えるであろう．例えば，「食料自給率の問題」の構造を多面的・多角的に認識させた上で，どの要因の改善を図るのか，政府の農業政策の問題か，農家の経済性の問題か，消費者のし好動向の問題か，子どもたちが問題の要因を選択し，批判的に検討させ，要因に応じた改善策を構想させるのである．そのような手立てを取ることで，より妥当性のある改善案(対案)形成に繋がると言えるであろう．

　また，単元の最後は，d.「パフォーマンス課題から授業をまとめること」が望ましい．実際の生活場面の課題を設定し，子どもたちが，それまで学んだ知識・概念を活用し，解決策を考えることで，単元に関する認知的・思考的成長を図ることが可能になる．

　以上の留意点に応じれば，先に示された問題解決のプロセスは，次のように改

表 8-2 小学校第 5 学年の学習過程の改善案

学習活動		学習過程
課題把握	既有知識の把握	●学習対象の既有知識を確認する
	動機付け	●既有知識を生かして学習問題を設定する
	方向付け	●課題解決の予想や仮説と見通しを持つ
課題追究	情報収集	●予想や仮設の検証に向けて多様な資料から調べる
	問題構造の把握	●問題を形成する要因を多面的・多角的に認識する
	問題の中心課題の考察	●問題の中心課題を多面的・多角的視点から考察する
	改善案(対案)の構想	●問題を形成する要因を改善する手立てを構想する
課題解決	構想の交流と議論	●構想を交流し合い，議論する
	まとめ	●それまでの学習を振り返り，パフォーマンス課題を考察する
	振り返り	●本単元に関する学びを振り返る．

(筆者作成)

善することができる(表8-2)．

では，これまで検討した2017年版学習指導要領と授業構成上の課題と留意点に基づき，どのように授業を構想すればよいのか，次に検討しよう．

第2節　第5学年社会科の授業構想の方法

授業構想について検討する前に，先に，学習指導要領と教科書・教材と教師の関係性について示しておこう．

1. 学習指導要領と教科書，教材と教師の関係性

小学校学習指導要領が法的拘束性を持つことから，教育課程編成の基準としての性格を，教員は無視することはできない．しかし，学習指導要領には，学習すべき内容(枠組み)は示していても，どのような具体的な事例を使って学習するかは示していないのである．そのため，学習指導要領に準拠した教科書では，それぞれの会社によって選定される事例が異なり，特に5学年では，例えば，食糧生産の学習では，「はえぬき」や「あきたこまち」が使われたり，工業生産の学習で，「トヨタ自動車」や「ホンダ自動車」が使われたり，教科書間で統一した事例が使われることはないのである．確かに，土地利用の仕方や生産者の工夫を追究するには，どんな事例であっても典型事例であれば問題ないように見える．しかし，なぜ，「あきたこまち」でなく「はえぬき」なのか，確固たる事例選定の根拠を示すことが難しいのである．このことは，教科書の限界性の一面を示している．教科書は検定を受けた主たる教材であると同時に，教科書執筆者の恣意的な事例選定を避けることができないのである．また，教科書は見開きで1時間の授業を想定するために，学習者が問題を追究するには，コンパクトすぎて十分な情報を示すことは難しい．また，追究すべき課題の答えが示されている場合も

多く，子どもたちの主体的な追究活動を阻害し，閉ざされた価値認識に陥る場合もある．さらに，子どもたちの既有知識に対応することはできず，子どもの実態に沿った活用は難しいのである．

以上のような教科書の限界性を踏まえれば，教科書のみで学習する問題性を理解することができるであろう．実際，教科書だけで学習するのか，教科書と教材を併用するのか，教材のみで学習するのか，選択するのは教師自身である．教師が，目の前の子どもの成長を考え，工夫して教材を作成しようする場合と教科書の表面上の説明に終始する場合では，子どもたちの社会認識の成長は大きく異なると言えるであろう．したがって，教員が教科書の限界性を踏まえた上で，教科書だけでなく，教材を工夫して位置付けることが大切だと言える．

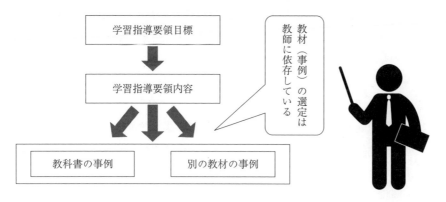

図8-1　教師に依存する教材（事例）の選定

2. 単元設計の手順

教科書の限界性を踏まえた上で，どのように単元を構成すればよいのか．具体的には，(1)学習指導要領の解釈に基づき，(2)教科書分析を行い，教科書の課題を明確化した上で，(3)児童実態，地域実態，社会諸科学の研究成果等から教材研究を行い，(4)単元の目標と観点別評価規準，単元の展開といった手順から授業開発することである．実際，日々の授業は，単元といったまとまりが基本である．単元のどの段階で，どのような資質・能力を育成するのか，単元を構想することは，授業づくりの設計図作成であると言える．

(1)学習指導要領の解釈

学習指導要領は，目標，内容，方法といった「何のために」，「何を」，「どのように」教えるのかの基準である．先述した5学年の学習指導要領の特徴を踏まえた上で，教師自身が解釈した内容を明らかにする必要がある．つまり，国土と産業に関する知識・技能，社会的事象の見方・考え方に着目した思考・判断・表現，そして，学びに向かう力などの主体的な態度，といった3観点からその単元について教師自身が解釈した内容をまとめるのである．

(2) 教科書分析

　学習指導要領の解釈内容に基づき，教科書の分析を行う．これまでの検討に基づけば，次の視点で教科書分析を行うことが望ましい．

　第一は，子どもたちの興味関心を高め主体的な追究活動を可能にする教科書であるか，第二は，多面的・多角的な思考を可能にする教科書であるか，第三は，思考したことから改善策を構想することに適う教科書であるか等の分析視点が想定される．5学年の学年的特徴に応じて，教科書の課題を明確化するのである．

(3) 教材研究（子どもの実態分析・地域の実態調査・社会諸科学の成果活用）

　最初に行わなければいけないのは，子どもの実態分析である．第5学年の授業構成上の留意点に示したとおり，学習対象に関する子どもが把握している内容，子どもの興味・関心等，子ども自身のレディネスを踏まえることである．その上で，子どもたちは何に興味を持っているのか，子どもの既有知識の何が課題であるのか検討し，子どもの既有知識を生かし，主体的追究できる教材について検討するのである．

　次に，地域実態を検討する必要がある．第5学年の学習内容は子どもたちの生活実態とかけ離れている場合も多い．しかし，学習内容と類似した地域の事象が存在する場合もある．実際，身近な地域の事象は，子どもたちにとって馴染みがあり，興味・関心を高めやすい．そのような地域の事象の教材化を図り，そのことを手がかりに，国土や産業学習に広げ，一般化を図る単元構成は可能であるだろう．そのためにも，地域実態を調査することは欠かせないのである．

　そして，学習対象に関する社会諸科学の到達点について検討することが大切な視点である．社会科がソーシャル・スタディーズ（Social Studies）といった社会研究を求める教科であることを忘れてはならないだろう．子どもたちが理解すべき概念が常識的なレベルに留めるのではなく，その時々の社会諸科学の研究成果について研究し，子どもたちの発達段階を踏まえた上で，獲得すべき概念の明確化を図り，そのことに関して教材化を図ることが，社会を研究する教科としての意味と意義を示すことにつながるのである．

(4) 単元の目標と展開の作成

　以上のことを踏まえて，単元の目標を設定する．単元の目標は，学習指導要領の解釈に教材研究した内容を加味し，より具体的な内容を3観点から構成することが望ましい．そして，単元の目標に応じて，観点別評価規準を設定するのである．また，単元の展開は，先述した表8-2の問題解決のプロセスに応じて構成していく．

第3節　第5学年社会科授業案の構想

　単元設計の手順に応じ，第5学年社会科の新単元である「情報通信技術を生かして発展する産業」に関する授業を構想しよう．

1. 学習指導要領の分析

　第5学年学習指導要領内容(4)に基づき，「我が国の産業と情報との関わりについて，情報の種類，情報の活用の仕方などに着目して，聞き取り調査をしたり映像や新聞などの各種資料で調べまとめることで，産業における情報活用の現状を捉え，情報を生かして発展する産業が国民生活に果たす役割を考え表現し，大量の情報や情報通信技術の活用は，様々な産業を発展させ，国民生活を向上させていることを理解する」といった知識・技能目標と思考・判断・表現目標を目指した単元であると解釈できる．

　また，態度目標に関しては，第5学年学習指導要領目標(3)に基づき，「情報通信技術を生かした産業について，主体的に学習の問題を解決しようとするとともに，多角的な思考や理解を通して，我が国の産業の発展を願っている」といった態度育成を目指していると解釈できる．

2. 教科書分析

　新単元であるため，対応した内容は現行の教科書では難しいが，「医療」における情報ネットワークを事例にした平成27年度用東京書籍の教科書内容について検討しよう．

　教科書では，最初に，かかりつけの医師が紹介してくれた大きな病院に診察に行く場面が設定され，最近，受付や診察，会計が便利になったことから，学習問題「病院では，患者のために情報ネットワークをどのように活用しているのでしょうか」が設定される．次に，学習問題を追究するために，情報ネットワークとして電子カルテのしくみと地域の病院等をつなぐ情報ネットワークが紹介されている．そして，遠隔医療などで病院と患者とのつながりが変わってきていることが示され，病院における情報ネットワークについて表と関係図を作成する学習が示されている．

　この教科書では，病院における情報ネットワークの仕組みを概括的に捉えることは可能であるが，なぜ，情報ネットワークが可能になったのか，情報化した社会の構造を多面的・多角的に追究することはできないのである．また，今後，どのように情報ネットワークが生かされるべきか，よりよい社会に向けて思考を働かせて構想する場面もないのである．さらに，病院の情報ネットワーク自体，子どもたちにとって身近ではなく，主体的な追究活動には適していないと言えよう．したがって，子どもたちの興味・関心に応じる教材，情報技術が発達した社会の

仕組みを多面的・多角的に捉えさせる教材，今後のよりよい情報技術の活用を構想できる教材，以上の3点から教材を検討することが課題となる．

3. 教材研究（子どもの実態分析・社会諸科学の成果活用）

ここでは，情報ネットワーク自体，地域の枠組みを超える情報活用であるため，子どもの実態分析と社会諸科学の研究成果の2点から検討しよう．

(1) 子どもの実態分析

子どもたちにとって，インターネットやスマートフォンといったネットワークメディアを使うことは，日常的な生活の一部となっている．内閣府の平成29年度「青少年のインターネット利用環境実態調査」[6]によれば，約65％の小学生がインターネットを利用し，利用時間も平日1日当たり90分を超えている．多くが動画視聴やゲームであるが，SNSやネットショッピングを経験する子どもの比率も年々高くなっている．しかし，そのような現状の中で，無批判にネット活用し，ネット犯罪に巻き込まれたり，ネット情報によるいじめの問題に遭遇したりする場合も見受けられる．このことはメディアリテラシー育成の問題と大きく関わる問題と言えよう．

本章では，「情報通信技術を生かして発展する産業」としてネットショッピングを取りあげる（松岡, 2011）．この学習に関わる社会諸科学の研究成果としてメディアリテラシーの概念と変化する現代の「販売」の問題を取りあげる．

(2) メディアリテラシーの概念

メディアリテラシーとは，「情報メディアを①主体的に読み解いて必要な情報を引き出し，その真偽を見抜き，②活用する能力のこと」と一般的には捉えられている．このことに関して，メディア学者である鈴木は，「メディアを①社会的文脈でクリティカルに分析し，評価し，②メディアにアクセスし，多様な形態でコミュニケーションを創り出す力」（鈴木, 1997）と定義している．

教育に焦点づければ，後者②は，メディアを使って情報収集し，表現し，コミュニケーションを創造するといった「メディアで学ぶ」部分である．今日，ICT技術の発達により，様々な情報伝達手段（ICTメディア）が生まれ，多様な情報を活用することが可能となっている．様々なICTメディアを活用して，情報収集したり，まとめたり，発信したり，交流したりできる能力を身に付けることで，従来の学習より一層，学習内容を獲得させることを可能にする．

前者①は，メディアについて，その特性とメディアを取り巻く社会的状況から分析するといった「メディアを（について）学ぶ」部分である．メディアから発信された情報には，程度の差こそあれ，何かしらの偏り・嘘や誇張，間違った情報などが含まれていること（情報はメディアによって構成されていること）を知

[6] 平成26年度が53％であり，年々小学生のインターネット利用は増加している．

り，メディア情報の社会的背景等を読み取ることについて学ぶ．今日の社会では情報への依存度が非常に高く，場合によっては，偏った・間違った情報をそのまま信じてしまい，様々な局面で何かしらの不利益を被ってしまう可能性も十分予想される．そのため，発信された情報を受け取る際，「その情報は信頼できるかどうか」を判断することは無論のこと，どのような偏りがあるか，さらに一歩進めて，その情報を発信した側にはどのような意図・目的で情報を発信したり，編集したりしているのかを考え，メディアが存在する社会を読み解く能力を身に付けることが求められる．

特に，日本においては，メディアリテラシーの概念が，教育工学の分野に最初に導入されてきたことにより，メディア活用能力といった技能面である後者②が中心となってきた．しかし，メディアリテラシーの概念で示しているように，技能面と内容面（メディアの社会的背景理解）の双方を目指す教育であり，特に社会科においてメディアが存在する社会的背景を批判的に追究する前者①に関する学習を構成することが大切となる．今日の多様なメディアからの情報が行き来するICT社会の中で，偏った情報をそのまま鵜呑みにせず，その真偽を考え，有効に情報活用できるメディアリテラシーを育成することが求められているのである．

(3) 現代の販売の問題

ネットショッピングが拡大している現状を読み解く上で，注目すべき理論は，ロングテール理論である．ロングテールとは，クリス・アンダーソンが2006年に発表した論文における名称であり，市場における販売量の分布曲線（図8-2）において，販売量の多い順に左から並べると左をピークとして右に裾が広がる曲線となり，右方でもなかなかゼロにならないといった分布曲線の形態的特徴から名付けられたものである（C.アンダーソン，2006）．

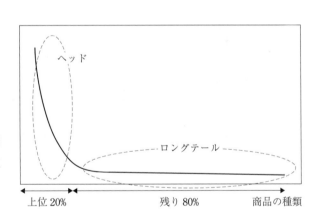

図8-2　ロングテールの形態（筆者作成）

伝統的なマーケティング理論であるパレートの法則では，売り上げの80％は上位20％（ヘッド）によりもたらされるとされ，利益の低い下位の80％（テール）は，切り捨ててしまう方が効率的であるといった発想であった．それに対し，ロングテール理論では，インターネット技術等の革新によって，テール部分に焦点があてられ，従来のように売り上げが集中した市場ではなく，個々の売り上げは小さいが広範囲に分散する市場をターゲットにすることで利益を生むことの主張なのである．そして，このような考えが現実化したのは，情報通信技術が発展し，

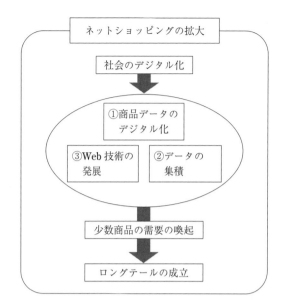

図 8-3 ネットショッピング拡大の構造（筆者作成）

社会のデジタル化の中で「販売」業への応用が進んだからである．

図8-3では，ネットショッピングが拡大するプロセス全体を表している．社会のデジタル化が進むと，①データを中心とした商品の生産コストが下がるだけでなく，商品データがデジタル化され，商品が多様化する．②多様な商品は，データ化したものはサーバーに蓄積される．③商品販売をするWebでは，多様な商品が検索されたり，商品を買った人の感想や類似した商品が紹介されたりして，Webを見た人の多様な消費動向が喚起され，少数の商品需要によるロングテールが成立し，ネットショッピングが拡大していく．ネットショッピングの背景には，このようなデジタル化の進行によるロングテールの成立といった社会の構造変容があるのである．

以上の検討を踏まえ第5学年「成長するネットショッピング」の授業を構想しよう．

第4節　第5学年社会科の授業開発事例

(1) 単元名「成長するネットショッピング」
(2) 単元の目標
　（知識・技能目標）
◎成長するネットショッピングについて，データのデジタル化，Web技術の発達等の情報技術の発達に着目して，Webページを中心とした各種資料で調べ，ネットショッピングの構造を多面的にまとめることを通して，「販売」業における情報活用の現状について理解する．
○ロングテール理論に基づくネットショッピングの構造を追究し，①商品データのデジタル化，②データのサーバへの集積，③Web技術の発達，等による需要の喚起により，販売と消費が拡大されることを理解する．
○消費者の多様な消費性向は，ネットショッピングの仕組みによって喚起されたものであることを理解する．
　（思考・判断・表現目標）
◎情報通信技術の発達による「販売」の仕方の変化を捉え，国民生活にとってどのようなメリットとデメリットがあるかについて考え，今後の「販売」業につ

いて検討したことを表現する．
○「販売」業に関わる店舗型ショップとネットショップ，消費者，各々の立場から生活におけるメリットとデメリットを考え，判断する．
○情報通信技術の発達の視点から，今後の「販売」業がどうなるべきか判断し，店舗型ショップとネットショップの将来について構想する．
（態度目標）
◎情報通信技術を生かした「販売」業について，主体的に学習の問題を解決しようとするとともに，多角的な思考や理解を通して，「販売」業の発展を願っている．

(3) 評価規準

知識・技能	思考・判断・表現	主体的態度など
○成長するネットショッピングについて，データのデジタル化，Web技術の発達等の情報技術の発達に着目して，インターネットを中心とした各種資料で調べることができる． ○ネットショッピングの構造を多面的にまとめることを通して，「販売」業における情報活用の現状について理解することができる．	○情報通信技術の発達による「販売」の仕方の変化を捉え，国民生活にとってどのようなメリットとデメリットがあるかについて考え，今後の「販売」業は，どうあるべきか具体的に判断し，改善案（対案）として表現することができる．	○情報通信技術を生かした「販売」業について，意欲的に学習問題を調べることができる． ○現在の「販売」業の課題を進んで解決しようとするとともに，販売者，消費者の立場に立って考え，これからの「販売」業について関心を持っている．

(4) 指導計画

次	学習活動		学習過程
0	課題把握	既有知識の把握	○子どもたちのネット利用に関する実態を調査する ・ネットに関する使用頻度，興味・関心等
1		動機付け（既有知識を生かす）	○実態分析よりネットショッピングの経験を交流する ○アマゾンを例にネットショッピングを経験する ○認知的不協和から，学習問題の設定する 「なぜ，アマゾンは，こんなに多くの商品を集め，販売することができるのでしょうか」
		方向付け	○予想と課題解決の見通しを持つ
2	課題追究	情報収集	○アマゾンのWebページを中心に調べる ○アマゾンの販売の流通経路の資料を調べる
		問題構造の把握	○ネットショッピングの構造をまとめる（商品データのデジタル化，Webページのパーソナライゼーション，流通の工夫など）→ロングテールの成立

次	学習活動		学習過程
2	課題追究	改善案の構想	○店舗型ショップとネットショップのメリットとデメリットを考え，これからの販売業について構想する
3	課題解決	構想の交流と議論	○グループごとに，構想した改善策を発表し，交流し，話し合う
		まとめ	○パフォーマンス課題について考察する
		振り返り	○本単元に関する学びを振り返る

(5) 単元の具体的展開

		教師による主な発問・指示	子どもの反応
0		・ネットに関するアンケートに答えてください．	（ネットの頻度，使用形態，ネットショッピングの経験など）
1次	課題把握	・みなさん，よくネットを使っているようですね．どんなことに使っていますか．	・LINEをしたり，インターネットで調べたり，買い物したりしています．
		・なぜ，お店があるのにネットで買うのですか．	・いろいろ商品があるし，家まで運んでくれるので便利だから．
		・みんなネットで買った経験があるのですか．	・私はネットより近くのお店で買い物をします．（使い方を説明し，実際にカートに入れ購入するまで経験させる．）
		・では，今日は，実際に「アマゾン」で買い物をしてみましょう．	
		・気づきを発表しましょう．	・簡単に注文することができる． ・誰にとっても便利だと思う．
		・たくさん商品が出てきましたね．みんながよく行くショッピングセンターより多そうですか． ・実は，ショッピングセンターのおよそ100倍，約3000万種類の商品があります．	・あんな大きな店より少ないはずだ． ・同じぐらいじゃないかな． ・そんなにたくさんあるの，商品を探すことができないよ． ・巨大な倉庫に，たくさんの商品があるのではないかな． ・画像だけで本当に商品がないのではないかな． ・アマゾンのHPなどインターネットで探す． ・アマゾンの仕組みが載っている本を探す．
		なぜ，アマゾンは，こんなに多くの商品を集め，販売することができるのでしょうか，予想しましょう．	
		・どのようにして調べたらよいかな．	
2次	課題追究	・学習問題について，調べてみましょう．	（アマゾンを紹介するWebページ，「アマゾンの物流センター」のビデオ等から情報収集する）
		・調べて分かったことを発表しましょう．	・他の店の商品にリンクしたり，お客さんが自分の商品を売ったりできるようになっている． ・実際にある商品ではなく，商品を売っている情報を集め紹介しているから，多くの商品がある．（商品データのデジタル化）
		・では，商品は実際にはないのですね．	・いいえ，アマゾンでは，多くの商品を供給するために千葉県に東京ドーム30個分の倉庫を持っている．
		・なぜ，実物が必要なのですか，商品の情報だけではだめなのですか．	・実物があれば早く商品を送ることができる．買う人が送付される日数を選ぶことができる．

	教師による主な発問・指示	子どもの反応
2次 課題追究	・学習問題についてまとめるとどうなりますか.	・お客さんのニーズに応じて,商品のデータを集めたり,実物は巨大な倉庫に集めたりして,たくさんの商品を紹介している.(商品データの集積)
	・こんなにたくさんの商品をアマゾンでは,どうやって売っているのかな? アマゾンのWebページからわかったことを教えてください.	・一つの商品を見つけると,関連した商品が出てくる(レコメンデーション) ・商品には,それまで買った人のコメントがついてくる(カスタマレビュー) ・買ったり見たりした商品からお客さんの好みに合わせて商品を紹介する(パーソナライゼーション).(Web技術の発達)
	・アマゾンの売るための工夫についてどう感じますか.	・買う予定がなくても,自分の嗜好に合った商品が紹介され,いつのまにか買いたくなるようにしている.
	・これまで,学習したことをまとめましょう.	(板書でのネットショッピング拡大の構造のまとめ 図8-3参照)
	3年生で学習した商店の販売とアマゾンの販売では何が違うでしょうか.	・商品が実物とデータといった違いがある. ・個人の嗜好を刺激するために,商品の種類はアマゾンの方が多い.
	・商店とアマゾンでは,どんな人が買って,どんな商品が売れていましたか.	・商店では,地域の人が,よく売れる商品を買っている.アマゾンでは,全国の人が,個人の嗜好に応じた商品を買っている.
	・個人の嗜好だから少ししか売れないけど,多くの人が買うので儲かるのですね. ・ロングテールが成立し,ネットショッピングは今までのお店を越える売上高となっています. ・ネットショップはどんどん拡大していますが,問題はないのですか. ・どんな個人情報ですか. ・地域の商店がアマゾンより優れているのは,どんなことですか.	(ロングテールの成立の説明) (ネットショップと従来型店舗の売上高の推移グラフの提示と説明) ・この前,ネットショッピングで個人情報が流出したニュースがあった. ・氏名や年齢や住所,カードの情報もあった. ・地域のお客さんのニーズに対応して,地産地消の商品を販売していた. ・地域のお客さんとのつながりを大切にしていた. ・実物があるから信頼できる.
	・それぞれの販売に,メリットとデメリットがありますね.	
	これからの販売はネット中心になりますか,それとも店舗とネットが併存しますか.ネット中心になるのなら,ネット販売のデメリットに対する改善策を考えてください.併存するのなら,店舗販売の改善策を考えてください.	(A:ネット中心になる,B:店舗とネットが併存するといった2つの立場を決定した上で,立場ごとにグループになり,改善策を構想する.)

	教師による主な発問・指示	子どもの反応
3次 課題解決	・それぞれの立場に応じた改善策を発表してください．	・A：私たちは，ネット販売が中心になると思います．ネットでは地域のニーズではなく様々な個人のニーズに合った商品を販売することができるからです．個人情報の流出に関しては匿名販売の仕組みを導入します．また，個人の嗜好に合わせたWebページを導入すれば，ネット上のつながりは意識できると思います． ・B：私たちは，お店はネット販売と併存できると思います．買う人がそれぞれの特徴を考えて選択すると思うからです．お店の商品数を増やすことは難しいですが，実物の良さを伝える対面販売や地産地消の充実，地域ニーズに応じた営業時間の変更などで地域の店の良さを示すことができると思います．
	・改善策について話し合いましょう．	（A，Bなど，各々の立場の意見に対して話し合う）
	・ネットショッピングの学習を振り返り，次の課題を考えましょう．	（パフォーマンス課題の提示）
	「あなたは，地域のお店を経営しています．最近，ネットショップや地域にショッピングセンターができた影響もあって，売り上げが激減しています．そこで，お店に加えてネットショップを開設することにしました．食品や衣料，ゲームソフトなど，販売する商品を決めた上で，どのような工夫をしてネット販売するのか，ネットショップのページをデザインしましょう．」	
	・学習を振り返りましょう．	・ネットショッピングは，個人の好みに応じて様々な商品を選び即座に購入できるなど便利だけれど，個人の情報の問題や買いたい欲求が刺激されるなど，怖い面もあると感じた．今回の学習でネットショップとお店の違いが分かったので，両方を上手く利用して買い物をするにはどうすればよいか，考えていきたい．

第5節　第5学年社会科の学習指導上の留意点

　　　最後に第5学年社会科の学習指導上の留意点を2点示しておこう．
　　　第一は，子どもたちの認識の成長過程を重視して学習を構成することである．
　　今回の改訂では，ここ最近の学習指導要領の傾向にあった知識・理解を軽視した論調から，育成すべき3点の資質・能力の最初の要素として「知識・技能」を位置付け，理解していることに基づき，社会的見方・考え方を活用して，思考・判断・表現するといった段階的に知識活用することを重視している．
　　　つまり，子どもたちの知識の質の成長を教師自身が捉え，学習に生かすことが必要である．そのためには，学習前の子どもたちが持っている素朴概念や断片的

な知識といった既有知識を把握し，導入段階の学習に生かしたり，次の段階において，子どもたちの既有知識にどのような個別知識が付加されたのかを捉え，それらを関連付けて概念化を図ったり，概念化された知識を生かし社会問題を改善するための新たな価値を子どもたちが形成するのを促したりすることが大切である．このように子どもたちの認識の成長に焦点付けた学習を構成することで，深い学びに繋がる学習が実現できるのである．

第二に，現代的課題を扱う教材を重視することである．

社会系教科改善の具体的な改善事項において「社会に見られる課題を把握して，その解決に向けて構想する力を養うためには，現行学習指導要領において充実された伝統・文化等に関する様々な理解を引き続き深めつつ，将来につながる現代的な諸課題を踏まえた教育内容の見直しを図ることが必要である」といった現状の教育内容の見直しと改善の方向性が示された．現代的な諸課題として，5学年の内容に関しては，例えば，竹島，尖閣諸島，北方領土といった領土問題，食糧輸出の問題，原発事故によるエネルギー問題，飽食の時代による食糧自給率と食の安全性の問題，情報化による産業構造変化の問題，自然災害対応の問題などが挙げられる．現代的諸課題は，現実社会の問題を追究する真正の学習としての意義，そして，子どもたちが生きる社会の課題をリアルに追究することで，「このままでいいのか」，「何を解決すべきか」といった課題意識を高め，解決に向けて「どのように解決すべきか」，「自分だったらこうする」といった，子どもたち自身が社会との関わりを実感させ，よりよい社会形成に参加する意識を高めることを可能にするであろう．

参考文献
中央教育審議会「幼稚園，小学校，中学校，高等学校及び特別支援学校の学習指導要領等の改善及び必要な方策等について（答申）」2016年．
鈴木みどり編著『メディアリテラシーを学ぶ人のために』世界思想社，1997年．
クリス・アンダーソン『ロングテール「売れない商品」を宝の山に変える新戦略』篠森ゆりこ訳，早川書房，2006年．
松岡靖「ネットメディアによる販売と消費の変化を読み解く「メディア解釈学習」－単元「成長するネットショッピング」の場合－」『社会科研究』第74号，2011年．

第9章

小学校社会科第6学年の学習指導・評価
―実際に授業を単元で構想してみよう―

第1節　第6学年の全体構成

平成29年版学習指導要領では，小学校社会科第6学年の目標について，次のように示された．

> 　<u>社会的事象の見方・考え方を働かせ，学習の問題を追究・解決する(a)</u>活動を通して，次のとおり資質・能力を育成することを目指す．
> 　(1) 我が国の<u>政治の考え方と仕組みや働き(b)</u>，国家及び社会の発展に大きな働きをした先人の業績や優れた<u>文化遺産(c)</u>，我が国と関係の深い国の生活やグローバル化する国際社会における<u>我が国の役割(d)</u>について理解するとともに，地図帳や地球儀，統計や年表などの各種の基礎的資料を通して，情報を適切に調べまとめる技能を身に付けるようにする．
> 　(2) 社会的事象の特色や相互の関連，意味を多角的に考える力，<u>社会に見られる課題を把握して，その解決に向けて社会への関わり方を選択・判断する力(e)</u>，考えたことや選択・判断したことを説明したり，<u>それらを基に議論したりする力(f)</u>を養う．
> 　(3) 社会的事象について，<u>主体的に学習の問題を解決しようとする態度</u>や，<u>よりよい社会を考え学習したことを社会生活に生かそうとする態度(g)</u>を養うとともに，多角的な思考や理解を通して，我が国の歴史や伝統を大切にして国を愛する心情，我が国の将来を担う国民としての自覚や平和を願う日本人として世界の国々の人々と共に生きることの大切さについての自覚を養う．（下線及びアルファベット表記は筆者による）

*1　学習指導要領はほぼ10年毎に改訂されている．学習指導要領は学校教育法等の「上位法」に基づき，各学校で教育課程（カリキュラム）を編成する際の基準となる．

平成29年版学習指導要領[*1]では，目標の書き方が平成20年版以前と変更された．学校教育法第30条第2項の規定に対応する形で，整理し直されたということだ．学校教育法第30条第2項の内容は，次のような記述になっている．

> 　（前略）<u>基礎的な知識及び技能を習得させる(1)</u>とともに，これらを活用して課題を解決するために必要な<u>思考力，判断力，表現力その他の能力をはぐくみ(2)</u>，<u>主体的に学習に取り組む態度を養う(3)</u>ことに，特に意を用いなければならない．（下線及び数字は筆者による）

第30条第2項の下線部(1)の内容が，目標の(1)に対応し，「知識及び技能」の目標，第30条第2項の下線部(2)の内容が，目標の(2)に対応し，「思考力，

判断力，表現力等」の目標，第30条第2項の下線部(3)の内容が，目標の(3)に対応し，「学びに向かう力，人間性等」に関する目標として整理された．また，平成29年版学習指導要領では，「見方・考え方」を小学校から高等学校までの間で位置付け，小学校社会科においては，目標の下線部(a)にあるように，「見方・考え方」を働かせながら，学習問題を追究することを求めており，平成29年版学習指導要領施行以降は，小学校社会科における「見方・考え方」の位置づけを踏まえた学習を想定する必要があるので留意したい．それでは，目標の(1)から順番に見ていくことにしよう．

(1) 目標(1)の記述について

　目標(1)では，小学校社会科6学年で扱う内容や技能を整理している．目標の下線部(b)は「政治学習」の内容を，目標の下線部(c)は「歴史学習」の内容を，目標の下線部(d)は「国際学習」の内容を指している．平成29年版学習指導要領においては，「18歳選挙権年齢の実現」を踏まえて，「主権者教育」[*2]の充実が図られており，今まで以上に下線部(b)の「政治学習」の持つ教育的効果や意義が重視されてくる．また，日本の政治は，憲法に基づいて行われており，憲法の学習についても，その原則の理解を重視し，学習の充実が図られた．下線部(c)の「歴史学習」は，従前どおり，「先人の業績や優れた文化遺産」学習として構成されている．下線部(d)の「国際学習」は，「我が国と関係の深い国の生活」理解の学習だけではなく，「グローバル化した国際社会における我が国の役割」の学習が求められており，「グローバル化」を単純な「国際化」として捉える学習ではない，「グローバル化」した社会において「国境を越えての資本や労働力の移動」が行われる中での「我が国の役割」の学習が想定されている．新しい教材内容開発が求められる単元になった．

*2 主権者教育の目的は，「単に政治の仕組みについて必要な知識を習得させるにとどまらず，主権者として社会の中で自立し，他者と連携・協働しながら，社会を生き抜く力や地域の課題解決を社会の構成員の一人として主体的に担うことができる力を身に付けさせる」ことである（文部科学省「主権者教育の推進に関する検討チーム」中間まとめより）

(2) 目標(2)の記述について

　目標(2)では，小学校社会科6学年で養うべき資質・能力を整理している．目標の下線部(e)は，「社会に見られる課題を把握して，その解決に向けての社会への関わり方を選択・判断する力」の育成を重視しており，先述した「政治学習」や「国際学習」での政治的，法的，国際的論争問題学習[*3]（総称し，「社会的論争問題学習」）の充実を図る中で，自身の社会への関わり方を選択・判断する力の育成を目指していきたい．また，目標の下線部(f)は，「考えたことや選択・判断したことを説明したり，それらを基に議論したりする力」の育成を重視している．社会科では，資料やデータに基づいて，それを根拠にして，説明をしたり，相手の話に耳を傾け，相手の話を根拠も無く，教唆するのではなく，あくまで「事実」に基づいた議論，それを可能にする力の育成が求められている．そのためには，資料を適切に読み取る技能がベースにあって，それに基づいて「事実」を読み解

*3 論争問題とは，「個々人または集団間の事実認識，価値観，信念などの相違から生じる見解の対立，言い争いのうち，批判・討議の研究を通して何らかの形で解決が求められる課題」のこと．近年では，社会学などでの研究が進み，当事者が「問題である」と意味づけることで生じるものと理解されるようになった．（渡部竜也「論争問題学習」日本公民教育学会編『公民教育辞典』第一学習社，2009年，p.166）

く必要がある．また，「事実」を基に「根拠」を踏まえた「主張」で構成される「議論の構造」*4 を児童が作ることができるかも重要になってくる．これは，「政治学習」や「国際学習」だけではなく，「歴史学習」でも可能であるし，「歴史学習」も「議論する力」を育成するような学習を構成していく必要がある．

(3) 目標 (3) の記述について

目標 (3) では，小学校社会科6学年で養うべき学びに向かう態度等を整理している．目標の下線部 (g) では，「主体的に学習の問題を解決しようとする態度」の育成を重視している．学習の問題を解決しようとする態度がないと，学習が進まない．全ての学習の前提は，「学びに向かう態度」の育成ということが言えるだろう．特に，社会的論争問題を扱う場合は，その内容が児童に「寄り添っていない」とその学習は成立しない．児童が「切実性」を感じる学習課題をいかに設定するかが授業の成功の鍵となる．また，目標の下線部 (g) では，「よりよい社会を考え学習したことを社会生活に生かそうとする態度」の育成も重視している．「よりよい社会」の在り方を考えることは，小学校社会科6学年では，「社会的論争問題学習」に直結する．繰り返しになるが，小学校社会科6学年では，「社会的論争問題学習」を積極的に導入していきたい．

2．「社会的見方・考え方」と6学年の学習との関連

平成29年版学習指導要領では，先述したように，「社会的見方・考え方」を働かせる学習が想定されている．これまでの章で述べられているとは思うが，念のため，その定義を再掲する．

> 位置や空間的な広がり，時期や時間の経過，事象や人々の相互関係などに着目して（視点），社会的事象を捉え，比較・分類したり総合したり，地域の人々や国民の生活と関連付けたりすること（方法）

この「見方・考え方」は「視点・方法（考え方）」と整理されている．つまり，「内容」ではないということだ．このような「視点」や「方法」で学習を組織して下さい，そうすることが，子どもたちが社会的事象を見る上で「見方・考え方」を常に働かせながら，社会 (歴史) 的事象の意義や社会的論争問題について考えたり，判断することになりますよ，ということだ．この「見方・考え方」は，問題を検討する上で，重要な「見方・考え方」になる．他方で，どのようにその問題を判断し，考察すれば良いのか，問題の個別性を踏まえた内容を示す「見方・考え方」にはなっていない．授業を構想する上で，具体的にその問題を見通し，考える上で，本「見方・考え方」とは別の「見方・考え方」も必要になってくるだろう．社会的論争問題を積極的に取り上げていくべき6学年の社会科学習においては，問題の個別性を踏まえた「見方・考え方」も重要になってくるだろう．

---

*4 「議論の構造」を可視化する方法としてトゥールミン・モデルを使用することができる．トゥールミン・モデルとは，イギリスの分析哲学者スティーブン・トゥールミンが提唱した議論のモデルである．データと結論を論拠が結び，論拠をさらに裏付けることを図化したものである．(p.153 図10-4 参照．)

3. 第6学年の内容

小学校社会科第6学年の内容について，平成29年版学習指導要領に沿って，順次説明していきたい．

(1)「政治学習」の内容

> (1) 我が国の政治の働きについて，学習の問題を追究・解決する活動を通して，次の事項を身に付けることができるよう指導する．
> ア　次のような知識及び技能を身に付けること．
> 　(ア) 日本国憲法は国家の理想，天皇の地位，国民としての権利及び義務など国家や国民生活の基本を定めていることや，現在の我が国の民主政治は日本国憲法の基本的な考え方に基づいていることを理解するとともに，立法，行政，司法の三権がそれぞれの役割を果たしていることを理解すること．
> 　(イ) 国や地方公共団体の政治は，国民主権の考え方の下，国民生活の安定と向上を図る大切な働きをしていることを理解すること．((ウ) は省略)
> イ　次のような思考力，判断力，表現力等を身に付けること．
> 　(ア) 日本国憲法の基本的な考え方に着目して，我が国の民主政治を捉え，日本国憲法が国民生活に果たす役割や，国会，内閣，裁判所と国民との関わりを考え，表現すること．
> 　(イ) 政策の内容や計画から実施までの過程，法令や予算との関わりなどに着目して，国や地方公共団体の政治の取組を捉え，国民生活における政治の働きを考え，表現すること．

アの(ア)は，「日本国憲法の基本的な考え方」の理解の学習について，(イ)は政治の役割の理解の学習について，取り上げている．「日本国憲法の基本的な考え方」の理解の学習は「目標」の項目でも説明したとおり，日本国憲法の原則を理解すること，国の政治が日本国憲法の原則に基づいて実施されていることを理解することが重要である．政治の役割の理解の学習においては，政治が果たす役割，概括的にまとめると「国の政治の役割は国民生活の安定と向上に行われている」となるが，実際は多義的である．すなわち，国においては，国民の安全の確保(安全保障政策)，経済活動の促進(経済政策)，人が人として生きる上で重要になる最低限の生活の保障の確保(福祉政策)等がある．それこそ，児童にこれらの政策をまとめるとどのような言葉で表現できるのかを考えさせても良いのではないか．イの(ア)は，日本国憲法の機能学習であり，(イ)は，政治のプロセス学習である．(ア)は，日本国憲法が国民との関連でどのような役割を果たしているのか，それを具体的な事例を通して，考察する．また，日本国憲法における「統治機構」(国会，内閣，裁判所)と国民との関連を考える学習が想定されている．日本国憲法の条文，基本的な考え方はとかく難易度が高い．条文をそのまま音読させるような授業にはさせたくないし，それは時間の無駄である．三権分立の図[*5]を暗記させるような授業も意味が無い．「なぜ三権分立なのか」「なぜ憲法が必要なのか」といった「原理・

「国民主権」の真の意味をつかめるようにするために「三権分立の図」を使いたい．

原則」を掴んで考えることができる授業例を以降で紹介したい（第2節1を参照）．（イ）は，「政策の立案から実施までのプロセス」を丁寧に追うことで，国や地方自治体の役割を考察する授業を想定している．単純に一般化された政治のプロセスを後追いの形で授業することは止めて欲しい．具体的な「政治的論争問題」を採用し，その問題に対して政治がその問題にどう取り組もうとしているのか，政治の当事者も交えた授業例を以降で紹介したい（第2節2を参照）

(2)「歴史学習」の内容

> (2) 我が国の歴史上の主な事象について，学習の問題を追究・解決する活動を通して，次の事項を身に付けることができるよう指導する．
> ア 次のような知識及び技能を身に付けること．その際，<u>我が国の歴史上の主な事象を手掛かりに，大まかな歴史を理解するとともに，関連する先人[*6]の業績，優れた文化遺産を理解すること（下線部 a）</u>．
> 　（ア）狩猟・採集や農耕の生活，古墳，大和朝廷（大和政権）による統一の様子を手掛かりに（下線部 b），<u>むらからくにへと変化したことを理解すること（下線部 b）</u>．その際，神話・伝承を手掛かりに，国の形成に関する考え方などに関心をもつこと．　（（イ）～（シ）は省略）
> イ 次のような思考力，判断力，表現力等を身に付けること．
> 　（ア）世の中の様子，人物の働きや代表的な文化遺産などに着目して，我が国の歴史上の主な事象を捉え，我が国の歴史の展開を考えるとともに，<u>歴史を学ぶ意味を考え，表現すること（下線部 c）</u>．（下線部及びアルファベットは筆者による）

*6 卑弥呼，聖徳太子，小野妹子，中大兄皇子，中臣鎌足，聖武天皇，行基，鑑真，藤原道長，紫式部，清少納言，平清盛，源頼朝，源義経，北条時宗，足利義満，足利義政，雪舟，ザビエル，織田信長，豊臣秀吉，徳川家康，徳川家光，近松門左衛門，歌川広重，本居宣長，杉田玄白，伊能忠敬，ペリー，勝海舟，西郷隆盛，大久保利通，木戸孝允，明治天皇，福沢諭吉，大隈重信，板垣退助，伊藤博文，陸奥宗光，東郷平八郎，小村寿太郎，野口英世

アは，下線部aにあるように「大まかな歴史」の理解学者と「先人の業績，優れた文化遺産」を理解する学習として位置づけることができる．（ア）から（シ）までの内容については，いずれも，下線部bにあるように「～を手がかりにして～を理解する」とあるように，具体的な歴史的事象を手がかりにして，その時代の特色（大まかな流れ）を理解する学習として組織されていることがわかる．ただ，どうも，○○を手がかりに●●を理解する，といって，その●●を子どもたちにまとめの段階で，ノートにまとめさせたり，発言させる授業が多く見られる．それで十分なのか，その時代の「システム」が理解できた上で，子どもたちによる発言がなされているのか，が重要なのではないか．本章では，その時代の特色（システム）を児童による主張（仮説）の吟味とその検証を通して，理解する授業を事例に歴史学習のあるべき姿について以降で検討したい（第3節を参照）．イは，下線部cにあるように「歴史を学ぶ意味」を考察する学習として位置付けることができる．これ自体は従前からある学習であるが，実際に行われていたのか．特に歴史嫌いの子どもは，「歴史学習」の有意味性を感じない．なぜなら，「歴史学習」それ自体の課題として「昔のことを今生きている子どもが学習する意味は何か」が児童に伝わりにくいといった点がある．「歴史の有意味性」を考える授業は，一層重要になるだろう．

(3)「国際学習」の内容

> （3）グローバル化する世界と日本の役割について，学習の問題を追究・解決する活動を通して，次の事項を身に付けることができるよう指導する．
> ア　次のような知識及び技能を身に付けること．
> 　（ア）我が国と経済や文化などの面でつながりが深い国の人々の生活は，多様であることを理解するとともに，スポーツや文化などを通して他国と交流し，異なる文化や習慣を尊重し合うことが大切であることを理解すること．
> 　（イ）我が国は，平和な世界の実現のために国際連合の一員として重要な役割を果たしたり，諸外国の発展のために援助や協力を行ったりしていることを理解すること．　（（ウ）は省略）
> イ　次のような思考力，判断力，表現力等を身に付けること．
> 　（ア）外国の人々の生活の様子などに着目して，日本の文化や習慣との違いを捉え，国際交流の果たす役割を考え，表現すること．
> 　（イ）地球規模で発生している課題の解決に向けた連携・協力などに着目して，国際連合の働きや我が国の国際協力の様子を捉え，国際社会において我が国が果たしている役割を考え，表現すること．

　アの（ア）は，異文化理解学習，（イ）は，国際連合の意義の理解学習として位置付けることが可能だろう．異文化理解学習は，これまで，他国の文化，衣食住等の文化を調べ，比較し，まとめる授業が多かった．これでは，「総合的な学習の時間」で行う「異文化理解」との異同が不明だった．現状の授業は「共生」というより，「お互いの存在を認める」に止まっていると分析できるだろう．グローバル化した社会での異文化理解学習はどうあるべきなのか，「共生」をキーワードに新たな授業構想が求められるのではないか．（イ）は，国際連合の役割を追究する授業が想定される．ただ，「国際連合」が「素晴らしい組織」のように位置付ける授業は課題が残る．実際に，国際平和の維持では，十分に機能しきれていない側面もある．国際連合の「負の側面」も取り上げた「多面的」な見方ができるような授業構想が求められる．イの（ア）は，国際交流の機能の学習，（イ）は国際社会における我が国の機能の学習である．いずれにしても，それぞれの意義と限界が学習できるような多面性が授業の構想では求められる．

第2節　政治学習の授業例

1.「原理・原則」の理解を重視する政治学習の授業例

(1)「日本国憲法の基本的な考え方」とは？

　先述したように，日本国憲法の学習は「日本国憲法の基本的な考え方」を基に授業を構成することが想定されている．では，「日本国憲法の基本的な考え方」とはそもそも何なのか？「日本国憲法の三大原則」なのか？「日本国憲法の基本的人権」なのか？「日本国憲法の基本的な考え方」をここでは，「立憲主義」と位置付けて，授業構想を示したい．「立憲主義」とは「憲法は国民を縛るもので

はなく，為政者（公務員）を縛るもの」という考え方である．児童は，憲法を「三大義務」の観点から，また，「刑法」がそうであることから，「憲法を国民を縛るもの」と考えがちである．あながち，大人もわかっていない．「平等権」や「自由権」「社会権」はわかっていても，最も基本的な原則を理解できていないのである．本章では，その大人も理解できていない「立憲主義」を児童がわかりやすく理解できる授業事例を紹介したい．

(2)「憲法の基本的な考え方」の授業構想とその実践結果

　本授業は，福井弁護士会所属弁護士と学校現場の教員，大学教員で構成する福井法教育研究会が開発した授業であり，当時金沢市内の小学校教諭であった菊池八穂子（名古屋学院大学　2018年現在）が2010年に実践をした．なお，筆者が平成29年版学習指導要領に対応する形で修正していることを付言する．

a.「日本国憲法の基本的な考え方」の単元構成

ア．単元名

　わたしたちのくらしと日本国憲法

イ．単元目標

- 国民のくらしと日本国憲法のかかわりに関心を持ち，進んで調べようとする姿勢が見られる（学びに向かう力，人間性等）
- 日本国憲法の基本的な考え方に着目して，我が国の民主政治を捉え，日本国憲法が国民生活に果たす役割について思考し，判断をした内容を表現することができる（思考力，判断力，表現力等）
- 日本国憲法は国家の理想，天皇の地位，国民としての権利及び義務など国家や国民生活の基本を定めていることを理解する（知識及び技能）

ウ．単元計画（全5時間）

次（時数）	ねらい	学習活動と主な生徒の発言	指導と評価
第一次 (1)	日本国憲法の役割を知り，内容を調べる計画を立てる	本時 政治が間違わないようにするために憲法が必要なんだ．くわしく調べたい．	民主的な政治を行うために必要な日本国憲法について調べる意欲を持つ
第二次 (3)	日本国憲法の内容を調べ，自分の生活とのかかわりを考える	【日本国憲法の内容を調べよう】 ○どんなことが原則になっているのだろう ・基本的人権の尊重 ・国民主権 ・平和主義 ○基本的人権について調べよう ○国民主権について調べよう ○平和主義について調べよう	金沢市で実際にどのようになっているのか調べる 憲法の三大原則が金沢市の政治にも生かされていることがわかる

次(時数)	ねらい	学習活動と主な生徒の発言	指導と評価
		【憲法の三大原則の内容が金沢市の政治に生かされているか具体的な事象から考えよう】 ○自分たちの身の回りで憲法の精神が十分に生かされていないと思うことは何ですか？	
第三次 (2)	日本国憲法についてわかったことをまとめる	民主的で平和的な国家を築くために，日本国憲法の三大原則は重要な役割を果たしている	民主的で平和的な国家を築くための日本国憲法の役割の重大性がわかる

エ．本時の学習展開（第一次1時）

・題目　「政治に必要なものは何だろう」

・ねらい　制限規範としての憲法の必要性を理解する

・学習展開

学習活動（分）	子どもの思考の流れ	支援と評価○
1. 学習課題を知る(5)	○政治に必要で，まだ足りないものがあることを知らせる	・架空の王様の話を用意する
2. 逸話1から問題点を考える(10)	【政治に必要なものはなんだろう】 ○ある王様の政治の話を聞いて考える ・一人で決めるのはおかしい ・でもちゃんと政治をしてくれるのならいい ○この国の政治に必要なものはなんだろう ・やっぱり議会があったほうがいい ・選挙で議員を選んだ方がいい	
3. 逸話2から問題点を考える(20)	○国民が選んだ議員が賛成して決めた法律には絶対に従わなければならないのか話し合う ○どんな理由でこの法律に賛成しますか ・病気の人が減る ○どんな理由でこの法律に反対しますか ・寝る時間まで法律で決めてほしくない ・夜更かしで1万円の罰金は高すぎる ・夜，仕事のある人は困る ○法律がいつも正しいのでしょうか．正しくないと思う人はどうしたらいいと思いますか ・正しい：みんなが選挙して選んだ議員が決めたことだからいい ・正しくない：間違えることもあるかもしれない ・正しいか正しくないかの判断は誰がするのか ・正しいか正しくないか基準が必要 ○法律が正しいかどうかの基準はあるのか ・「みんなで相談して決めるときでも，これだけは守らないとならない」というルールを決めておく．そのために憲法がある． ○憲法を守らなければならないのは誰か ・国民ではない	・ワークシートを準備する ・自分の考えを書かせる ・4人組で少し考えさせてから話をさせる

学習活動（分）	子どもの思考の流れ	支援と評価○
4. まとめをして学習計画を立ててみる（10）	・政治が憲法を守らなければならない 政治が間違わないようにするために憲法が必要なんだ．これからくわしく調べたい．	○なぜ憲法が必要なのかについてノートにまとめる

（引用：菊池八穂子・橋本康弘「初等社会科法関連教育の授業開発－憲法学習の改善を目指して」名古屋学院大学教職センター『名古屋学院大学教職センター年報』No.1, pp.81-82. より一部筆者修正）

逸話１

○ある国のお話です．このお話から考えましょう．

　その国の王様は政治にとても自信がありました．「みんなが幸せに暮らせるように，がんばるぞ．そうだ，タバコは健康によくない．そんな悪いものにはたくさん税をかけることにしよう．ほかにも健康に悪いものには「健康税」をかけることにしよう．きょうからタバコは一箱千円．タバコのほかに健康税をかけるものはないかな？たくさん集めた健康税を使って，病気の人が病院でかかるお金をただにすることができるぞ．これで国民は健康になっても安心．」自分一人でいつでもこんな調子で政治を行っていました．

ワークシート

　　　　　　　　　【政治に必要なものはなんだろう】

○お話の続きです．続きから考えましょう（逸話２）．

　王様は反省し，選挙をして大統領に当選し，大統領として政治をさせてもらえることになりました．国民は，みんなのためにがんばってくれる王様が大好きだったんですね．大統領になった王様は，もちろん議会を開き，政治のことは議員と相談して行うことになりました．健康税についても議会に提案し，賛成多数でさっそくタバコは一箱千円になりました．気をよくした大統領が次にこんなことを議会に提案しました．

　「夜ふかしは体によくない．国民は全員12時前に寝るようにする法律をつくろう．この法律を守らなかった人からは１万円の罰金をとるぞ．」

　議員たちは議会で話し合いました．この法律がいいか，悪いか，理由も十分聞き合って，最後に多数決をしました．わずかな差でこの法律は決まりました．

　問い　この法律に賛成ですか反対ですか，○をつけて，理由を書きましょう．

　　　　　　　　　　　　　　賛成　　　反対

理由
_____
_____
_____
_____
_____

（引用：前掲書，pp.82-83.）

b. 「日本国憲法の基本的な考え方」の実践結果

　この授業の実践した結果，児童から，大統領が考えた「夜ふかし禁止法」について，次のような意見が提示された．

> [「夜ふかし禁止法」に賛成の理由]
> ・夜ふかしは体に悪いから．
> ・きまりは守らないといけないから．
> [「夜ふかし禁止法」に反対の理由]
> ・仕事でどうしても 12 時過ぎまで起きていなければならない人もいる
> ・大人は働いて帰ってきて，ゆっくりしたい人もいる
> ・急病人など，緊急の時に困る
> ・寝る時間は自由にしたい，決めてほしくない
> ・12 時に 1 分でも前に寝れば，起きる時刻は 12 時 1 分でもいいのか
> ・どうやって 12 時前に寝たことを確かめるのか
> 　　　　　　　　　　　　　　　　　　　　　（引用：前掲書，p.84.）

　特に「反対」の理由に着目したい．この「法律」の実施することで生じる「平等性」等から理由を述べている．「12 時前に寝たことを確かめる」ための費用負担を考えると「効率性」にも反している．「生命の重たさ」から，緊急事態への対応に懸念している意見も出ている．それでは，次に，この「禁止法」についての意見交換を行った後で，「法はいつでも正しいのか」について問うた場面の児童の意見を提示しよう．

> [法はいつでも正しいと思う理由]
> ・正しいから法になったと思うから
> ・国民が選んだ議員さん達が決めたことだから
> ・議員が深く考えて決まった法律だから
> ・法を守らないと犯罪になるから
> [法はいつでも正しいと思わない理由]
> ・多数決で少しの差で法が決まったら，本当は正しくないという場合があるから
> ・多数決がまちがっているかもしれないから
> ・「夜ふかし禁止法」のように不平等のため，安心して生活できない人々が出てくる場合もあるから
> ・その法で国民全員が幸せになるとは限らないし，ある一部の人だけが幸せになるものなら，そんな法はいらないと思う
> ・国民全員に平等ではないことがあるから
> ・議員さんが決めた法律でも，国民から見たら，不便なところもあると思う．裁判などでおかしいところも見つかると思う．
> 　　　　　　　　　　　　　　　　　　　　　（引用：前掲書，p.84.）

　「多数決絶対主義」がはびこる学校現場において，「多数決」を疑う目を持っている子どもがいることがわかるだろう．この授業では，後からその法律が「正しくない」と判断される場合があることが弁護士から紹介されている．その前段階で，前述のような意見を出し，「法がいつもで正しいとは限らない」といった児

童が一定数いるのである．さらに，この授業の後，児童がどのようなふり返りをしたのか，その具体的な記述についても，一部であるが，抜粋してみよう．

> ・今日新たにわかったことは，法はいつでも正しいとおもっていたけど，法はいつでも正しいとは限らないことです．法はいつも正しいとは限らないけど，憲法は必ず守らなければならない約束だということがわかりました．弁護士の先生に教えていただいて，議会の意見で賛成多数で法が決まっても，後から正しくはないんじゃないかという法もあることがわかりました．
> ・政治に必要なもの，もう一つは憲法ということがわかりました．法律がすべて正しいものではないので，その法律が憲法に違反していないかを調べるためにも，憲法が大切になってくることがわかりました．だから，私達は，法律が正しくない場合，憲法によって守られているんだな，と思いました．17条の憲法や大日本帝国憲法も学習しましたが，今回改めて憲法の大切さがわかりました．
> ・法律を決めるときに，また，そのためのルールがあって，それが憲法だとわかりました．今まで何気なく憲法という言葉を使っていたけど，全然意味がわかっていなかったんだと思いました．また，今の法律のすべてが正しいとは限らないとわかりました．多数決で正しい人が少なかったり，裁判で気づいたり，色々な理由がありましたが，時代が変わると変わってくる法律もあって，戦後みたいに，日本が大きく変わることがあったら，法律も大きく変わってしまうのかな，と思いました．
> ・今までは法はどれも正しいと思っていました．けど，弁護士の先生のお話を聞いて，立場や状況によって変わってくると思うし，話し合って決めても，自分がその立場に立ってみないとわからないこともあるので，法はすべては正しくはないと思いました．法律はたくさんつくられているけど，それらのつくった法律だけでは考えられないことがある時は，これから先，もっといい国になるように憲法を大切にしたいと思いました．憲法が初めてできたのは17条の憲法だけど，その時代より今の方が政治的にいいと思うし，これから先もっとみんながよりよいくらしで生活するために，発展して欲しいと思いました．
>
> （引用：前掲書，pp. 84-86）

いずれのふりかえりも，憲法の「制限規範性」を自分たちの言葉で整理できているし，また，法律の可変性も十分理解できている記述も見受けられた．他に政治との関連で今の社会をよりよくするといった「社会参加」を意識する記述もみられた．他方で平成29年版学習指導要領では，「政治先修」が想定されており，歴史学習での学習成果を意識した回答は得られにくくなるだろう．

(3) 本授業から学ぶ授業づくりのポイント

以下，本授業の授業づくりのポイントを列挙する．

a. 児童が「切実性」を感じる教材選択

とかく社会を専門とする教員は，今の現代社会の課題を取り上げようとする．そうでないと社会科の授業ではない，と考えている教員も少なからずいる．他方で，現代社会は複雑であり，その内容を正確に児童に伝えようとすると，その分野の専門性が問われる．つまり，十分な教材研究をする必要があるということだ．しかし，その教材研究の内容の難易度が高くなると，児童は理解できなくなる．

このようなジレンマ状況の中で，本授業の場合は，架空の王様の事例を用いている．本授業は，弁護士の助言を得ながら，作成したものだが，弁護士は，この授業立案においては，現代社会の問題を取り上げたがらない．なぜなら，「原理・原則」はそれ自体が難しい概念であり，それを現代社会の問題につなげると，難易度がさらに高まるから．よって，シンプルに憲法の「制限規範性」を児童に理解してもらうのは，シンプルな架空の事例が望ましいと考えた．至極当然の意見である．児童も，先述した意見を踏まえても言えるが，しっかり授業に取り組んでいた．学びも深まっていた．児童が，しっかり考えよう，かんがえたいと思う問題設定をいかに行うかが，授業を成功させるポイントになる．また，いかに児童が「わかった」と感じるかが重要になる．

b. 児童が「ジレンマ」を感じる問いの設定

本授業の場合，「法律が常に正しい」と考えている「法律絶対主義者」の児童の考え方を「覆す」必要がある．そのための方法として，「夜ふかし禁止法」が「正しいか」否かを検討させている．児童が本当にそれが正しいのか否か，児童の中で葛藤を生むような授業づくりの工夫は，児童が熱心に授業に取り組むことを促す．本授業の実践結果を見ても明らかだろう．

2．政治の当事者を交えた「政治的論争問題」を取り上げた政治学習の授業例
（1）政治の当事者を交えた「政治的論争問題」学習の具体例

本授業は，宮本泰成（福井大学附属義務教育学校　2018年現在）が開発し，2018年に実践をした授業であり，福井市役所職員，福井市議会議員，及び，福井市の財政逼迫の結果できた政治参加意識[7]が高い市民が自分たちでできる事業を提案する「できるフェス」担当者といった外部の有識者を招いたゲストティーチャーを積極的に活用した授業である．以下の単元の目標，内容，本時の指導案について，順に掲載していく．なお，なお，筆者が平成29年版学習指導要領に対応する形で修正していることを付言する．

a．政治の当事者を交えた「政治的論争問題」学習の単元構成
ア．単元名

わたしたちの願いを実現する政治（ピンチをチャンスに！これからの福井市のために自分たちにできることは何だろう？）

イ．単元のねらいと培いたい資質・能力
・政治のことを自分事として捉え，よりよい社会の実現へ向けて，社会に主体的に参加・参画しようとする．
・政治に関わる様々な人の働きや思いから，政治の働きを多角的に捉える．

ウ．単元展開の計画と実際（全8時間本時7時）

[7] 政治参加意識を高める取組として「模擬投票」「模擬選挙」がある．前者は，例えば，「大阪都構想に賛成か反対か」といったような政治的論争問題の賛否を問う住民投票のように政治的論争問題に対する意思を問うことになる．後者は，複数の候補者から一人の代表を選ぶことになる．

時	学習の流れと内容	学習活動（実際と計画）
1	○政治の果たす役割と簡単な仕組みをつかむ	政治とは「みんなでよりよい社会をつくる」ことであること，国政や県政・市政の簡単な仕組みを確認した．最後に，現在の福井市への満足度とその理由，これからの福井市に望むことを考えた．
2	○30豪雪がもたらした福井市の財政問題の深刻さをつかむ ○主題を設定する	・前時にまとめた「福井市への満足度とその理由」，「これからの福井市に望むこと」について確認した後，「平成30年度予算案」から福井市が目指しているまちづくりについて大まかなイメージをつかんだ．しかし，福井市が30豪雪に伴う約50億円もの除排雪費用の負担による深刻な財政不足に陥ったことに大きな衝撃を受けた子どもたち．そこで，単元の主題を設定するとともに，福井市がとった解決策や自分たちにできることを考えた．
	ピンチをチャンスに！これからの福井市のために自分たちにできることは何だろう？	
3	○福井市財政部のNさんとともに，今回の財政問題について考える．	Nさんから，今回の財政危機の発端や現時点での財政再建への手立て，これからの財政再建についての見通しなどについて「福井市財政再建計画」を交え，子どもレベルに噛み砕いて話して頂く中で，子どもたちは理解を深めていった．財政見直しという大変な仕事に毎晩遅くまで取り組むNさんに共感し，自分たちにできることに少しでも取り組んでいこうとする気持ちをもてた子が多かった．Nさんのお話を受けて，自分たち市民にできることについての解決策を考え，その幾つかを紹介して授業を終えた．
4	○福井市議会議員のTさんとともに，今回の財政問題について考える．	前時のNさんとは異なる立場（市議会）の立場から，議会の現在と今後の対応について，具体的に話して頂く中で，市民にできることについて，子どもたちなりの解決策を考える．市議会（議員）が市民の要望をどのようにつかんでいるのかについても話して頂く．
5	○「できるフェス」を実施したMさんとともに，今回の財政問題について考える．	「できるフェス」イベントを行うきっかけやそこに込めた人々の思いなどを中心に，当日の様子や今後の予定について話して頂く．また，子どもたち自身がより主体的に解決策を考えらえるように，ワークショップ形式にて，実際の約150の中止・削減対象事業から「できるフェス」同様の企画・立案を行い，社会参加・参画の疑似体験をする．
6	○これまでの学習を振り返る中で，自分にできることについて考えをまとめる．（自説の構築Ⅰ）	これまでの学習を振り返り，今回の財政問題への対応について，市役所・市議会・市民の3つの立場から整理し，自分にできることについて考えをまとめる．

時	学習の流れと内容	学習活動（実際と計画）○評価
7 本時	○本時の課題をつかむ 　ピンチをチャンスに！これからの福井市のために自分たちにできることは何だろう？ ○主題に対する自分の考えを話し合う ・福井市の問題なのだから，市役所の人たちだけではなく，私たち市民（子どもたち）も自分たちにできることはやっていかないとね．今年の冬に雪が降った時は，近所の人とも協力して除雪に貢献したいな． ・募金とか寄付のような形もいいけれど，今，町内で行っているような清掃活動に参加していこうと思う．	・本時までに，主題に対する自分なりの考えを短冊にまとめておく． ・話し合いは，「生活グループ→学級全体」の順に進める． ・短冊は，グループでの話し合いの後に黒板に貼り，全員の考えを可視化する． ・話し合いで出た意見と自分の考えを比較したり関連付けたりすることを子どもたちに促すことで，自分の考えを広げたり，深めたりできるようにする． ○話し合いで出た意見と自分の考えを比較したり関連付けたりしながら，解決策に対する自分の考えをまとめることができたか．
8	これまでの学習で学んだことを意見文形式のレポートにまとめる．	

b．政治の当事者を交えた「政治的論争問題」学習の実践結果

　第6時までで，福井市の財政（困窮）問題を踏まえて，福井市や議会，市民団体の取り組みを聴取した後で，本時（第7時）で，児童からは，「自分たちにできること」を発表させ，まとめるといった授業であった．第7時で児童は次のような「自分たちにできること」を提案した．

○「歩道や駐車場の雪かき」歩行者が歩きにくい
○「共助を心がけること」町内の人たちとの雪かきが大きな力
○「みんなでごみ削減」市の負担を減らす簡単な方法の一つ
○「できるフェス写真展への写真提供」ピンチな状況をみんなで共有する
○「健康に生きる」健康に生きれば，医療費で福井に負担がかからない
○「楽しく自助・公助」助け合うことで福井市の負担が少なくなる

　「雪かき」のような「具体的な意見の提示」の他に，「楽しく自助・公助」のような抽象的な意見が提示されていることがわかる．これは，前時までのゲストティーチャーが「自助・共助・公助」を意識して考えることが大切である旨，児童に説明していることから，児童から示された意見になっている．また，これらの意見の他に次のような意見もあった．

○「今は思いつかない」簡単に楽しくとは思うけど，やっぱり難しいと思ってしまう
○「わからない」楽しくて役に立つことはしたいけど，何がそうなのかがわからない
○「特にない」一人だと勇気がなくて心配で不安

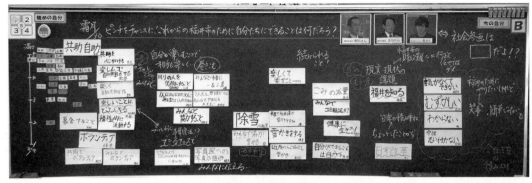

本時の板書の画像

児童の中には，取り組み自体がそう簡単ではないことを自覚しているものもいた．自分が行動を起こすことに否定的なものもいた．

(2) 本授業から学ぶ授業づくりのポイントと課題

以下，本授業の授業づくりのポイントを列挙する．

a. 外部講師を招く授業展開の意義と課題

外部講師[*8]の積極的な活用は，これまでの学習指導要領でも重視されてきた．特に，主権者教育の充実に際して，政治学習では，より具体的な「政治的論争問題」を扱う場合，外部講師を招く意義は大きい．なぜなら，「政治的論争問題」は，その実態が教師にも児童にも見えにくく，かつ，その問題に対処する当事者が現在進行的に検討を進めているため，教材研究が市販されている書籍等では追いついていかない．その問題に具体的に対処している人たちの考えや意見を聞くことが「政治的論争問題」を議論する上では重要になる．「政治的論争問題」学習においては，外部講師は不可欠と言っても良いだろう．他方で，外部講師に現在の問題状況を説明してもらうだけでは十分ではない．その授業の「ねらい」や児童の発達段階（認識）を踏まえた授業展開を教師と外部講師が協働しながら，考案していく必要があるだろう．本授業では，福井市の財政問題が逼迫していることを児童が認識した上で，福井市の取り組み（財政再建に向けての取り組み）や議員の考え方（市民の要望を踏まえた福井市議会の活動），市民団体の行動（福井市が断念した事業を市民独自で取り組んだ事例）を理解した後で，「自分たちにできること」を考察していた．本授業の場合，児童の発言の様子から，「自助」「公助」「共助」の意味が十分理解出来ていたかは疑問が残る．外部講師を導入した授業が本単元全体に有意味だったのかは評価が分かれるだろう．

b.「政治的論争問題」を授業化する上でのポイント

ア．問題選択の原理：「拡げる」のではなく「狭める」こと

本授業では，福井市の財政逼迫問題を踏まえ，「自分たちにできること」を考える，といった展開であった．これでは，児童は何を考えていいのか，「拡がり」がありすぎる．実際に，児童は何を考えて良いのか「わからない」といった意見

[*8] 主権者教育の充実に関連して，選挙管理委員会，弁護士会，税理士会，社労士会，司法書士会，行政書士会等々が「出前講義」のための教材を開発している．これらは小学校6年社会「政治学習」の教材づくりの参考になる．

も提示された．「政治的論争問題」を学習課題に位置付ける場合不可欠なのは「問題」を「狭める」ことではないか．論点がより明確になりやすい問題を取り上げてはどうか．本授業の場合，「30豪雪」の問題から，福井市の財政逼迫問題の認識につなげているが，例えば，「30豪雪」自体の問題を取り上げてはどうか．「30豪雪」では，大雪のため，除雪の費用が嵩むだけではなく，除雪した雪の「置き場」の問題，除雪が進まないことによる「交通障害問題」，ひいては，「物流の麻痺」といった問題が生じた．福井県が「車社会」であるが故に，交通渋滞が生じて，緊急自動車の走行などでも課題が生じた．「30豪雪」を基軸にして，問題の全体像を「掴む」．その後で，これらの問題をどう解決していくのか，を考えていく．このように「30豪雪」に問題を「焦点化」することが，児童の「考えやすさ」につながるのではないか．

イ．分析枠組みの提示：児童の学びを「深める」ために

　本授業では，「自分たちにできること」を自由に考えるスタイルであった．教師は児童の意見をクラス全体で「共有」していた．他方で，児童の学びは「共有」の時点でストップしていたのではないか．「30豪雪」に仮に問題を絞ったとして，この問題の具体をイメージできた後で，外部講師を招いて，その具体の問題（「物流麻痺」等）について，グループ毎で，児童が関心がある問題の「現状」や「その発生原因」を調べさせ，それを外部講師に「相談」させ，コメントをもらう．それを繰り返すことで，グループ毎の「問題の掘り下げ」を進める．かつ，「自助」「公助」「共助」の視点で，考えを深めていく．「雪かき」をすれば良い，という「自助」の意見があったとしても，「それを高齢者も含め，共通に課すことが適切なのか」「『30豪雪』の大雪で一人1時間除雪をしたとして，どの程度の雪かきできるのか」といったことをさらに考えさせていく．「自助」でできなければ，「共助」なのか，といったことを考えていく．いずれにしても児童の学びを「深める」よう授業を工夫したい．

第3節　歴史学習の事例－資料を根拠にした主張の吟味を目指した学習－

1. 資料を根拠にした主張の吟味を重視する歴史学習の事例：「仮説吟味学習」に基づく歴史学習の場合

　本節では，岡崎誠司（富山大学2018年現在）の「仮説吟味学習」を取り上げたい．岡崎が唱える「仮説吟味学習」とは次のように定義できる学習論である．

> 　子どもが教育内容に関わる自らの問題を設定するとともに，問題に対する根拠ある仮説を設定し，子ども自身が，その正当性・合理性を個人の側と社会の側の両面から吟味する過程を保障する学習論（岡崎誠司編著『社会科授業4タイプから仮説吟味学習へ「主体的・対話的で深い学び」の実現』風間書房，2018年，p.83）

　また，岡崎は，「仮説吟味学習」の特徴を次のように挙げている．

> 特色1：個人を超えた社会システムそのものを認識対象とする
> 特色2：よりよい社会システムはどのようなものなのか主体的創造的に考えさせ，自他の考えをともに批判的に吟味させる
> 特色3：子ども自身が客観的事実から価値を選択し，より正しいものを判断できるよう授業化する（前掲書，pp.84-85）

　岡崎の「仮説吟味学習」は，平成29年度学習指導要領で求められる「選択・判断する力」「議論する力」の育成にも寄与するとともに，内容教科としての社会科で重視される「個別的羅列的知識」ではなく，社会をシステムとして捉えるといった「質の高い学び」を保障できるので，「主体的・対話的で深い学び」を実現できると考えている．本稿では，岡崎氏の「仮説吟味学習」を事例にして，資料を根拠にした主張の吟味を行う歴史学習の具体について考察していきたい．

2．資料を根拠にした主張の吟味を重視する歴史学習の具体：平城京と奈良の大仏の場合

　本節では，岡崎が開発し，2003年に当時の勤務校であった広島大学附属小学校で実践した「平城京と奈良の大仏」について，紹介し，その実践結果について，検討，考察することとする．

ア．単元名
　平城京と奈良の大仏

イ．単元目標
　・奈良時代に平城京や大仏をつくることができた理由を探求することを通して，中央集権国家体制成立の原因と結果，および国民生活に与える影響を知識として獲得する（知識，技能）
　・目的に応じて必要な情報を収集し，選択・活用することができる（知識，技能）
　・平城京・大仏造営など国家事業を遂行することができた理由について，仮説を設定し，社会の視点から吟味する（思考力，判断力，表現力等）
　・複数の意見を比較したり事象の社会的意味を考えたりした上で，自らの意見を説明できる（思考力，判断力，表現力等）
　・大事業を遂行することができる国家体制の形成に関心を保ち，問題解決のためすすんで調べようとする（学びに向かう力等）

ウ．学習指導過程（全7時間）

過程	教師による主な発問・指示	期待される子どもの反応
第1次 1時間目	1. 飛鳥時代には誰が中心となって，どんな政治を行っていましたか	・飛鳥時代には，聖徳太子が中心となって，争いのない天皇中心の政治を行おうとした．それは，豪族同士の争いが激しく，朝鮮半島でも戦いが続いたからである
	2. 奈良時代について，どんなことを知っていますか	・奈良時代には「奈良の大仏」や東大寺など，様々な建築物が建てられた

過程	教師による主な発問・指示	期待される子どもの反応
第1次 1時間目	3.「大仏」はどれくらいの大きさか知っていますか 4. なぜ聖武天皇は大仏をつくったのでしょうか 5. VTR資料を見て，大仏建立の理由を調べましょう 6. なぜ，聖武天皇は大仏をつくったのでしょうか	・大仏の座高は15.8メートルである ・大仏の両目は黒板両端の大きさとなる ・古墳づくり同様，力の大きさを示すため ・飛鳥時代同様，争いが絶えなかったので ・当時，天然痘の流行，凶作や貴族同士の争いが起きたため，人々の不安が大きくなっていた ・人々の不安を鎮め，国をまとめたいという想いで，聖武天皇は大仏建立を決めた
第1次 2時間目	7. <u>なぜ聖武天皇は大仏をつくることができたのでしょうか</u> ・大仏づくりに必要なものは何ですか ・大仏づくりに必要な人は，どんな人でしょうか 8. みなさんはどんな予想を立てますか（7の問いに関する仮説の提示）	 ・大仏づくりの材料には，銅，金，水銀，すず，土や粘土など大量に必要である ・大仏づくりの過程では，木枠に使う竹や木，道具としての炉など材料以外にも大量の物資・設備が必要である ・大仏づくり全体を指揮する人や技術者以外にもたくさんの働く人が必要である (仮説1) 大仏づくりに必要な材料は，聖武天皇が税として全国から集めた (仮説1') 必要な材料は天皇が仏教を信仰し，人々の信仰心と信頼を得ていたため，自然と集まった (仮説2) 天皇は命令すればすぐ全国から材料が集まる強い力を持っていた (仮説3) 古墳づくり同様，人々を強引に連れてきて働かせた (仮説3') 働く人には給料を与えた
第2次 1時間目	大仏づくりに使われた材料には，何がありましたか 10. 全国から集めた税には，何があったのでしょうか 11. <u>聖武天皇は，どうやって全国から税や材料を集めたのでしょうか</u> 12. 農民から直接税を取り立てるのは誰ですか 13. 里長は農民からどのようにして，税を取り立てたのでしょうか 14. 税を払うことのできない農民は，どうしたでしょうか 15. 農民から税が集められる仕組みを図で表してみましょう 16. 国司はどこにいるのでしょうか 17. 広島県の国府はどこにあったのでしょうか	・大仏づくりには，銅，金，水銀，すず，木，竹などが使われた ・租は，収穫した稲の3%を納めること ・庸は，年間10日労働か布を納めること ・調は地方の特産物か布を納めること ・雑徭は，年間60日土木工事で働くこと ・兵役は都や九州の守りにつくこと ・軍事が地域ごとに税を集め，さらに国司が国ごとに税をまとめて，朝廷に運ぶ．これは大宝律令に決められている ・里長が農民から直接税を取り立てる ・里長は，鞭を片手に農民が苦しい生活をしていても，脅して税を取り立てた ・税を払うことのできない農民は，土地を捨てて，逃げ出した ・農民→里長→郡司→国司→天皇 ・それぞれの国の国司の役所は国府という ・広島県安芸郡府中町や府中市という地名は国府があった名残である

過程	教師による主な発問・指示	期待される子どもの反応
第2次 1時間目	18. 国府や国分寺があった証拠となる地名を調べましょう	・山口県防府市，東京都府中市，東京都国分寺市という地名は遺跡を示している．
第3次 1時間目	19. 税や材料を集める命令は，誰が発し，どうやって全国へ伝えたのでしょうか	・天皇が手紙を役人に渡し，馬を使って全国へ伝えた．この時代に，馬を備える「駅の制度」が整えられた
	20. 誰が最後に命令を聞き，どうやって税や材料を都とまで運んだのでしょうか	・農民が税を背負ったり，荷車を押したりして都まで運んだ ・特産物を示す木簡を荷札として使った ・平城京の朱雀大路は，全国からの調・庸を運ぶ荷車や役人の往来が激しかった
	21. <u>聖武天皇がはじめてつくる日本の「理想の道」はどこがよいでしょうか</u>	・児童が各自で白地図に埋める
第3次 2時間目	22. みなさんは，奈良時代の朝廷が日本で初めて作った道路をどこだと予想していますか ・賛成意見と反対意見を出しましょう ・反対意見に対する反論，自分の意見についての付け加えを考えましょう	・全国各地の物資を都に運ぶには，地方と都を結ぶ道路を放射状につくらなければならない ・鹿児島県から宮城県まで国分寺があるのは朝廷の支配を示している
	23. 道路は何のためにつくられたのでしょうか	・道路は，モノ，人，情報が往来するためにつくられている
	24. <u>朝廷にとって，最も大切な道路はどれでしょうか</u>	・平城京・太宰府間の道路は，朝鮮半島や中国大陸からの外交使節が往来したり，九州での反乱の状況報告，外国の状況報告のために使われる
	25. 自分の考える「道路整備地域」はどこでしょうか．	・授業を通して明らかになった「道路整備地域の条件」を理由として書く
第4次	26. なぜ聖武天皇は，大仏や平城京をつくることができたのでしょうか	・税や材料，働く人や技術者を全国から都へ集めることができたから
	27. なぜ全国から税や材料，人を集めることができたのでしょうか	・朝廷は鹿児島県から岩手県まで軍隊を派遣して征服したから
	28. 朝廷は征服した地域から働く人を強引に連れてきたのでしょうか	・朝廷は全国の豪族から寄付を集めた ・農民を強引に連れてきて働かせようとしても逃げてしまう
	29. 朝廷は働く人や役人の給料として何を与えたのか	・給料を払えば働く人の逃亡を防ぐことができる ・朝廷は税として全国から集めた稲や特産物の布を給料として，働く人や役人に与えた
	30. <u>708年，なぜ朝廷は給料をお金に換えたのでしょうか</u> ・給料が稲や布だと困ることは，何ですか	・稲は不作の場合，必要量が不足したり，無くなったりする ・稲や布は重くて，持ち運びが不便である ・稲や布は，味が落ちたり虫が食ったりして破損や腐敗の危険がある
	・給料をお金に換えると都合がよいことは何ですか	・稲の豊作や不作には関係ない ・お金は軽くて持ち運びに便利である

過程	教師による主な発問・指示	期待される子どもの反応
第4次		・お金は破損や腐敗の危険性がない
		・お金は他のものに交換可能である
		・お金は朝廷が無制限につくることができ，働く人や役人への給料に困らない
	31. 朝廷がお金を無制限に作り続けることは良いことか	・お金をつくりすぎると，たくさんのお金で少しのものしか買えなくなる．つまり物価があがるからよくない
第5次	32. 飛鳥時代の天皇と豪族，農民の関係はどのようになっていたのでしょうか	・天皇は大きな豪族に過ぎず，豪族がそれぞれの土地と人を支配していた
	33. 聖徳太子ができたことは何でしょうか	・聖徳太子は，法隆寺を建立し，冠位十二階をつくるなどした
	34. 聖徳太子ができなかったことは何でしたか	・天皇中心の政治を行い，「大仏」をつくることはできなかった
	35. 聖徳太子が法隆寺を建てることはできたけれども，大仏をつくることはできなかった最大の理由は何でしょうか	・（例）各豪族が土地と人を支配していて，天皇にしたい政治ができなかったから．
		・（例）道がまだ造られておらず，大陸からの技術も伝わっていなかったから
	36. 奈良時代の天皇と貴族，豪族，農民の関係はどのようになっていたのでしょうか．また，都から地方へ送られてきたものは何ですか．逆に地方から都へ送られてきたものは何ですか	・天皇に下に国司，郡司，里長，その下に農民がいて税が徴収された．貴族から国司が，地方の豪族から郡司・里長が任じられた．道を使って，情報・特産物・労働力・税が都へ運ばれた．また，道を使って，都から命令・お金・軍隊が地方へ送られた．
	37. 聖武天皇ができたことは，何でしょうか	・聖武天皇は大仏づくりができた
	38. 聖武天皇ができなかったことは何でしょうか	・聖武天皇は農民を幸せにすることはできなかった
	<u>39. 聖武天皇が大仏づくりはできたけど，農民を幸せにはできなかった最大の理由は何でしょうか</u>	・（例）税の取り立てが厳しく，税や大仏の材料を都まで運ばせたことだ．農民を幸せにするには，税を軽くし，農民に負担をかけないようにすればよかった．

※学習活動は紙幅の関係で省略したが，その多くは，教師が配布した根拠資料を読み取りながら，児童が反応することを想定している．また，根拠資料を基にして，グループで話合いをしたり，資料を用いて調べたりする活動で構成されている．また，ワークシートに書き込む等の作業もある．
※下線部は中核発問を指す．

(引用：前掲書，pp.104-107 より筆者が修正した)

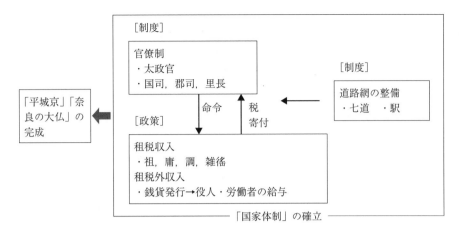

図 9-1 児童に認識して欲しい「奈良時代の社会システム」（前掲書, p.101）

3. 資料を根拠にした主張の吟味を重視する歴史学習の実践結果：平城京と奈良の大仏の場合

　本授業では，児童はどのような学びの「深まり」があったのか．児童は当初，「仮説2」のような「天皇が命令すれば何でも運搬できる」というような意見を持っていたが，授業が進むにつれて，様々な資料の「読み取り」「解釈」から当時の社会システムの整備＝全国展開の官僚制の整備，それに伴う全国からの租税及び租税外の収入の確保，道路，駅の整備による物流（ヒト，モノ，情報）の活発化，その結果による軍隊の地方派遣システムの整備，貨幣制度の確立が進むことを学び，社会システムの理解に基づいたより「誤りのない」資料に基づく解釈ができるようになっていった．例えば，授業の後半に貨幣制度の確立に関連して，ある児童は次のような意見を述べていた．

> ・私は，米だとダメになったり重かったりして不便なところが多いけれど，お金だと不作でも確実に払ってもらえるし，軽い点などから便利だと思った．だけど，自由に無制限につくってしまうと，お金の価値が下がっていき，物価が上がってしまう．この状態では，だんだん不景気になっていったと思う．だから，お金を決まった数しか作らなくしたのでは？
> ・私は，聖武天皇と農民の両方に都合が良かったと思います．理由は，天皇は集めた米しか減らないし，お金は自分で作れて無限だから得．農民はかさばらないし，持ち運びも楽だし，何にでもかえられるから，やっぱり得．まあみんな得をするのは少ないから，他の誰かが損をしているのかもしれないけれど，とりあえず上のような理由で，私は両方とも得だと思います（前掲書，p.116-117 より筆者一部修正）

　前者も後者も「米ではなく貨幣」の利点を理解できている意見であり，当時の「社会システム」を評価する意見となっていた．また，授業の後半の場面では，聖武天皇が大仏をつくることができた理由について，全員が次のような意見を上げていた．

> 税や大仏づくりの材料を全国から都へ集めるシステムができたこと（前掲書，p.118）

　授業者の「ねらい」通りに，奈良時代の社会システムの理解に基づいた「誤りのない」意見形成ができていたと言えよう．歴史学習は，資料を読み解きながら，仮説を立てつつ，その仮説を検証していくプロセス＝仮説検証学習を児童に体験させたい．さらに，子どもを「追求の鬼」にしたい．そのためには，児童の考えを揺さぶる教材が必要になる．また，岡崎が行ったような当時の社会システムを教師が把握するための，かつ，子どもの「学び」を深めるための教材研究が重要になる．本授業実践から，授業づくりのポイントを多く学ぶことができるのではないか．

第4節　第6学年の課題

　本節では，平成29年版学習指導要領に基づく小学校社会第6学年の課題について触れることにしたい．

1．政治学習と歴史学習の順次性の課題

　平成29年版学習指導要領から，これまでの「歴史学習先修」から「政治学習先修」に変更になった．従前このような変更の場合は，学習指導要領の「内容の取り扱い」に示す場合が多かったが，今回は，目標や内容を見てもらってもわかるように，歴史学習と政治学習の位置を入れ替えただけの対応になっている．歴史学習から政治学習への「順次性」は長く小学校社会第6学年では続いてきた．続いてきたのは理由があるはずだ．先述した「日本国憲法の基本的な考え方」の授業で示された児童の意見の中には，「17条の憲法と大日本帝国憲法と現在の日本国憲法の違いがわかった」と記すものもあった．つまり，同じ「憲法」を繰り返し学習する中で，日本国憲法の位置付けを児童が考えているということだ．今回，政治学習が先修になったので，日本国憲法は突然最初に学習することになる．先述したように，憲法の理論は難解である．児童が「切実性」を感じ，わかりやすく理解できるような教材の工夫がますます重要になるだろう．

2．中学社会の学習内容を小学社会に下ろすことに伴う課題

　平成29年版学習指導要領において，「政治学習」では，その「内容の取扱い」において，「国会と内閣と裁判所の三権相互の関連」を扱うこととなっている．その際，「国民としての政治への関わり方について多角的に考えて，自分の考え方をまとめることができるよう」にする「思考力，判断力，表現力」の育成を想定した学習が予定されている．これは主権者教育の充実の観点から，「地方公共

団体を中心にした身近な政治」だけではなく「国の政治」も重視する学習に組み替えていくねらいがあると思われる．他方で，「国会，内閣，裁判所」の学習の中心は，中学社会公民的分野で，「三権の抑制と均衡」についても，中学社会公民的分野の内容である．また，学習内容も，「裁判員制度がなぜ必要だったのか」（澤井陽介『小学校新学習指導要領社会の授業づくり』明治図書，2018年，p.198.）といった学習課題を追求することを想定するのであれば，中学社会公民的分野の学習との相違性が見えにくくなる．小学校社会で，政治の原理・原則を学び，中学校社会公民的分野は，さらにその原理・原則を踏まえた「社会参加」を重視した授業を展開する等，学習時間が限られている現状を踏まえれば，その系統性・発展性を意識した「学習内容の小・中接続」を勘案したナショナル・カリキュラムに変えていく必要があるのではないか．同様のことは，内容（3）「世界の人々の生活と国際交流の役割」における「国際連合や我が国の国際協力・国際交流」の学習にも見られることであり，その「重複」について，再検討する必要があるだろう．

3．「見方・考え方」を小学校社会で統一することの課題

　平成29年版学習指導要領においては，先述したように「社会的見方・考え方」を小学校社会で統一し，それを「活用する」（「鍛える」）授業づくりの構想が求められている．他方で，「社会的見方・考え方」は「視点や方法（考え方）」であり，授業展開の方法であり，「社会的事象の理解を深めるための方法」である．では，その「視点や方法」だけを用いれば，「理解は深まるのか」．その答えは，NO！である．例えば，先述した「政治的論争問題」の場合，その問題を取り扱う時に，その問題の構造を分析する枠組みがないと「学びが深まらない」．その分析枠組みとは，「30豪雪」の場合の「自助，共助，公助」である．つまり，具体的な学習内容に対応する「社会的見方・考え方」を設定しないと，「深い学び」にはつながらない．次期学習指導要領においては，統一的な「見方・考え方」とは別に，下位の「見方・考え方」を設定する必要があるだろう．

参考文献
　岡崎誠司『社会科授業4タイプから仮説吟味学習へ－「主体的・対話的で深い学び」の実現』風間書房，2018年.
　岡崎誠司『見方考え方を成長させる社会科授業の創造』風間書房，2013年.
　澤井陽介『小学校新学習指導要領社会の授業づくり』明治図書，2018年.
　澤井陽介・加藤寿朗『見方・考え方［社会科編］－「見方・考え方」を働かせる真の授業の姿とは？』東洋館出版社，2017年.

第10章
小学校社会科の評価と授業改善
―小学校社会科の評価はどのように行えばよいのか．実践した授業をどのように反省し，授業改善に活かせばよいのか―

第1節　育成すべき資質・能力を育む観点からの学習評価の充実

　2016（平成28）年12月の中央教育審議会「答申」は，学習評価について，次のように示している．「カリキュラム・マネジメントの中で，学習評価の改善を，授業改善及び組織運営の改善に向けた学校教育全体のサイクルに位置付けていくことが必要である」，「観点別評価については，目標に準拠した評価の実質化や，教科・校種を超えた共通理解に基づく組織的な取組を促す観点から，小・中・高等学校の各教科を通じて，「知識・技能」「思考・判断・表現」「主体的に学習に取り組む態度」の3観点に整理することとし…」としている．育成すべき資質・能力を育む観点から，社会科では，具体的にどのように評価すればよいのだろうか．

1．知識・技能

　覚える社会科，地理や歴史，社会のできごとの物知り社会科が批判される一方，学期や単元のまとめテストでは，相変わらず知識量を測っていることが少なくない．また，児童が活き活きと聞き取りや見学調査する姿や，グループや学級での話し合いや発表，新聞づくりやノートを丁寧にまとめている様子から，社会科の学力が身についているとの誤解がある．前者は，結果として身に付けられた知識を，後者は技能を評価している．そして，知識は地名や人名，年号や用語などの事実的知識と，それら知識を関連づけて，社会的事象を説明する説明的知識に分けられる[*1]．例えば，○○はどんな様子ですか，○○はどんな工夫をしていますかなどの問いに対しては，見たことや調べたことがそのまま答えとなる．また，○○と○○の共通点・相違点は何か，なぜ○○のようになっているのかと問えば，比較・考察した結果や原因・影響，また理由などの回答を求めることになる．このことからすると，問いに対する答えとして導かれる知識の質を評価対象とすることが考えられる．いつ（When），どこ（Where），だれ（Who），何（What）で問う場合，答えは知っているか，知らないかの有無で測られる．それに対して，な

*1　社会科における知識の構造について次の図書を参照のこと．森分孝治『現代社会科授業理論』明治図書，1984年．岩田一彦『小学校社会科の授業設計』東京書籍，1991年．

ぜ(Why),どのように(How)である場合,社会的事象についての「見方や考え方」を説明することが要求される.この場合,評価方法・手段の工夫により,説明の思考過程を可視化する必要があろう.

　技能は,観察・調査したり,資料を活用したりして必要な情報を読み取り,まとめることができるかどうかが評価の観点となる.そして,課題解決に向けてどのように情報を活かすのか,次のような段階が考えられる(表10-1).

*2　文部科学省『小学校学習指導要領解説　社会編』東洋館出版社,2008年に資料活用の段階が示される.2017年版は,社会事象等について調べまとめる技能が整理される.解説,p.152参照.

表10-1　各学年で必要とされる資料活用の技能 [*2]

中学年	・資料から必要な情報を読み取る. ・資料に表されている事柄の全体的な傾向をとらえる. ・必要な資料を収集する.
第5学年	・資料から必要な情報を読み取る. ・資料に表されている事柄の全体的な傾向をとらえる. ・複数の資料を関連付けて読み取る. ・必要な資料を収集したり選択したりする. ・資料を整理したり再構成したりする.
第6学年	・資料などから必要な情報を的確に読み取る. ・資料に表されている事柄の全体的な傾向をとらえる. ・複数の資料を関連付けて読み取る. ・資料の特長に応じて読み取る. ・必要な資料を収集・選択したり吟味したりする. ・資料を整理したり再構成したりする.

　また,学習活動としての観察や調査,インタビューの仕方,表現物の作成(報告書,レポート,ポスター,チラシ,新聞づくり,年表),その他,地域行事への参加等の技能も発達の段階によって,見取りの内容が異なってくる(表10-2).

*3　学習到達度を示す評価基準を観点と尺度からなる表で示したもの.

表10-2　学習活動の技能　ルーブリック例 [*3]

	努力を要する	おおむね満足である	十分満足である
発表内容	具体的な事実や事例がない.結論に結びついていない	具体的な事実や事例があり,結論に結びついている	詳細な事実や事例があり,結論に結びついている
発表構成	まとまりがない	導入,展開,結論の順になっている	首尾一貫した発表構成になっている
資料機器	資料はない,機器は使われない	資料はわかりやすい,機器が適切に使われている	資料が周到に用意され,機器が効果的に使われている
発表技術	声が小さく,不明瞭な話し方,身振り手振りが乏しい	声が小さく,不明瞭な話し方,身振り手振りが適切に使用されている	声は聞こえやすい,身振り手振りが適切に使用されている

　授業前に表10-1・10-2のようなルーブリックを作成しておくことが必要であろう.

2. 思考・判断・表現

　思考・判断・表現は，平成29年度版学習指導要領のキーワードである「社会的な見方・考え方」をもとに培われる．それは，次のように示される．

> 「社会的な見方・考え方」は社会的事象等を見たり考えたりする際の視点や方法であり，時間，空間，相互関係などの視点に着目して事実等に関する知識を習得し，それらを比較，関連付けなどして考察・構想し，特色や意味，理論などの概念等に関する知識を身に付けるために必要となるものである．これらのことを踏まえて，学習指導要領の内容について，例えば「社会的な見方・考え方」と概念等に関する知識との関係などを示していくことが重要である．
>
> 　『小学校学習指導要領解説（平成29年告示）社会編』2019年，p.7

　この『社会的な見方・考え方』は，小，中，高等学校における社会科，地理歴史科，公民科において本質的な学びを促し，深い学びを実現するための思考力，判断力の育成はもとより，知識の構造化に不可欠である，とされている．知識・技能と思考・判断・表現は，切り離してとらえることができないため[*4]，どのような知識内容をもとに，考察したり判断したりするのかを示す必要がある．それは，前述の地名や人名，用語などの個別具体の事実的知識や概念や理論などの説明的知識と，思考・判断・表現との関係を明らかにすることである．ここで，問いと回答による知識の構造化について言及する．

　図10-1は，第5学年「水産業のさかんな地域」の学習内容を「知識の構造図」として示した事例である．これは1時間ごとに習得させる知識を整理し，小単元の終末に示された中心的な概念的知識を獲得させることを意図して作成したものである．この構造図は，多様な知識を階層的に整理したものであり，指導計画と関連付けることにより，問題解決的な学習が充実し，知識や概念の獲得を確かなものにする，と研究物や学習指導案等で解説される．授業者はこれをもとに問いを発し，学習者からどのような回答を導くのか，整理することができる．例えば，「日本の周りは暖かい水の流れと，冷たい水の流れがある．これを何と呼ぶか」と問えば，暖流・寒流の知識を獲得しているかどうか，「どのように魚を取っているか」では，魚群探知機を利用したまき網漁業で…と知識の有無を確認することができる．しかし，そのような個別具体の知識から中心概念（概念的知識）に向く矢印がどのように導かれるのかは示されない．下位の具体的知識から上位の概念的知識をどのように導くのか，縦や横のつながりの①→②に，②→③にどのようにつながるのかを示す必要が出てくる．実際の授業場面では，問いと回答がつながることで，中心概念に迫れるような構造図となっておくことが必要である．事例では，「水産業はわたしたちの食生活を支えていると言えるのか」，「もし言えないのならばそれはなぜか」，そして「食生活が水産業に携わる人々の工夫や努力によって営まれている」，それは「どのように」など中心概念に迫る問いの構造化が考えられる（図10-2）．

[*4] 知識内容と思考技能が統合された思考力や判断力を操作的な知的技能のみに還元することは，思考技能さえ身につけば授業において示された知識内容とは無関係に転移・応用できるということになる．

| 中心概念（概念的知識） | 水産業はわたしたちの食生活を支えており，それらは，自然環境と深いかかわりをもち，水産業に携わる人々の工夫や努力によって営まれている． |

中心概念

①国土を海で囲まれ，寒流，暖流がそばを流れ良い漁場をもつ我が国は，世界有数の魚介類の消費国であり，魚介類は米と共に我が国の重要な食料である．

②長崎県は水揚げ魚種が日本有数の長崎魚港を有する水産業がさかんな県で，沖合漁業がさかんである．沖合漁業では魚群探知機で魚の群れを探し，船団を組んだまき網漁が行われている．

③長崎港で水揚げされた魚は，魚市場でせりにかけられ，大型冷蔵庫で保存，氷詰めにして輸送，または加工工場へ運ばれる．

④静岡県は，かつおの漁獲高が日本有数の焼津魚港を有する水産業のさかんな県で，かつお漁を中心に遠洋漁業がさかんである．かつお漁では，かつおの動きに合わせて長い期間漁を行う．

⑤焼津漁港は大消費地の中間にあり，大きな港と水産加工工場などが共同で利用できる加工施設を備えている．また，200海里水域の影響で漁業生産量は減少傾向にあるが，水産物の輸入量は増加した．

⑥青森県は，日本有数の水産業がさかんな県で，ほたての養殖や，ひらめの栽培漁業がさかんである．つくり育てる漁業は，生産量が安定するよう計画的に行われ，様々な工夫がなされている．

用語（具体的知識）

・大陸だな ・漁港 ・寒流 ・暖流 ・漁場

・漁業従事者 ・魚群探知機 ・漁法 ・沖合漁業

・加工工場 ・トラック輸送 ・魚市場・せり ・水揚げ ・長崎魚港

・冷凍設備 ・遠洋漁業 ・一本釣り ・焼津漁港

・水産加工団地 ・水産物輸入量 ・漁業生産量 ・200海里水域

・資源管理 ・さいばい漁業 ・養しょく

図10-1　知識の構造図　水産業のさかんな地域

（「平成27年度用　新編 新しい社会　5年上」年間指導計画作成資料9東京書籍（https://ten.tokyo-shoseki.co.jp/text/shou/keikaku/shakai.htm（2019.2.1現在）よりダウンロードができる）より改変し筆者作成．）

問い　水産業は，わたしたちの食生活を支えていると言えるのか
　　Yes/No　なぜか（why）
　　Yes　水産業はどのように（how）食生活を支えているのか
　　　　　携わる人々が工夫や努力している　　どのような（how）工夫か
　　　→いつ（when），どこで（where），何を（what），方法・手段（how）は
　　No　水産業が私たちの食生活を支えるためにはどうすればよいか
　　　→いつ（when），どこで（where），何を（what），方法・手段（how）は

図10-2　授業の流れに沿う問いと回答（筆者作成）

　5W1Hの問いにより，原因・結果，影響，目的・手段，理由，予想などの回答を導く思考を連続させることが考えられる．そのためには，単元全体を貫く本質的な問い（MQ: Main Question）から下位の問い（SQ: Sub Question）につながるよう設計されておくことが重要となる．MQにすべきは，探究に値する現実社会の根底にある「問題」であろう．図10-3は，日本の水産業の問題状況，問題への対応を表したものである．

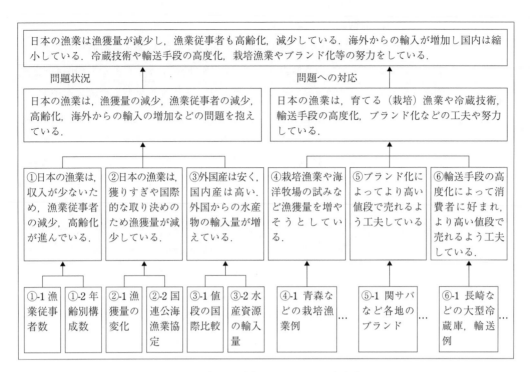

図 10-3　知識の（変革的）構造図　日本の水産業（筆者作成）

　ここでは，日本の水産業は近年の漁獲量の減少，漁業従事者の減少，国際的な取り決めによる漁獲量の制限などの問題を抱えていること，それに対し，とる漁業から育てる漁業へ漁獲量の増大を図ること，ブランド化による希少価値や付加価値の追求，冷凍技術の革新や輸送手段の高度化などの工夫や努力があることを，①～⑥の具体的な社会的事象（下位の①－1，①－2…）から検証できるように作成されている．下から上に個別具体の社会的事象の意味を考え，説明を通して，より説明力の大きい一般化された知識に積み上げられるよう構造化される．このことから，単元設計において到達する知識の構造と，問いに対する回答を事前に一致させていること，探究に値する MQ の設定が深い学びを実現することが示される．そして，評価は MQ－SQ と対応する知識の獲得状況を見とることになる．学習者は知識をどのように活用し，原因や結果，影響や理由などを説明するのか，作品を収集しているのかなど，その段階を示す評価規準（基準）のルーブリックの具体に結びつける必要がある（表 10-3）[*5]．

[*5] 峯明秀「公民的リテラシーと市民リテラシー」原田智仁ほか『これからの時代に求められる資質・能力を育成するための社会科学習指導の研究』日本教材文化研究財団，2018年．知識・技能の種類や社会科固有の能力や表現力の関係をとらえる参考にして欲しい．

表 10-3　知識・技能と思考・判断・表現の評価のための枠組み

段階＼要素	知識・技能		思考・判断・表現	
	知識	技能	思考力	表現
知る	事実的知識	読解	事実的思考	記述
わかる	概念的知識	探究	理論的思考	説明
使える	価値的知識	提案	価値的思考	価値判断 意思決定

（筆者作成）

3. 主体的に学習に取り組む態度

「主体的に学習に取り組む態度」については，主体的な学びの過程の実現に向かっているかどうかという観点から，学習内容に対する子どもたちの関心・意欲・態度等を見取り，評価していくこと，そして，その姿を見とるために，子どもたちが主体的に学習に取り組む場面を設定していく必要があり，「アクティブ・ラーニング」の視点からの学習・指導方法の改善や学校全体で評価の改善に組織的に取り組む体制づくりが指摘されている．しかし，「学びに向かう力・人間性等」には感性や思いやりといった幅広いものが含まれており，客観的な評価になじまないことも明らかである．石井英真は，情意領域の評価について，「情意の中身を考える際には，学習を支える「入口の情意」（興味・関心・意欲など）と学習の結果，学習を方向付ける「出口の情意」（知的態度，思考の習慣，科学的教養に裏付けられた倫理・価値観など）とを区別する必要がある」と述べている[6]．それは，興味・関心・意欲は，教材の工夫や教師の働きかけによって喚起するものであり，授業の目標として掲げて意識的に評価するものというよりは，授業中に学習者の表情や教室の空気から感じるものであり，授業の進め方を調整する手がかりとなる．それに対して，批判的に思考しようとする態度は，授業での学習を通して，子どもの中に生じる変化であり，目標として掲げられることを指摘している[7]．実際，批判的思考は，表10-4のようなルーブリックによって見とることができる．

表10-4 批判的思考力のルーブリック例

評価観点	レベル1	レベル2	レベル3	レベル4
課題認識	何が問題か，重要な個所を捉えられていない	大事な点は捉えているが，最も重要な点を認識できていない	今回の学習課題について，何が問題か，最も重要な内容や要点を捉えている	（設定なし）[8]
情報の整理（まとめ方）	意見の共通点や差異点を分類しようとしているが，整理した意図が読み取れない	意見の共通点や差異点は分類できている（読み取れる）が，まとめ方が適切ではない部分がある	意見の共通点や差異点を分類しながら，分類した人の意図が読み取れる整理ができている	自分の意見に沿って，情報の整理のし方に工夫がみられる
情報の評価（内容・質）	どの意見を取り入れるべきか判断できていない	どの意見を取り入れるべきか判断できていない部分がある	自分の主張に沿って，取り入れるべき情報の取捨選択が適切にできている	自分の主張に沿って，内容の精査や解釈までできている
視点の多様性（意見の取り入れ）	見る視点が多様化していない	（設定なし）	見る視点が多様化している	さらに自分なりの新しい意見が発生している
論理的整合性	意見と理由が書けていない	意見と理由は書けている	意見と理由が，論理の飛躍がなく，根拠が明確に書かれている	意見に対する理由が，筋道立てて説明できている．（より）説得力のある説明ができている

（筆者作成）

[6] www.mext.go.jp/b_menu/shingi/chukyo/chukyo03/080/siryo/attach/1397586.htm（2019.2.1現在）

[7] 学習の「めあて」を持ち「見通し」を持って学習を進め，その過程を「振り返る」様子を見とる場面を用意することも考えられる．

[8] すべてのレベルを埋める必要はない．

また，従来，社会科は公民的資質の育成を目標として掲げてきたが，ゴールとしてのあるべき姿や価値規範への態度を評価の対象とするのではなく，そこへ，どのように接近しようとしているのかを見ることができる．例えば，価値にかかわる判断については，論証の妥当性をみる．その場合，使用される資料や証拠，それをどのように使用し，筋道立てられているかが評価の対象となる．従来の価値的知識に関する誤解は，結果としての価値そのものを評価しようとしていたことであり，価値判断の思考技能との区別がなされていなかったことが指摘される．例えば，価値判断の論理構造において，命題間の関連性，推論過程における論理的なルール，一貫性を見ることができる．図10-4のトゥールミン図式は，議論における主張の論理構造を分析するツールとして利用される．これは，D：根拠や事実をもとに，それをどのようにW：理由付けて，C：主張を導き出し，その理由を何によってB：裏付けるのか，R：例外となる反証や留保条件Q：限定などを示し，主張・結論がどのように導かれたのか，その構造を整理できる[*9]．

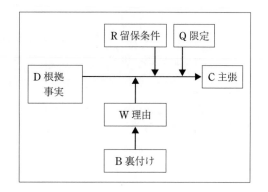

図10-4　トゥールミン図式

この図式を用いて，現実のさまざまな社会問題への対応を判断する上で，どのように考えたのかを可視化し，その妥当性を評価することになろう．そして，評価基準（ルーブリック）の作成では，例えば，価値の明確化において，1)明確な主張や理由を求めること，2)確かな情報，証拠を利用すること，3)状況全体を考慮する，重要な元の問題とずれていないか，4)複数の選択肢を探す，5)証拠や理由に立脚した立場をとることなどをあらかじめ示しておくことが考えられる．表10-5は，文章記述の評価基準例である．

表10-5　記述された文書の評価基準（ルーブリック）例

A　自らの立場を明確に述べ，その立場を支える証拠を示し，まとまっている．証拠に説得力があり，独創的である．無関係な情報はない．
B　ある立場を明確に述べ，いくつかの証拠を示すが，あまりまとまっていない．証拠が乏しく，一般的である．無関係な情報が含められる．
C　自分自身の立場が述べられていない．授業中に話し合ったか，または参考図書に出てきた証拠の要約のみである．

（バーバラ・グロス・ディビス／香取草之助監訳『授業の道具箱』東海大学出版会，2002，p.335を参考に筆者作成．実際の作品を質的に分析し，段階を発達に合わせて細分化していくことが考えられる．）

[*9] トゥールミン図式については，足立幸男『議論の論理』木鐸社，1984年．井上尚美『言語論理教育入門』明治図書，1989年．スティーヴン・トゥールミン（著）戸田山和久（翻訳）『議論の技法』東京図書，2011年．

4．評価方法・手段

学習指導要領や育成すべき資質・能力を育む観点からの学習評価の考え方を受

けて，評価方法・手段の実際について述べる．

　社会科が暗記科目とされるのは，入試やテストに採用される知識を再生する評価問題に規定されることによる．しかし，最近では目指す学力要素に応じた評価方法・手段が採用され，テスト問題も工夫されてきている．例えば，パフォーマンス課題による評価では，現実場面を題材として思考の過程を可視化しようとしている[10]．知識の活用を多様な表現の中から見るため，学習到達の基準となる記述内容を観点として示したルーブリックが用いられる．ただし，パフォーマンス評価は手間と時間がかかるため，どのような単元，場面で用いるか，形成的評価や結果としての学習状況を見るためなど目的を明確にしておきたい．そのためには，レポートやワークシートの記述内容を収集し，それらに共通する内容を典型例として評価規準・基準を設定しておく必要がある．また，学習者自身による振り返りや授業者の授業改善に用いるため，ノートやインタビュー，作品等の学習成果物を記録・保存し，ポートフォリオ評価として利用することも考えられる．学習者自身が達成状況や課題が何であるかを確認したり，相互評価にも活用できたりする．また，評価手段としては口述や実技もあるが，評価対象者が多数である場合，ペーパーテストの利用が簡便であり，工夫改善がなされてきている．その特性を踏まえつつ，問題作成について述べる．

　テストが備える条件として妥当性や信頼性がある[11]．妥当性は，測ろうとしているものが，適切に測れているかどうかが問われる．例えば，思考力を見るとしながらも詳細な知識の再生・確認に終始する場合が少なくない．それは，客観式テストに用いられる回答形式に影響を受けている．再生式（短答法，完成法）や選択式（組み合わせ法，正誤法，多肢選択法）による回答は，採点が容易であるが，理解力，思考力，応用力を見るには適さない．そこで，論述式が用いられ，文章中の知識の使用，比較，分析，関連，説明，概括，評価，総合などの思考過程を見る．しかし，採点の一貫性・信頼性を保つためには，見取りの指標となるルーブリックが必要となる．前述のパフォーマンス課題などの作問では，リード文や資料と，問いと再生・選択・論述の回答形式を組み合わせることで，再生式と論述式の一長一短を補っている．例えば，日常生活のさまざまな場面で起こる社会問題に対して，問題発見や問題解決の場面テスト，歴史上の人物の意思決定や政策決定を評価するテスト，複数の資料から情報を選択し，分類・整理する資料活用技能テスト，既有の知識を用いて，他地域を説明したり，未来を予測したりするテストなどの問題例が作られてきている[12]．評価の具体のテスト問題は，国際的な学力調査，大学入試改革などで示される読解力やリテラシーを測る問題などからヒントを得て，社会科固有のテストの工夫改善を迫るものになっている．

[10] 西岡加名恵『「資質・能力」を育てるパフォーマンス評価』明治図書，2016年．

[11] 田中耕治『よくわかる教育評価』ミネルヴァ書房；第2版，2010年．西岡加名恵『新しい教育評価入門』有斐閣，2015年．

[12] 峯明秀『新中学社会の定期テスト』学芸みらい社，2017年．

第2節　社会科の授業研究と改善

1. 学習の事実に基づく授業改善

　最後に，社会科の授業研究と改善方法について述べる．教員の多くは，よりよい授業をつくりたいと願い，教材研究を行い，授業をどのように展開すればよいか工夫している．そして，研究会や研修会で授業を参観したり，公開したりする．参観者は計画された授業が実際に行えているかどうかを観察し，授業後の検討会において検証する[*13]．授業は本時の目標を達成しているか，学習指導案と実際の指導の様子はどうであったか，授業者の発問や指示は適切に行えていたか，教具や資料の提示，板書の仕方，学習形態はどうか，学習者の反応はどうであったかなど，授業方法や指導技術，授業者や学習者の態度に注意が払われる．また，単元目標や指導計画，毎時間の学習内容についても検討され，実践上の改善点が出される．ところで，「思考力・判断力・表現力を育成する授業」「生きる力を育む授業」「資料活用の能力を鍛える授業」などの目標が掲げられている場合，提案内容と授業の事実はどのように関連付けられるのか，目標や計画は真に実践可能か，それはどのように証明されるのか，実践をどのように評価できるのかが問われる．このとき，学習者に身に付けられた知識・技能・態度はどうであったか，理念や授業の目的でなく，学習の事実に基づく評価，その上で，改善点を見出すことが重要である．実践を研究対象とし，観察やインタビュー，フィールドワークやアクションリサーチを取り入れた調査法や，結果の表現法としてのエスノグラフィーや事例研究などの質的研究，また，実験や臨床研究における詳細なデータ・調査による量的研究の方法論を授業研究に積極的に取り入れることが考えられる．

*13　峯明秀「社会科授業改善研究の方法論の研究—メタ・レッスンスタディのアプローチ—」『大阪教育大学紀要第Ⅴ部門』2011年，1-16頁．

2. 自らの授業観を批判的に吟味し，授業改善を図る螺旋PDCAサイクル

　社会科の授業開発・改善を目的とする研究方法の問題の第1は，発問や板書，話術など授業技術の改善，内容の配列・選択，展開など授業組織の改善，授業観に関わる改善，また計画と実践，授業の事実と学習成果が区別されずに部分的・個別的な授業改善に留まる傾向にある．第2は，社会科の理念やねらいの異なる授業を外部から見取り，評価・改善を迫ることである．それらは，自らが信じる社会科の理念やねらいを擁護し，異なる社会科に対する評価と批判に終始する[*14]．そこで，社会科における授業改善のための計画（Plan）－実践（Do）－評価（Check）－改善（Action）のPDCAサイクルは，次のような段階を踏むことが必要となる．第1段階は，学習成果における授業類型を確定すること，第2段階は，それぞれが目的とする資質形成に応じた授業のPDCAサイクルを行うこと．例えば，知識の獲得を目指す授業は，効率的に量的な拡大が図れているか，個人のあり方・生き方を理解する授業では，学習者の見方・考え方，追究の仕方，価値

*14　渡部は，ねらいをめぐる議論（aim-talk）の重要性を主張している．スティーブン・J・ソーントン，渡部竜也『教師のゲートキーピング—主体的な学習者を生む社会科カリキュラムに向けて』春風社，2012年．

観がどのように変化したかを見とること，社会の見方・考え方を探求する授業では，知識が整理・構造化され，推論が矛盾なく行えているかなどをチェックしたい．そして，第3段階は自らが依拠する授業観を相対化し，異なる授業観との相違を吟味した上で授業改善を図る螺旋PDCAサイクルを行うことである[*15]．紙幅の都合上，第3段階のみを示す．

P(計画)は，自らの授業観に基づく授業開発では，どのような資質能力の形成が図られているのかを確認，吟味する．そして，異なる授業観から融合可能な要素を授業の組織，授業の具体に反映させる．学習内容・方法の選択・決定，組織化，学習者の実態，授業展開，資料などの一部分，最終的には全体を構想する．

D(実践)は，意図的・自覚的な授業計画に基づき，カリキュラム・単元・毎時間の実践に反映させる．複数の目標を含み，学習者の状況に合わせ，実践に柔軟性や連続性を持たせる．

C(評価)は，それぞれの目標に応じた授業開発・改善の評価要素を用い，適切に評価する．

A(改善)は，PDCを反映して，各段階で意図的に行われる．自らの授業観を相対化し，複数の異なる目標を学習者の状況に応じて統合し，目標・内容・方法の首尾一貫した授業開発・改善を行う．

以上，自らが拠り所とする社会科の理念や授業観を相対化し，異なる他の授業との相違を対比した上で，自らの授業観を批判的に吟味し授業改善を図る，多元的な学力観に応じる螺旋の授業改善の方法を適用したい(図10-5)．

[*15] 峯明秀『社会科授業改善の方法論改革研究』風間書房，2011年．

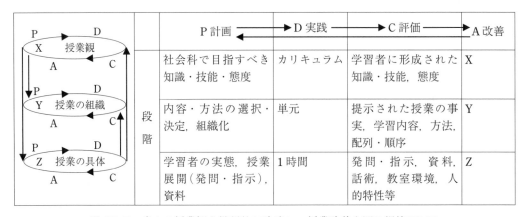

図10-5 自らの授業観を批判的に吟味し，授業改善を図る螺旋PDCA

参考文献
スティーブン・トゥールミン(著)戸田山和久ら(訳)『議論の技法』東京図書，2011年．
石井英真『今求められる学力と学びとは』日本標準，2015年．
西岡加名恵『「資質・能力」を育てるパフォーマンス評価』明治図書，2016年．
峯明秀『社会科授業改善の方法論改革研究』風間書房，2011年．

付録1　小学校社会科教育　関係年表

西暦	元号	月	小学校社会科教育の関係事項
1945	昭和20	9	文部省「新日本建設ノ教育方針」発表 GHQ（連合国軍最高司令官総司令部）とCIE（民間情報教育局）の活動開始
		11	文部省「公民教育刷新委員会」設置 歴史学研究会「国史教育再検討座談会」開催
		12	公民教育刷新委員会「公民教育刷新ニ関スル答申」（第1号・第2号） GHQ「修身，日本歴史及ビ地理停止ニ関スル件」指令
1946	21	3	「米国教育使節団」来日，『第一次アメリカ教育使節団報告書』提出
		6	GHQ「地理科再開について」覚書
		7	文部省「国民学校等に於ける地理の授業再開に関する件」通牒
		9	国民学校用国定教科書『くにのあゆみ』（上・下）発行
		10	文部省『国民学校公民教師用書』発行 GHQ「日本歴史の授業再開について」覚書 文部省「新国史教科書について」通牒
		11	日本国憲法，公布
1947	22	1	桜田国民学校「社会科」実験授業の実施（日下部しげ教諭）
		3	文部省『学習指導要領一般編（試案）』発行 教育基本法・学校教育法の公布
		4	新しい学校制度（6・3制）による「小学校・中学校」発足
		5	文部省『学習指導要領社会科編（Ⅰ）（試案）』発行
		6	「日本教職員組合」（日教組）結成
		8	文部省著作教科書『土地と人間』（第6学年前期用）発行 『あたらしい憲法のはなし』 兵庫師範女子部附属明石小学校「コア・カリキュラム」発表（明石プラン）
		9	小学校で「社会科」授業開始 「社会科教育連盟」結成
		12	中央教育研究所・川口市社会科委員会『社会科の構成と学習－川口市案による社会科の指導』金子書房（川口プラン） 上田薫『社会科とその出発』同学社
1948	23	1	馬場四郎『社会科の本質』同学社
		2	文部省著作教科書『まさおのたび』（第2学年用）発行 今井誉次郎「社会科西多摩小プラン」発表
		5	広島県本郷小学校「地域教育計画」発表（本郷プラン）
		6	衆参両院「教育勅語の失効確認，排除に関する決議案」可決
		9	文部省『小学校社会科学習指導要領補説』発行
		10	「コア・カリキュラム連盟」（コア連）結成
1949	24	2	文部省「学習指導要領に基づく単元学習について」通牒 勝田守一「社会科教育における科学性の問題」『思想』岩波書店
		4	検定教科書の使用開始 倉沢剛『社会科の基本問題』誠文堂新光社 梅根悟『コア・カリキュラム』光文社
		7	「歴史教育者協議会」（歴教協）結成 太田堯『地域教育計画』福村書店
1950	25	3	広岡亮蔵「牧歌的なカリキュラムの自己批判」『カリキュラム』
		4	文部省『小学校社会科学習指導法』発行
		5	矢川徳光『新教育への批判』刀江書房
		6	教育課程審議会「小学校の教育課程をどのように改善すべきか（答申）」 朝鮮戦争の勃発
		7	「日本綴方の会」結成
		8	「米国教育使節団」来日，『第二次アメリカ教育使節団報告書』提出

西暦	元号	月	小学校社会科教育の関係事項
1950	25	11	天野文部大臣「修身科の復活と教育勅語に代わる教育要領の必要を表明」
1951	26	1	教課審「道徳教育振興に関する答申」
		3	無着成恭編『山びこ学校』青銅社
		7	文部省『小学校学習指導要領社会科編（試案）』発行
		8	コア連「三層四領域論」提唱 日本綴方の会，「日本作文の会」に改称
		11	日教組「第1回全国教育研究大会」開催 樋浦辰治他「四年単元『用心溜』の検討」『カリキュラム』
		12	「西日本社会科教育研究会（現：全国社会科教育学会）」創立
1952	27	1	勝田守一他「シンポジウム・社会科の再検討」『教育』（勝田＝梅根論争）
		2	全国大学社会科教育研究協議会 「日本教育大学協会社会科教育学会（現：日本社会科教育学会）」創立
		3	第1回「教育科学研究会全国連絡協議会」開催
		6	「中央教育審議会」設置
		12	岡野文部大臣「社会科の改善，特に道徳教育，地理・歴史教育について」教課審に諮問
1953	28	2	「郷土教育全国協議会」（郷土全協）結成 西日本社会科教育研究会「社会科論叢」創刊
		3	日本社会科教育学会（日社学）「社会科教育研究」創刊
		6	コア連，「日本生活教育連盟」（日生連）に改称
		8	「社会科問題協議会」（社問協）結成，第一〜三次反対声明 教課審「社会科の改善，特に道徳教育，地理・歴史教育について（答申）」
		10	勝田守一・宮原誠一・宗像誠也共編『日本の社会科』国土社
		12	吉田定俊他「単元『水害と市政』の検討−日本社会の基本問題と単元学習」『カリキュラム』
1954	29	1	日教組「社会科分科会」設置 中教審「教育の中立性維持（答申）」
		2	永田時雄「単元『西陣織』の研究」『カリキュラム』
		4	文部省「小・中学校の社会科の指導計画について」通達
		6	日生連「日本社会の基本問題を中心とする『社会科の内容系列表』」発表
		7	相川日出雄『新しい地歴教育』国土社
		8	歴教協・郷土全協『歴史地理教育』創刊
1955	30	2	文部省「小学校社会科の目標および学習の領域案について（第5次中間発表）」
		5	重松鷹泰『社会科教育法』誠文堂新光社
		8	日本民主党「うれうべき教科書の問題」第1集刊行
		12	文部省『小学校学習指導要領社会科編』発行
1956	31	1	江口武正『村の5年生』新評論
		3	文部大臣諮問「小学校・中学校の教育課程の改善について」
		9	文部省「全国抽出学力検査」実施
		10	文部省「教科書調査官」設置
1957	32	1	日教組教研，谷川瑞子の実践「福岡駅」発表
		5	「地理教育研究会」（地教研）結成
		7	松永文部大臣「道徳に関する独立教科設置の意向」表明
		9	文部省「小中高の全国抽出学力検査」実施
1958	33	3	教課審「小学校・中学校の教育課程の改善について（答申）」 文部省「小・中学校『道徳』の実施要領について」通牒
		8	「社会科の初志をつらぬく会」（初志の会）結成
		10	文部省『小学校学習指導要領』告示
		11	社会科の初志をつらぬく会「考える子ども」創刊
1959	34	6	山下国幸『小学校社会科のカギ』
		8	道徳教育の義務化

西暦	元号	月	小学校社会科教育の関係事項
1959	34	10	文部省，初の教育白書『わが国の教育水準』発表
1960	35	4	文部省『小学校指導書社会編』発行
		5	歴史関係9学会，教科書検定制度再検討の要望を表明
1961	36	6	文部省『小学校指導書道徳編』発行
1962	37	7	文部省「小・中学校で全国一斉学力調査」実施
		8	大槻健「社会科教育における経験－態度－人格主義について」『教育』（大槻＝上田論争開始）
		10	文部大臣諮問「学校における道徳教育の充実方策について」
1963	38	1	船山謙次『社会科論史』東洋館出版社
		6	山口康助編『社会科指導内容の構造化』新光閣書店
		4	「教育科学研究会社会科部会」（教科研）発足
		7	教課審「学校における道徳教育の実施方策について（答申）」
		12	「教科書無償措置法」公布
1964	39	3	文部省「小・中学校教師用『道徳の指導資料』第1集」発行
		4	日本，OECD に加盟
		10	西日本社会科教育研究会が「日本社会科教育研究会（現：全国社会科教育学会）」に改称 明治図書『教育科学　社会科教育』創刊
1965	40	2	上越教師の会『生産労働を軸にした社会科の授業過程』明治図書
		6	家永三郎「教科書検定を違憲とする訴訟」提訴 文部大臣諮問「小・中学校の教育課程の改善について」 日韓基本条約
1966	41	4	教員養成大学，学部の名称変更
		6	教科研『小学校社会科の授業』国土社
		8	教科研『社会科教育の理論』麦書房
		11	文部省「全国一斉学力調査の中止」決定
1967	42	2	初の建国記念日
		6	文部省『道徳指導の諸問題』を全国小・中学校へ配布
		10	教課審「小学校の教育課程の改善について（答申）」
1968	43	7	文部省『小学校学習指導要領』告示
1969	44	5	文部省『小学校指導書社会編』発行
		8	参院で「大学法案」採決
1970	45	1	日社学『社会科教育学の構想』明治図書
		7	社会科の初志をつらぬく会『問題解決学習の展開』明治図書
1971	46	1	文部省「小・中学校学習指導要領一部改訂」（公害教育の見直し）
		6	中央教育審議会（中教審）「今後における学校教育の総合的な拡充整備のための基本的施策について（答申）」
		12	内海巌編『社会認識教育の理論と実践』葵書房
1972	47	1	長岡文雄『考えあう授業』黎明書房 山田勉『追究としての学習』黎明書房
		5	「沖縄協定」発効
		10	文部省「小学校，中学校，高等学校等の学習指導要領の一部改正ならびに運用について」通達（学習指導要領の弾力的運用）
1973	48	5	「社会科の授業を創る会」創立（教科研から独立）
		7	山下国幸『小学校の社会科』岩崎書店
		8	本多公栄『ぼくらの太平洋戦争』鳩の森書房
		11	文部大臣諮問「小学校，中学校及び高等学校の教育課程の改善について」
		12	有田和正『市や町のしごと・ゴミの学習』国土社
1974	49	5	日教組・教育制度検討委員会「日本の教育の改革を求めて」最終報告書，発表
1975	50	11	朝倉隆太郎・平田嘉三・梶哲夫編『社会科教育学研究』明治図書の創刊　（1981年に廃刊）
1976	51	5	日教組・中央教育課程検討委員会「教育課程改革試案」発表　（社会科プランの提起）

小学校社会科教育　関係年表

西暦	元号	月	小学校社会科教育の関係事項
1976	51	12	教課審「小・中・高等学校の教育課程の基準の改善について（答申）」
1977	52	7	文部省『小学校学習指導要領』告示，「ゆとり教育」開始
1978	53	5	文部省『小学校指導書社会編』発行
		8	鈴木正気『川口港から外港へ』草土文化
		9	森分孝治『社会科授業構成の理論と方法』明治図書
1979	54	2	谷川彰英『社会科理論の批判と創造』明治図書
		6	中教審「地域社会と文化について（答申）」
1980	55	10	自民党「教科書に関する小委員会」初会合
1981	56	6	板倉聖宣『日本歴史入門』仮説社
		11	文部大臣諮問「時代の変化に対応する初等中等教育の教育内容などの基本的な在り方について」
1982	57	2	日本ユネスコ国内委員会編『国際理解教育の手引き』東京法令出版 有田和正『子どもの生きる社会科授業の創造』明治図書
		4	大槻健他編『小学校社会科の新展開』あゆみ出版 社会科の初志をつらぬく会・有田和正の実践「道の変化とくらしの変化」発表（切実性論争：1984年－1985年）
1983	58	3	仮説社『たのしい授業』創刊
		6	中教審「教科書の在り方について（答申）」
		7	日教組・第2次教育制度検討委員会「最終報告書」発表
		11	中教審教育内容等小委員会「審議経過報告」発表（小学校低学年の教科構成について提言）
1984	59	2	若狭蔵之助『問いかけ学ぶ子どもたち』あゆみ出版
		8	臨時教育審議会発足
		9	日社学『社会科における公民的資質の形成』東洋館出版社 森分孝治『現代社会科授業理論』明治図書
		12	有田和正・向山洋一「社会科立ち合い授業」筑波大学附属小学校にて実施
1985	60	6	片上宗二『社会科授業の改革と展望』明治図書 臨時教育審議会第1次答申
		9	文部大臣諮問「幼稚園，小学校，中学校及び高等学校の教育課程の基準の改善について」
1986	61	4	臨時教育審議会第2次答申
		7	文部省「小学校低学年の教育に関する調査研究協力者会議」で「生活科」新設発表
		8	緊急シンポジウム世話人会編『社会科「解体論」批判』明治図書
		10	教課審「教育課程の基準の改善に関する基本方向について」（中間まとめ） 日本社会科教育研究会が，「全国社会科教育学会」（全社学）に改称
1987	62	4	臨時教育審議会第3次答申
		8	臨時教育審議会最終答申
		12	教課審「幼稚園，小学校，中学校及び高等学校の教育課程の基準の改善について（答申）」
1988	63	4	久津見宣子『人間ってすごいね先生』授業を創る社
		5	谷川彰英『戦後社会科教育論争に学ぶ』明治図書
1989	平成元	3	文部省『小学校学習指導要領』告示（国際化に対応） 社会認識教育学会編『社会科教育の理論』ぎょうせい
		6	文部省『小学校指導書社会編』発行，小学校低学年に「生活科」を新設，低学年の「社会科」と「理科」を廃止
		11	「社会系教科教育学会」設立
1990	2	1	中教審「生涯学習の基盤整備について（答申）」
1991	3	10	藤岡信勝『社会認識教育論』日本書籍
1992	4	2	小西正雄『提案する社会科』明治図書
		9	「学校週五日制」実施
		12	「日本生活科教育学会」発足
		4	小学校の新教科「生活科」の実施
1993	3	2	文部省，中学校（高等学校入試等）における業者テストの排除を通知

西暦	元号	月	小学校社会科教育の関係事項
1994	6	5	日本で「子どもの権利条約」発効
1994	6	6	岩田一彦『社会科授業研究の理論』明治図書
		11	片上宗二『オープンエンド化による社会科授業の創造』明治図書
1995	7	1	兵庫県南部地震（阪神・淡路大震災）
1996	8	3	藤井千春『問題解決学習のストラテジー』明治図書
		7	中教審「生きる力（答申）」
		8	文部大臣諮問「幼稚園，小学校，中学校，高等学校，盲学校，聾学校及び養護学校の教育課程の基準の改善について」
		12	「新しい歴史教科書をつくる会」結成
1997	9	8	「家永教科書裁判」終結
1998	10	7	教課審「幼稚園，小学校，中学校，高等学校，盲学校，聾学校及び養護学校の教育課程の基準の改善について（答申）」
		12	文部省『小学校学習指導要領』告示
1999	11	5	築地久子『生きる力をつける授業』黎明書房
2000	12	6	日本生活科教育学会が「日本生活科・総合的学習教育学会」に改称 森分孝治・片上宗二編著『社会科重要用語300の基礎知識』明治図書
		12	教育改革国民会議「教育を変える17の提案」最終報告，道徳の教科化に関する議論
2001	13	1	文部省が「文部科学省」（文科省）に改組
2002	14	4	小・中学校で「総合的な学習の時間」の実施 文科省『心のノート』配布
2003	15	3	社会認識教育学会編『社会科教育のニュー・パースペクティブ』明治図書
		5	文部科学大臣諮問「今後の初等中等教育改革の推進方策について」 中教審「新しい時代にふさわしい教育基本法と教育振興基本計画の在り方について（答申）」 文科省「小学校，中学校，高等学校等の学習指導要領の一部改正等について（通知）」
2004	16	4	溝上泰編著『社会科教育実践学の構築』明治図書
2005	17	10	中教審「新しい時代の義務教育を創造する（答申）」
		12	「国連持続可能な開発のための教育の10年」関係省庁連絡会議の設置（ESD）
2006	18	3	社会認識教育学会編『社会認識教育の構造改革』明治図書 日社学出版プロジェクト編『新時代を拓く社会科の挑戦』第一学習社
		6	教育基本法の改正
		10	「教育再生会議」設置を閣議決定
		12	第165回臨時国会で教育基本法を改正 改正教育基本法の公布・施行
2007	19	6	改正教育職員免許法の成立
		9	全社学『小学校の"優れた社会科授業"の条件』明治図書
2008	20	1	中教審「幼稚園，小学校，中学校，高等学校及び特別支援学校の学習指導要領等の改善について（答申）」
		2	文科省「小学校学習指導要領改定案」公表
		3	文科省『小学校学習指導要領』告示
		6	日社学『社会科授業力の開発 小学校編』明治図書 文科省『小学校学習指導要領解説 社会編』公表
2009	21	3	小原友行編著『「思考力・判断力・表現力」をつける社会科授業デザイン 小学校編』明治図書
		4	教員免許更新制の導入
2010	22	2	社会系教科教育学会編『社会系教科教育研究のアプローチ』学事出版
2011	23	3	東北地方太平洋沖地震（東日本大震災）
		11	全社学『社会科教育実践ハンドブック』明治図書
		12	総務省・常時啓発事業のあり方等研究会「最終報告書」公表
2012	24	4	社会認識教育学会編『新社会科教育学ハンドブック』明治図書
		6	日社学編『新版 社会科教育事典』ぎょうせい

西暦	元号	月	小学校社会科教育の関係事項
2012	24	8	中教審「新たな未来を築くための大学教育の質的転換に向けて〜生涯学び続け，主体的に考える力を育成する大学へ〜（答申）」
2013	25	1	「教育再生実行会議」設置を閣議決定
		2	教育再生実行会議「いじめの問題等への対応について（第一次提言）」
		3	文科省「道徳教育の充実に関する懇談会」設置
		12	道徳教育の充実に関する懇話会「今後の道徳教育の改善・充実方策について（報告）〜新しい時代を，人としてより良く生きる力を育てるために〜」
2014	26	10	中教審「道徳に係る教育課程の改善について（答申）」
		11	文部大臣科学諮問「初等中等教育における教育課程の基準等の在り方について」（アクティブ・ラーニングの提唱）
2015	27	6	改正公職選挙法の成立，公布
		7	文科省『小学校学習指導要領解説　特別の教科　道徳編』発行
		9	国連サミット「持続可能な開発のための2030アジェンダ」採択（SDGs） 日本国政府「平和と成長のための学びの戦略〜学び合いを通じた質の高い教育の実現〜」を公表
		10	全社学『新　社会科授業づくりハンドブック　小学校編』明治図書
		12	中教審「これからの学校教育を担う教員の資質能力の向上について〜学び合い，高め合う教員育成コミュニティの構築に向けて〜（答申）」 中教審「チームとしての学校の在り方と今後の改善方策について（答申）」
2016	28	12	中教審「幼稚園，小学校，中学校，高等学校及び特別支援学校の学習指導要領等の改善及び必要な方策等について（答申）」
2017	29	2	文科省「小学校学習指導要領改定案」公表
		3	文科省『小学校学習指導要領』告示 総務省「主権者教育の推進に関する有識者会議　とりまとめ」公表
		5	国際バカロレアを中心としたグローバル人材育成を考える有識者会議「中間取りまとめ」公表
		7	文科省『小学校学習指導要領解説　社会編』公表
2018	30	4	小学校で「特別の教科　道徳」の実施
		6	日本経済再生本部「未来投資戦略2018-「Society5.0」「データ駆動型社会」への変革」を閣議決定
		8	日社学『社会科教育と災害・防災学習』明石書店

付録2　小学校社会科学習指導要領（2017年告示）

第2章　各教科

第2節　社　会

第1　目　標

　社会的な見方・考え方を働かせ，課題を追究したり解決したりする活動を通して，グローバル化する国際社会に主体的に生きる平和で民主的な国家及び社会の形成者に必要な公民としての資質・能力の基礎を次のとおり育成することを目指す。
 (1) 地域や我が国の国土の地理的環境，現代社会の仕組みや働き，地域や我が国の歴史や伝統と文化を通して社会生活について理解するとともに，様々な資料や調査活動を通して情報を適切に調べまとめる技能を身に付けるようにする。
 (2) 社会的事象の特色や相互の関連，意味を多角的に考えたり，社会に見られる課題を把握して，その解決に向けて社会への関わり方を選択・判断したりする力，考えたことや選択・判断したことを適切に表現する力を養う。
 (3) 社会的事象について，よりよい社会を考え主体的に問題解決しようとする態度を養うとともに，多角的な思考や理解を通して，地域社会に対する誇りと愛情，地域社会の一員としての自覚，我が国の国土と歴史に対する愛情，我が国の将来を担う国民としての自覚，世界の国々の人々と共に生きていくことの大切さについての自覚などを養う。

第2　各学年の目標及び内容

〔第3学年〕
 1　目　標
　　社会的事象の見方・考え方を働かせ，学習の問題を追究・解決する活動を通して，次のとおり資質・能力を育成することを目指す。
 (1) 身近な地域や市区町村の地理的環境，地域の安全を守るための諸活動や地域の産業と消費生活の様子，地域の様子の移り変わりについて，人々の生活との関連を踏まえて理解するとともに，調査活動，地図帳や各種の具体的資料を通して，必要な情報を調べまとめる技能を身に付けるようにする。
 (2) 社会的事象の特色や相互の関連，意味を考える力，社会に見られる課題を把握して，その解決に向けて社会への関わり方を選択・判断する力，考えたことや選択・判断したことを表現する力を養う。
 (3) 社会的事象について，主体的に学習の問題を解決しようとする態度や，よりよい社会を考え学習したことを社会生活に生かそうとする態度を養うとともに，思考や理解を通して，地域社会に対する誇りと愛情，地域社会の一員としての自覚を養う。

 2　内　容
 (1) 身近な地域や市区町村（以下第2章第2節において「市」という。）の様子について，学習の問題を追究・解決する活動を通して，次の事項を身に付けることができるよう指導する。
　ア　次のような知識及び技能を身に付けること。
　　(ア) 身近な地域や自分たちの市の様子を大まかに理解すること。
　　(イ) 観察・調査したり地図などの資料で調べたりして，白地図などにまとめること。
　イ　次のような思考力，判断力，表現力等を身に付けること。
　　(ア) 都道府県内における市の位置，市の地形や土地利用，交通の広がり，市役所など主な公共施設の場所と働き，古くから残る建造物の分布などに着目して，身近な地域や市の様子を捉え，場所による違いを考え，表現すること。
 (2) 地域に見られる生産や販売の仕事について，学習の問題を追究・解決する活動を通して，次の事項を身に付けることができるよう指導する。
　ア　次のような知識及び技能を身に付けること。
　　(ア) 生産の仕事は，地域の人々の生活と密接な関わりをもって行われていることを理解すること。
　　(イ) 販売の仕事は，消費者の多様な願いを踏まえ売り上げを高めるよう，工夫して行われていることを理解すること。
　　(ウ) 見学・調査したり地図などの資料で調べたりして，白地図などにまとめること。
　イ　次のような思考力，判断力，表現力等を身に付けること。
　　(ア) 仕事の種類や産地の分布，仕事の工程などに着目して，生産に携わっている人々の仕事の様子を捉え，地域の人々の生活との関連を考え，表現すること。
　　(イ) 消費者の願い，販売の仕方，他地域や外国との関わりなどに着目して，販売に携わっている人々の仕事の様子を捉え，それらの仕事に見られる工夫を考え，表現すること。
 (3) 地域の安全を守る働きについて，学習の問題を追究・解決する活動を通して，次の事項を身に付けることができるよう指導する。
　ア　次のような知識及び技能を身に付けること。
　　(ア) 消防署や警察署などの関係機関は，地域の安全を守るために，相互に連携して緊急時に対処する体制をとっていることや，関係機関が地域の人々と協力して火災や事故などの防止に努めていることを理解すること。
　　(イ) 見学・調査したり地図などの資料で調べたりして，まとめること。
　イ　次のような思考力，判断力，表現力等を身に付けること。
　　(ア) 施設・設備などの配置，緊急時への備えや対応などに着目して，関係機関や地域の人々の諸活動を捉え，相互の関連や従事する人々の働きを考え，表現すること。
 (4) 市の様子の移り変わりについて，学習の問題を追究・解決する活動を通して，次の事項を身に付けることができるよう指導する。
　ア　次のような知識及び技能を身に付けること。
　　(ア) 市や人々の生活の様子は，時間の経過に伴い，移り変わってきたことを理解すること。
　　(イ) 聞き取り調査をしたり地図などの資料で調べたりして，年表などにまとめること。
　イ　次のような思考力，判断力，表現力等を身に付けること。
　　(ア) 交通や公共施設，土地利用や人口，生活の道具などの時期による違いに着目して，市や人々の生活の様子を捉え，それらの変化を考え，表現すること。
 3　内容の取扱い
 (1) 内容の(1)については，次のとおり取り扱うものとする。
　ア　学年の導入で扱うこととし，アの(ア)については，「自分たちの市」に重点を置くよう配慮すること。
　イ　アの(イ)については，「白地図などにまとめる」際に，教科用図書「地図」（以下第2章第2節において「地図帳」という。）を参照し，方位や主な地図記号について扱うこと。
 (2) 内容の(2)については，次のとおり取り扱うものとする。
　ア　アの(ア)及びイの(ア)については，事例として農家，工場などの中から選択して取り上げるようにすること。
　イ　アの(イ)及びイの(イ)については，商店を取り上げ，「他地域や外国との関わり」を扱う際には，地図帳などを使用

して都道府県や国の名称と位置などを調べるようにすること．
ウ　イの(イ)については，我が国や外国には国旗があることを理解し，それを尊重する態度を養うよう配慮すること．
(3) 内容の(3)については，次のとおり取り扱うものとする．
ア　アの(ア)の「緊急時に対処する体制をとっていること」と「防止に努めていること」については，火災と事故はいずれも取り上げること．その際，どちらかに重点を置くなど効果的な指導を工夫をすること．
イ　イの(ア)については，社会生活を営む上で大切な法やきまりについて扱うとともに，地域や自分自身の安全を守るために自分たちにできることなどを考えたり選択・判断したりできるよう配慮すること．
(4) 内容の(4)については，次のとおり取り扱うものとする．
ア　アの(イ)の「年表などにまとめる」際には，時期の区分について，昭和，平成など元号を用いた言い表し方などがあることを取り上げること．
イ　イの(ア)の「公共施設」については，市が公共施設の整備を進めてきたことを取り上げること．その際，租税の役割に触れること．
ウ　イの(ア)の「人口」を取り上げる際には，少子高齢化，国際化などに触れ，これからの市の発展について考えることができるよう配慮すること．

〔第4学年〕
1　目標
　　社会的事象の見方・考え方を働かせ，学習の問題を追究・解決する活動を通して，次のとおり資質・能力を育成することを目指す．
(1) 自分たちの都道府県の地理的環境の特色，地域の人々の健康と生活環境を支える働きや自然災害から地域の安全を守るための諸活動，地域の伝統と文化や地域の発展に尽くした先人の働きなどについて，人々の生活との関連を踏まえて理解するとともに，調査活動，地図帳や各種の具体的資料を通して，必要な情報を調べまとめる技能を身に付けるようにする．
(2) 社会的事象の特色や相互の関連，意味を考える力，社会に見られる課題を把握して，その解決に向けて社会への関わり方を選択・判断する力，考えたことや選択・判断したことを表現する力を養う．
(3) 社会的事象について，主体的に学習の問題を解決しようとする態度や，よりよい社会を考え学習したことを社会生活に生かそうとする態度を養うとともに，思考や理解を通して，地域社会に対する誇りと愛情，地域社会の一員としての自覚を養う．
2　内容
(1) 都道府県（以下第2章第2節において「県」という．）の様子について，学習の問題を追究・解決する活動を通して，次の事項を身に付けることができるよう指導する．
ア　次のような知識及び技能を身に付けること．
(ア) 自分たちの県の地理的環境の概要を理解すること．また，47都道府県の名称と位置を理解すること．
(イ) 地図帳や各種の資料で調べ，白地図などにまとめること．
イ　次のような思考力，判断力，表現力等を身に付けること．
(ア) 我が国における自分たちの県の位置，県全体の地形や主な産業の分布，交通網や主な都市の位置などに着目して，県の様子を捉え，地理的環境の特色を考え，表現すること．
(2) 人々の健康や生活環境を支える事業について，学習の問題を追究・解決する活動を通して，次の事項を身に付けることができるよう指導する．
ア　次のような知識及び技能を身に付けること．
(ア) 飲料水，電気，ガスを供給する事業は，安全で安定的に供給できるよう進められていることや，地域の人々の健康な生活の維持と向上に役立っていることを理解すること．
(イ) 廃棄物を処理する事業は，衛生的な処理や資源の有効利用ができるよう進められていることや，生活環境の維持と向上に役立っていることを理解すること．
(ウ) 見学・調査したり地図などの資料で調べたりして，まとめること．
イ　次のような思考力，判断力，表現力等を身に付けること．
(ア) 供給の仕組みや経路，県内外の人々の協力などに着目して，飲料水，電気，ガスの供給のための事業の様子を捉え，それらの事業が果たす役割を考え，表現すること．
(イ) 処理の仕組みや再利用，県内外の人々の協力などに着目して，廃棄物の処理のための事業の様子を捉え，その事業が果たす役割を考え，表現すること．
(3) 自然災害から人々を守る活動について，学習の問題を追究・解決する活動を通して，次の事項を身に付けることができるよう指導する．
ア　次のような知識及び技能を身に付けること．
(ア) 地域の関係機関や人々は，自然災害に対し，様々な協力をして対処してきたことや，今後想定される災害に対し，様々な備えをしていることを理解すること．
(イ) 聞き取り調査をしたり地図や年表などの資料で調べたりして，まとめること．
イ　次のような思考力，判断力，表現力等を身に付けること．
(ア) 過去に発生した地域の自然災害，関係機関の協力などに着目して，災害から人々を守る活動を捉え，その働きを考え，表現すること．
(4) 県内の伝統や文化，先人の働きについて，学習の問題を追究・解決する活動を通して，次の事項を身に付けることができるよう指導する．
ア　次のような知識及び技能を身に付けること．
(ア) 県内の文化財や年中行事は，地域の人々が受け継いできたことや，それらには地域の発展など人々の様々な願いが込められていることを理解すること．
(イ) 地域の発展に尽くした先人は，様々な苦心や努力により当時の生活の向上に貢献したことを理解すること．
(ウ) 見学・調査したり地図などの資料で調べたりして，年表などにまとめること．
イ　次のような思考力，判断力，表現力等を身に付けること．
(ア) 歴史的背景や現在に至る経過，保存や継承のための取組などに着目して，県内の文化財や年中行事の様子を捉え，人々の願いや努力を考え，表現すること．
(イ) 当時の世の中の課題や人々の願いなどに着目して，地域の発展に尽くした先人の具体的事例を捉え，先人の働きを考え，表現すること．
(5) 県内の特色ある地域の様子について，学習の問題を追究・解決する活動を通して，次の事項を身に付けることができるよう指導する．
ア　次のような知識及び技能を身に付けること．
(ア) 県内の特色ある地域では，人々が協力し，特色あるまちづくりや観光などの産業の発展に努めていることを理解すること．
(イ) 地図帳や各種の資料で調べ，白地図などにまとめること．
イ　次のような思考力，判断力，表現力等を身に付けること．
(ア) 特色ある地域の位置や自然環境，人々の活動や産業の歴史的背景，人々の協力関係などに着目して，地域の様子を捉え，それらの特色を考え，表現すること．
3　内容の取扱い
(1) 内容の(2)については，次のとおり取り扱うものとする．
ア　アの(ア)及び(イ)については，現在に至るまでに仕組

みが計画的に改善され公衆衛生が向上してきたことに触れること．
イ アの(ア)及びイの(ア)については，飲料水，電気，ガスの中から選択して取り上げること．
ウ アの(イ)及びイの(イ)については，ごみ，下水のいずれかを選択して取り上げること．
エ イの(ア)については，節水や節電など自分たちにできることを考えたり選択・判断したりできるよう配慮すること．
オ イの(イ)については，社会生活を営む上で大切な法やきまりについて扱うとともに，ごみの減量や水を汚さない工夫など，自分たちにできることを考えたり選択・判断したりできるよう配慮すること．
(2) 内容の(3)については，次のとおり取り扱うものとする．
ア アの(ア)については，地震災害，津波災害，風水害，火山災害，雪害などの中から，過去に県内で発生したものを選択して取り上げること．
イ アの(ア)及びイの(ア)の「関係機関」については，県庁や市役所の働きなどを中心に取り上げ，防災情報の発信，避難体制の確保などの働き，自衛隊など国の機関との関わりを取り上げること．
ウ イの(ア)については，地域で起こり得る災害を想定し，日頃から必要な備えをするなど，自分たちにできることなどを考えたり選択・判断したりできるよう配慮すること．
(3) 内容の(4)については，次のとおり取り扱うものとする．
ア アの(ア)については，県内の主な文化財や年中行事が大まかに分かるようにするとともに，イの(ア)については，それらの中から具体的事例を取り上げること．
イ アの(イ)及びイの(イ)については，開発，教育，医療，文化，産業などの地域の発展に尽くした先人の中から選択して取り上げること．
ウ イの(ア)については，地域の伝統や文化の保存や継承に関わって，自分たちにできることなどを考えたり選択・判断したりできるよう配慮すること．
(4) 内容の(5)については，次のとおり取り扱うものとする．
ア 県内の特色ある地域が大まかに分かるようにするとともに，伝統的な技術を生かした地場産業が盛んな地域，国際交流に取り組んでいる地域及び地域の資源を保護・活用している地域を取り上げること．その際，地域の資源を保護・活用している地域については，自然環境，伝統的な文化のいずれかを選択して取り上げること．
イ 国際交流に取り組んでいる地域を取り上げる際には，我が国や外国には国旗があることを理解し，それを尊重する態度を養うよう配慮すること．

〔第5学年〕
1 目標
社会的事象の見方・考え方を働かせ，学習の問題を追究・解決する活動を通して，次のとおり資質・能力を育成することを目指す．
(1) 我が国の国土の地理的環境の特色や産業の現状，社会の情報化と産業の関わりについて，国民生活との関連を踏まえて理解するとともに，地図帳や地球儀，統計などの各種の基礎的資料を通して，情報を適切に調べまとめる技能を身に付けるようにする．
(2) 社会的事象の特色や相互の関連，意味を多角的に考える力，社会に見られる課題を把握して，その解決に向けて社会への関わり方を選択・判断する力，考えたことや選択・判断したことを説明したり，それらを基に議論したりする力を養う．
(3) 社会的事象について，主体的に学習の問題を解決しようとする態度や，よりよい社会を考え学習したことを社会生活に生かそうとする態度を養うとともに，多角的な思考や理解を通して，我が国の国土に対する愛情，我が国の産業の発展を願い我が国の将来を担う国民としての自覚を養う．
2 内容
(1) 我が国の国土の様子と国民生活について，学習の問題を追究・解決する活動を通して，次の事項を身に付けることができるよう指導する．
ア 次のような知識及び技能を身に付けること．
(ア) 世界における我が国の国土の位置，国土の構成，領土の範囲などを大まかに理解すること．
(イ) 我が国の国土の地形や気候の概要を理解するとともに，人々は自然環境に適応して生活していることを理解すること．
(ウ) 地図帳や地球儀，各種の資料で調べ，まとめること．
イ 次のような思考力，判断力，表現力等を身に付けること．
(ア) 世界の大陸と主な海洋，主な国の位置，海洋に囲まれ多数の島からなる国土の構成などに着目して，我が国の国土の様子を捉え，その特色を考え，表現すること．
(イ) 地形や気候などに着目して，国土の自然などの様子や自然条件から見て特色ある地域の人々の生活を捉え，国土の自然環境の特色やそれらと国民生活との関連を考え，表現すること．
(2) 我が国の農業や水産業における食料生産について，学習の問題を追究・解決する活動を通して，次の事項を身に付けることができるよう指導する．
ア 次のような知識及び技能を身に付けること．
(ア) 我が国の食料生産は，自然条件を生かして営まれていることや，国民の食料を確保する重要な役割を果たしていることを理解すること．
(イ) 食料生産に関わる人々は，生産性や品質を高めるよう努力したり輸送方法や販売方法を工夫したりして，良質な食料を消費地に届けるなど，食料生産を支えていることを理解すること．
(ウ) 地図帳や地球儀，各種の資料で調べ，まとめること．
イ 次のような思考力，判断力，表現力等を身に付けること．
(ア) 生産物の種類や分布，生産量の変化，輸入など外国との関わりなどに着目して，食料生産の概要を捉え，食料生産が国民生活に果たす役割を考え，表現すること．
(イ) 生産の工程，人々の協力関係，技術の向上，輸送，価格や費用などに着目して，食料生産に関わる人々の工夫や努力を捉え，その働きを考え，表現すること．
(3) 我が国の工業生産について，学習の問題を追究・解決する活動を通して，次の事項を身に付けることができるよう指導する．
ア 次のような知識及び技能を身に付けること．
(ア) 我が国では様々な工業生産が行われていることや，国土には工業の盛んな地域が広がっていること及び工業製品は国民生活の向上に重要な役割を果たしていることを理解すること．
(イ) 工業生産に関わる人々は，消費者の需要や社会の変化に対応し，優れた製品を生産するよう様々な工夫や努力をして，工業生産を支えていることを理解すること．
(ウ) 貿易や運輸は，原材料の確保や製品の販売などにおいて，工業生産を支える重要な役割を果たしていることを理解すること．
(エ) 地図帳や地球儀，各種の資料で調べ，まとめること．
イ 次のような思考力，判断力，表現力等を身に付けること．
(ア) 工業の種類，工業の盛んな地域の分布，工業製品の改良などに着目して，工業生産の概要を捉え，工業生産が国民生活に果たす役割を考え，表現すること．
(イ) 製造の工程，工場相互の協力関係，優れた技術などに着目して，工業生産に関わる人々の工夫や努力を捉え，その働きを考え，表現すること．
(ウ) 交通網の広がり，外国との関わりなどに着目して，貿易や運輸の様子を捉え，それらの役割を考え，表現す

ること.
(4) 我が国の産業と情報との関わりについて，学習の問題を追究・解決する活動を通して，次の事項を身に付けることができるよう指導する．
　ア　次のような知識及び技能を身に付けること．
　　(ア) 放送，新聞などの産業は，国民生活に大きな影響を及ぼしていることを理解すること．
　　(イ) 大量の情報や情報通信技術の活用は，様々な産業を発展させ，国民生活を向上させていることを理解すること．
　　(ウ) 聞き取り調査をしたり映像や新聞などの各種資料で調べたりして，まとめること．
　イ　次のような思考力，判断力，表現力等を身に付けること．
　　(ア) 情報を集め発信するまでの工夫や努力などに着目して，放送，新聞などの産業の様子を捉え，それらの産業が国民生活に果たす役割を考え，表現すること．
　　(イ) 情報の種類，情報の活用の仕方などに着目して，産業における情報活用の現状を捉え，情報を生かして発展する産業が国民生活に果たす役割を考え，表現すること．
(5) 我が国の国土の自然環境と国民生活との関連について，学習の問題を追究・解決する活動を通して，次の事項を身に付けることができるよう指導する．
　ア　次のような知識及び技能を身に付けること．
　　(ア) 自然災害は国土の自然条件などと関連して発生していることや，自然災害から国土を保全し国民生活を守るために国や県などが様々な対策や事業を進めていることを理解すること．
　　(イ) 森林は，その育成や保護に従事している人々の様々な工夫と努力により国土の保全など重要な役割を果たしていることを理解すること．
　　(ウ) 関係機関や地域の人々の様々な努力により公害の防止や生活環境の改善が図られてきたことを理解するとともに，公害から国土の環境や国民の健康な生活を守ることの大切さを理解すること．
　　(エ) 地図帳や各種の資料で調べ，まとめること．
　イ　次のような思考力，判断力，表現力等を身に付けること．
　　(ア) 災害の種類や発生の位置や時期，防災対策などに着目して，国土の自然災害の状況を捉え，自然条件との関連を考え，表現すること．
　　(イ) 森林資源の分布や働きなどに着目して，国土の環境を捉え，森林資源が果たす役割を考え，表現すること．
　　(ウ) 公害の発生時期や経過，人々の協力や努力などに着目して，公害防止の取組を捉え，その働きを考え，表現すること．
3　内容の取扱い
(1) 内容の(1)については，次のとおり取り扱うものとする．
　ア　ア の(ア)の「領土の範囲」については，竹島や北方領土，尖閣諸島が我が国の固有の領土であることに触れること．
　イ　ア の(ウ)については，地図帳や地球儀を用いて，方位，緯度や経度などによる位置の表し方について取り扱うこと．
　ウ　イ の(ア)の「主な国」については，名称についても扱うようにし，近隣の諸国を含めて取り上げること．その際，我が国や諸外国には国旗があることを理解し，それを尊重する態度を養うよう配慮すること．
　エ　イ の(イ)の「自然条件から見て特色ある地域」については，地形条件や気候条件から見て特色ある地域を取り上げること．
(2) 内容の(2)については，次のとおり取り扱うものとする．
　ア　ア の(イ)及びイの(イ)については，食料生産の盛んな地域の具体的事例を通して調べることとし，稲作のほか，野菜，果物，畜産物，水産物などの中から一つを取り上げること．
　イ　イ の(ア)及び(イ)については，消費者や生産者の立場などから多角的に考えて，これからの農業などの発展について，自分の考えをまとめることができるよう配慮すること．
(3) 内容の(3)については，次のとおり取り扱うものとする．
　ア　ア の(イ)及びイの(イ)については，工業の盛んな地域の具体的事例を通して調べることとし，金属工業，機械工業，化学工業，食料品工業などの中から一つを取り上げること．
　イ　イ の(ア)及び(イ)については，消費者や生産者の立場などから多角的に考えて，これからの工業の発展について，自分の考えをまとめることができるよう配慮すること．
(4) 内容の(4)については，次のとおり取り扱うものとする．
　ア　ア の(ア)の「放送，新聞などの産業」については，それらの中から選択して取り上げること．その際，情報を有効に活用することについて，情報の送り手と受け手の立場から多角的に考え，受け手として正しく判断することや送り手として責任をもつことが大切であることに気付くようにすること．
　イ　ア の(イ)及びイの(イ)については，情報や情報技術を活用して発展している販売，運輸，観光，医療，福祉などに関わる産業の中から選択して取り上げること．その際，産業と国民の立場から多角的に考えて，情報化の進展に伴う産業の発展や国民生活の向上について，自分の考えをまとめることができるよう配慮すること．
(5) 内容の(5)については，次のとおり取り扱うものとする．
　ア　ア の(ア)については，地震災害，津波災害，風水害，火山災害，雪害などを取り上げること．
　イ　ア の(ウ)及びイの(ウ)については，大気の汚染，水質の汚濁などの中から具体的事例を選択して取り上げること．
　ウ　イ の(イ)及び(ウ)については，国土の環境保全について，自分たちにできることなどを考えたり選択・判断したりできるよう配慮すること．

〔第6学年〕
1　目　標
　社会的事象の見方・考え方を働かせ，学習の問題を追究・解決する活動を通して，次のとおり資質・能力を育成することを目指す．
(1) 我が国の政治の考え方と仕組みや働き，国家及び社会の発展に大きな働きをした先人の業績や優れた文化遺産，我が国と関係の深い国の生活やグローバル化する国際社会における我が国の役割について理解するとともに，地図帳や地球儀，統計や年表などの各種の基礎的資料を通して，情報を適切に調べまとめる技能を身に付けるようにする．
(2) 社会的事象の特色や相互の関連，意味を多角的に考える力，社会に見られる課題を把握して，その解決に向けて社会への関わり方を選択・判断する力，考えたことや選択・判断したことを説明したり，それらを基に議論したりする力を養う．
(3) 社会的事象について，主体的に学習の問題を解決しようとする態度や，よりよい社会を考え学習したことを社会生活に生かそうとする態度を養うとともに，多角的な思考や理解を通して，我が国の歴史や伝統を大切にして国を愛する心情，我が国の将来を担う国民としての自覚や平和を願う日本人として世界の国々の人々と共に生きることの大切さについての自覚を養う．
2　内　容
(1) 我が国の政治の働きについて，学習の問題を追究・解決する活動を通して，次の事項を身に付けることができるよう指導する．
　ア　次のような知識及び技能を身に付けること．
　　(ア) 日本国憲法は国家の理想，天皇の地位，国民として

の権利及び義務など国家や国民生活の基本を定めていることや，現在の我が国の民主政治は日本国憲法の基本的な考え方に基づいていることを理解するとともに，立法，行政，司法の三権がそれぞれの役割を果たしていることを理解すること．
　　　（イ）国や地方公共団体の政治は，国民主権の考え方の下，国民生活の安定と向上を図る大切な働きをしていることを理解すること．
　　　（ウ）見学・調査したり各種の資料で調べたりして，まとめること．
　　イ　次のような思考力，判断力，表現力等を身に付けること．
　　　（ア）日本国憲法の基本的な考え方に着目して，我が国の民主政治を捉え，日本国憲法が国民生活に果たす役割や，国会，内閣，裁判所と国民との関わりを考え，表現すること．
　　　（イ）政策の内容や計画から実施までの過程，法令や予算との関わりなどに着目して，国や地方公共団体の政治の取組を捉え，国民生活における政治の働きを考え，表現すること．
　（2）我が国の歴史上の主な事象について，学習の問題を追究・解決する活動を通して，次の事項を身に付けることができるよう指導する．
　　ア　次のような知識及び技能を身に付けること．その際，我が国の歴史上の主な事象を手掛かりに，大まかな歴史を理解するとともに，関連する先人の業績，優れた文化遺産を理解すること．
　　　（ア）狩猟・採集や農耕の生活，古墳，大和朝廷（大和政権）による統一の様子を手掛かりに，むらからくにへと変化したことを理解すること．その際，神話・伝承を手掛かりに，国の形成に関する考え方などに関心をもつこと．
　　　（イ）大陸文化の摂取，大化の改新，大仏造営の様子を手掛かりに，天皇を中心とした政治が確立されたことを理解すること．
　　　（ウ）貴族の生活や文化を手掛かりに，日本風の文化が生まれたことを理解すること．
　　　（エ）源平の戦い，鎌倉幕府の始まり，元との戦いを手掛かりに，武士による政治が始まったことを理解すること．
　　　（オ）京都の室町に幕府が置かれた頃の代表的な建造物や絵画を手掛かりに，今日の生活文化につながる室町文化が生まれたことを理解すること．
　　　（カ）キリスト教の伝来，織田（おだ）・豊臣（とよとみ）の天下統一を手掛かりに，戦国の世が統一されたことを理解すること．
　　　（キ）江戸幕府の始まり，参勤交代や鎖国などの幕府の政策，身分制を手掛かりに，武士による政治が安定したことを理解すること．
　　　（ク）歌舞伎や浮世絵，国学や蘭学（らんがく）を手掛かりに，町人の文化が栄え新しい学問がおこったことを理解すること．
　　　（ケ）黒船の来航，廃藩置県や四民平等などの改革，文明開化などを手掛かりに，我が国が明治維新を機に欧米の文化を取り入れつつ近代化を進めたことを理解すること．
　　　（コ）大日本帝国憲法の発布，日清・日露の戦争，条約改正，科学の発展などを手掛かりに，我が国の国力が充実し国際的地位が向上したことを理解すること．
　　　（サ）日中戦争や我が国に関わる第二次世界大戦，日本国憲法の制定，オリンピック・パラリンピックの開催などを手掛かりに，戦後我が国は民主的な国家として出発し，国民生活が向上し，国際社会の中で重要な役割を果たしてきたことを理解すること．
　　　（シ）遺跡や文化財，地図や年表などの資料で調べ，まとめること．

　　イ　次のような思考力，判断力，表現力等を身に付けること．
　　　（ア）世の中の様子，人物の働きや代表的な文化遺産などに着目して，我が国の歴史上の主な事象を捉え，我が国の歴史の展開を考えるとともに，歴史を学ぶ意味を考え，表現すること．
　（3）グローバル化する世界と日本の役割について，学習の問題を追究・解決する活動を通して，次の事項を身に付けることができるよう指導する．
　　ア　次のような知識及び技能を身に付けること．
　　　（ア）我が国と経済や文化などの面でつながりが深い国の人々の生活は，多様であることを理解するとともに，スポーツや文化などを通して他国と交流し，異なる文化や習慣を尊重し合うことが大切であることを理解すること．
　　　（イ）我が国は，平和な世界の実現のために国際連合の一員として重要な役割を果たしたり，諸外国の発展のために援助や協力を行ったりしていることを理解すること．
　　　（ウ）地図帳や地球儀，各種の資料で調べ，まとめること．
　　イ　次のような思考力，判断力，表現力等を身に付けること．
　　　（ア）外国の人々の生活の様子などに着目して，日本の文化や習慣との違いを捉え，国際交流の果たす役割を考え，表現すること．
　　　（イ）地球規模で発生している課題の解決に向けた連携・協力などに着目して，国際連合の働きや我が国の国際協力の様子を捉え，国際社会において我が国が果たしている役割を考え，表現すること．
3　内容の取扱い
　（1）内容の（1）については，次のとおり取り扱うものとする．
　　ア　アの（ア）については，国会などの議会政治や選挙の意味，国会と内閣と裁判所の三権相互の関連，裁判員制度や租税の役割などについて扱うこと．その際，イの（ア）に関わって，国民としての政治への関わり方について多角的に考えて，自分の考えをまとめることができるよう配慮すること．
　　イ　アの（ア）の「天皇の地位」については，日本国憲法に定める天皇の国事に関する行為など児童に理解しやすい事項を取り上げ，歴史に関する学習との関連も図りながら，天皇についての理解と敬愛の念を深めるようにすること．また，「国民としての権利及び義務」については，参政権，納税の義務などを取り上げること．
　　ウ　アの（イ）の「国や地方公共団体の政治」については，社会保障，自然災害からの復旧や復興，地域の開発や活性化などの取組の中から選択して取り上げること．
　　エ　イの（ア）の「国会」について，国民との関わりを指導する際には，各々の国民の祝日に関心をもち，我が国の社会や文化における意義を考えることができるよう配慮すること．
　（2）内容の（2）については，次のとおり取り扱うものとする．
　　ア　アの（ア）から（サ）までについては，児童の興味・関心を重視し，取り上げる人物や文化遺産の重点の置き方に工夫を加えるなど，精選して具体的に理解できるようにすること．その際，アの（サ）の指導に当たっては，児童の発達の段階を考慮すること．
　　イ　アの（ア）から（サ）までについては，例えば，国宝，重要文化財に指定さ
　　れているものや，世界文化遺産に登録されているものなどを取り上げ，我が国の代表的な文化遺産を通して学習できるように配慮すること．
　　ウ　アの（ア）から（コ）までについては，例えば，次に掲げる人物を取り上げ，人物の働きを通して学習できるよう指導すること．
　　　卑弥呼（ひみこ），聖徳太子（しょうとくたいし），小野妹子（おののいもこ），中大兄皇子（なかのおおえのおうじ），中臣鎌足（なかとみのかまたり），聖武天皇（しょうむてんのう），行基（ぎょうき），鑑真（がんじん），藤原道長（ふじわらのみちなが），紫式部（むらさきしきぶ），清少納言（せいしょうなごん），

平清盛，源頼朝，源義経，北条時宗，足利義満，足利義政，雪舟，ザビエル，織田信長，豊臣秀吉，徳川家康，徳川家光，近松門左衛門，歌川広重，本居宣長，杉田玄白，伊能忠敬，ペリー，勝海舟，西郷隆盛，大久保利通，木戸孝允，明治天皇，福沢諭吉，大隈重信，板垣退助，伊藤博文，陸奥宗光，東郷平八郎，小村寿太郎，野口英世

エ ア の (ア) の「神話・伝承」については，古事記，日本書紀，風土記などの中から適切なものを取り上げること．
オ ア の (イ) から (サ) までについては，当時の世界との関わりにも目を向け，我が国の歴史を広い視野から捉えられるよう配慮すること．
カ ア の (シ) については，年表や絵画など資料の特性に留意した読み取り方についても指導すること．
キ イ の (ア) については，歴史学習全体を通して，我が国は長い歴史をもち伝統や文化を育んできたこと，我が国の歴史は政治の中心地や世の中の様子などによって幾つかの時期に分けられることに気付くようにするとともに，現在の自分たちの生活と過去の出来事との関わりを考えたり，過去の出来事を基に現在及び将来の発展を考えたりするなど，歴史を学ぶ意味を考えるようにすること．
(3) 内容の (3) については，次のとおり取り扱うものとする．
ア ア については，我が国の国旗と国歌の意義を理解し，これを尊重する態度を養うとともに，諸外国の国旗と国歌も同様に尊重する態度を養うよう配慮すること．
イ ア の (ア) については，我が国とつながりが深い国から数か国を取り上げること．その際，児童が 1 か国を選択して調べるよう配慮すること．
ウ ア の (ア) については，我が国や諸外国の伝統や文化を尊重しようとする態度を養うよう配慮すること．
エ イ については，世界の人々と共に生きていくために大切なことや，今後，我が国が国際社会において果たすべき役割などを多角的に考えたり選択・判断したりできるよう配慮すること．
オ イ の (イ) については，網羅的，抽象的な扱いを避けるため，「国際連合の働き」については，ユニセフやユネスコの身近な活動を取り上げること．また，「我が国の国際協力の様子」については，教育，医療，農業などの分野で世界に貢献している事例の中から選択して取り上げること．

第3 指導計画の作成と内容の取扱い
1 指導計画の作成に当たっては，次の事項に配慮するものとする．
(1) 単元など内容や時間のまとまりを見通して，その中で育む資質・能力の育成に向けて，児童の主体的・対話的で深い学びの実現を図るようにすること．その際，問題解決への見通しをもつこと，社会的事象の見方・考え方を働かせ，事象の特色や意味などを考え概念などに関する知識を獲得すること，学習の過程や成果を振り返り学んだことを活用することなど，学習の問題を追究・解決する活動の充実を図ること．
(2) 各学年の目標や内容を踏まえて，事例の取り上げ方を工夫して，内容の配列や授業時数の配分などに留意して効果的な年間指導計画を作成すること．
(3) 我が国の 47 都道府県の名称と位置，世界の大陸と主な海洋の名称と位置については，学習内容と関連付けながら，その都度，地図帳や地球儀などを使って確認するなどして，小学校卒業までに身に付け活用できるように工夫して指導すること．
(4) 障害のある児童などについては，学習活動を行う場合に生じる困難さに応じた指導内容や指導方法の工夫を計画的，組織的に行うこと．
(5) 第1章総則の第1の2の (2) に示す道徳教育の目標に基づき，道徳科などとの関連を考慮しながら，第3章特別の教科道徳の第2に示す内容について，社会科の特質に応じて適切な指導をすること．
2 第2の内容の取扱いについては，次の事項に配慮するものとする．
(1) 各学校においては，地域の実態を生かし，児童が興味・関心をもって学習に取り組めるようにするとともに，観察や見学，聞き取りなどの調査活動を含む具体的な体験を伴う学習やそれに基づく表現活動の一層の充実を図ること．また，社会的事象の特色や意味，社会に見られる課題などについて，多角的に考えたことや選択・判断したことを論理的に説明したり，立場や根拠を明確にして議論したりするなど言語活動に関わる学習を一層重視すること．
(2) 学校図書館や公共図書館，コンピュータなどを活用して，情報の収集やまとめなどを行うようにすること．また，全ての学年において，地図帳を活用すること．
(3) 博物館や資料館などの施設の活用を図るとともに，身近な地域及び国土の遺跡や文化財などについての調査活動を取り入れるようにすること．また，内容に関わる専門家や関係者，関係の諸機関との連携を図るようにすること．
(4) 児童の発達の段階を考慮し，社会的事象については，児童の考えが深まるよう様々な見解を提示するよう配慮し，多様な見解のある事柄，未確定な事柄を取り上げる場合には，有益適切な教材に基づいて指導するとともに，特定の事柄を強調し過ぎたり，一面的な見解を十分な配慮なく取り上げたりするなどの偏った取扱いにより，児童が多角的に考えたり，事実を客観的に捉え，公正に判断したりすることを妨げることのないよう留意すること．

さくいん

－あ 行－

ICT 社会	117
ICT メディア	116
明石プラン	3
朝の会	34
有田和正	10
生きる力	21
上田薫	7
梅根悟	7, 16
大野連太郎	7

－か 行－

外国人児童	33
概念化	123
概念の明確化	114
改善案（対案）	111
学習指導要領	1
学習指導要領　社会科編Ⅰ（試案）	14
学習評価	147
仮説吟味学習	139
片上宗二	11
学級担任制	34
学校教育法第30条第2項	124
学校行事	37
カリキュラム	40
カリキュラム・マネジメント	22, 35
川口プラン	3
関係性	34
基礎的な知識及び技能	124
機能主義	6
既有知識	110, 111, 123
教育科学研究会	4
教育課程	1, 2
教育課程審議会	18
教科書の限界性	112
教科書分析	113
教科の目標	23
教材研究	114
議論したりする力	124
具体的な改善事項	107
グローバル化	33
経験主義	7
系統学習	17
ゲートキーパー	40
現代的課題	123
研究大会	37
コア・カリキュラム	7, 15
コア・カリキュラム連盟	4, 16
コア連	7
構想	112
構想する場面	111
構想場面	110
公民	3
公民科	13
公民教育刷新委員会	13
公民的資質	15
国際学習	129
国土	101
国土学習	107
国民学校公民教師用書	14
子どもの実態分析	114
コンピテンシー	27

－さ 行－

桜田プラン	3
産業	101
三層四領域論	7
市	56
シークエンス	5, 14
重松鷹泰	7
思考力，判断力，表現力	124
資質・能力	27
自然災害	107
持続可能な社会	104
実感	110
実践	34
実践「江戸時代の農民のくらし」	10
実践「水害と市政」	7
実践「西陣織」	7
実践「福岡駅」	8
実践「用心溜」	7
児童会	34
市民	12
市民性教育	12
社会科の初志をつらぬく会	4
社会科の目標論	23
社会機能	5
社会諸科学の成果活用	114
社会生活	3, 56
社会的事象の見方・考え方	108
社会的な見方・考え方	108, 149
社会的な見方や考え方	108
修学旅行	34
修身	3
修身科	5
授業改善	155
授業改善の視点	102
主権者	12, 57
主権者教育	12, 44
主権者教育	125
主体的	78, 79, 80, 84, 90, 96

主体的・対話的で深い学び	108
主体的調整者	40
主体的に学習に取り組む態度	124
情意領域の評価	152
小学校学習指導要領　社会科編（試案）	16
小学校社会科学習指導法	15
小学校社会科学習指導要領補説	15
少子高齢化	33
情報技術を活用する産業	106
情報通信技術	115
情報の送り手と受け手	106
情報を生かして発展する産業	108
初期社会科	7
初志の会	7
ジレンマ	135
真正の学習	123
信頼性	154
スコープ	5, 14
生活科	19
政治的リテラシー	59
政治学習	127
切実性	134
全国社会科教育学会	11
全人教育	40
選択・判断	47
選択・判断する力	124
総合的な学習の時間	21

－た 行－

対話的	84, 85, 90
多角的に考える力	102
妥当性	154
谷川彰英	11
谷川瑞子	8
多面的・多角的	111, 112
地域学習	58
地域社会	57
地域プラン	3
チーム学校	33
地球儀	102
知識の構造化	149
地図帳	55
地域の実態調査	114
中央教育審議会	17
地理	3
地理科	5
適応主義	6
トゥールミン図式	153
同心円的拡大	17, 79, 83
同心円的拡大主義	58
動的相対主義	8
道徳科	18
閉ざされた価値認識	113

－な 行－

長岡文雄	10
長坂端午	7
永田時雄	7
奈良プラン	3
日本社会科教育学会	11
日本歴史	5
ネットショッピング	117

－は 行－

発達段階	5
パフォーマンス課題	111, 112
樋浦辰治	7
評価方法・手段	153
福沢プラン	3
複式学級	33
附属小学校	37
平和学習	39
保護者	39
本郷プラン	3

－ま 行－

見方・考え方	49, 84, 86, 91, 124, 126
民間教育団体	3
民主主義社会	3
向山洋一	11
メディアリテラシー	106, 116
目標能力	40
問題解決学習	8, 15
問題解決的な学習	102, 109
問題解決的な学習過程	110
問題解決のプロセス	109

－や 行－

吉田定俊	7

－ら 行－

螺旋 PDCA	155
領土問題	103
臨時教育審議会	19
歴史	3
歴史教育者協議会	4
レリバンス	34
歴史学習	128
ロングテール理論	117
論争問題学習	125

小学校社会科教育					
2019年 4月 1日	第1版	第1刷	発行		
2022年 4月10日	第1版	第4刷	発行		

編　者　社会認識教育学会
発行者　発田和子
発行所　株式会社 学術図書出版社

〒113-0033　東京都文京区本郷5-4-6
TEL 03-3811-0889　振替00110-4-28454
印刷　三美印刷（株）

定価はカバーに表示してあります．

本書の一部または全部を無断で複写（コピー）・複製・転載することは，著作権法で認められた場合を除き，著作者および出版社の権利の侵害となります．あらかじめ，小社に許諾を求めてください．

©2019　社会認識教育学会 Printed in Japan
ISBN978-4-7806-0679-9